权威·前沿·原创

皮书系列为
"十二五""十三五"国家重点图书出版规划项目

BLUE BOOK

智 库 成 果 出 版 与 传 播 平 台

山东蓝皮书
BLUE BOOK OF SHANDONG

山东文化发展报告（2021）
ANNUAL REPORT ON SHANDONG'S CULTURE (2021)

构建山东文化发展新格局

主　编／张　伟
副主编／徐建勇　闫　娜

社会科学文献出版社
SOCIAL SCIENCES ACADEMIC PRESS (CHINA)

图书在版编目（CIP）数据

山东文化发展报告：构建山东文化发展新格局.
2021／张伟主编. －－北京：社会科学文献出版社，
2021.7
（山东蓝皮书）
ISBN 978 - 7 - 5201 - 8232 - 4

Ⅰ. ①山… Ⅱ. ①张… Ⅲ. ①文化发展 - 研究报告 -
山东 - 2021 Ⅳ. ①G127.52

中国版本图书馆 CIP 数据核字（2021）第 111528 号

山东蓝皮书
山东文化发展报告（2021）
——构建山东文化发展新格局

主　　编／张　伟
副 主 编／徐建勇　闫　娜

出 版 人／王利民
责任编辑／范　迎　卫　羚

出　　版／社会科学文献出版社·人文分社（010）59367215
　　　　　地址：北京市北三环中路甲 29 号院华龙大厦　邮编：100029
　　　　　网址：www.ssap.com.cn
发　　行／市场营销中心（010）59367081　59367083
印　　装／天津千鹤文化传播有限公司

规　　格／开　本：787mm × 1092mm　1/16
　　　　　印　张：22.25　字　数：332 千字
版　　次／2021 年 7 月第 1 版　2021 年 7 月第 1 次印刷
书　　号／ISBN 978 - 7 - 5201 - 8232 - 4
定　　价／138.00 元

本书如有印装质量问题，请与读者服务中心（010 - 59367028）联系

《山东文化发展报告（2021）》
专家咨询委员会

（以姓氏笔画为序）

王　涛　　孔繁轲　　刘致福　　孙书文　　孙丽君
杜　福　　李向民　　吴　红　　张友臣　　胡惠林
贾磊磊　　谭好哲

主要编撰者简介

张 伟 山东社会科学院文化研究所所长、研究员，美国得克萨斯南方大学访问学者，主要从事中国古代文学与传统文化研究，出版专著9部，编著10余部，担任《中国文化论衡》《山东文化发展报告》主编；主持文化部及山东省社科规划重点课题等7项；在CSSCI核心期刊及省级以上刊物发表论文40余篇，多篇被《人大复印报刊资料》《高等学校文科学术文摘》等全文转载、论点摘编；撰写的研究报告有7篇获省领导肯定性批示；获山东省社会科学优秀成果一等奖1项、二等奖1项、三等奖1项，省刘勰文艺评论奖2项，科研成果共计300余万字，2010年入选山东省社会科学学科新秀，2012～2018年连续入选"山东省理论人才百人工程"，2019年被评为"山东省有突出贡献的中青年专家"。

徐建勇 山东社会科学院文化研究所副研究员，山东省文化经济研究会、山东省旅游协会常务理事，长期从事文化改革、文化产业、文化旅游研究，承担文化、旅游项目的创意策划、规划编制。多年以来，共发表学术论文60余篇，主持或参与各类课题50多项，编制行业和地方发展规划10多个，成果多次获得各类奖项，许多文化发展对策建议被政府有关部门采纳。

闫 娜 山东社会科学院文化研究所副研究员，山东社会科学院旅游研究中心副主任，主要从事文化政策、文化旅游产业、城市文化形象品牌研究，出版专著 1 部，编著 1 部，主持参与省级课题 20 余项，参与国家级重大课题 10 余项，发表学术论文 60 余篇，参与多项地方文化产业及旅游产业规划项目，连续担任多届世博会（中国上海、韩国丽水、意大利米兰、哈萨克斯坦阿斯塔纳）山东展馆主题演绎策划主创，多项研究成果进入领导决策和省市规划。

前　言

文化发展格局反映文化生态系统各种要素的分布、构成和配置状况，包括文化资源分布、行业结构、地域结构、所有制结构、发展战略制定、要素空间布局、发展环境形态等多个方面，贯穿文化创作、生产、传播、消费的各个环节。长期以来，中国共产党领导全国各族人民，植根于中国特色社会主义伟大实践，对社会主义文化建设的规律进行持续探索，确立了中国特色社会主义文化发展的宏观格局，即以"建设社会主义文化强国"为总体目标，以"发展中国特色社会主义文化"为方向路径，把"举旗帜、聚民心、育新人、兴文化、展形象"作为社会主义文化发展的使命定位，把"坚持为人民服务、为社会主义服务，坚持百花齐放、百家争鸣，坚持创造性转化、创新性发展"作为总的方针原则，形成"一体（提高社会文明程度）两翼（提升公共文化服务水平、健全现代文化产业体系）"的任务部署。

优化文化发展格局，是提升文化发展动力、效率、质量的重要手段，也是今后一段时期实现社会主义文化建设目标任务的关键举措。在中华民族伟大复兴战略全局和世界百年未有之大变局面前，国内外思想文化争锋日趋激烈，人民群众对美好文化生活的向往更加强烈，推动文化发展方式变革的力量更加剧烈。因此，落实十九届五中全会精神，贯彻新发展理念，构建新发展格局，实现高质量发展，体现社会主义先进文化的优越性，成为"十四五"时期我国社会主义文化建设的总基调。从山东文化发展的总体情况来看，实现"十四五"文化强省建设的目标任务，必须坚定文化自信，以新发展理念进行前瞻性思考、全局性谋划、战略性布局，构建起质量、结构、规模、速度、效益、安全相统一的文化发展新格局。《中共山东省委关于制定山东省国民经济和社会发展第十四个五年规划和二○三五年远景目标的建议》提出了"十四五"时期"文化强省建设实现重大突破"的战略目标，对社会主义精神文明建设、优秀传统文化"两创"、公共文化服务提升、文旅产业发展提出了更高要求。基于上述考虑，《山东文化发展报告（2021）》选择"构建山东文化发展新格局"作为主题，组织 20 篇报告，从宏观格局、文化传承、行业发展、案例、地域文化和专题研究等角度，全面反映山东"十三五"期间特别是 2020 年度文化发展的基本情况，深刻分析山东文化建设面临的机遇、挑战及存在的问题，系统提出"十四五"时期山东优化文化发展格局的思路举措，为推动文化强省建设实现重大突破、实现全省"走在前列、全面开创"的目标任务提供思想启示、智力支持和学术支撑。

2020 年是"十三五"收官之年，在错综复杂、充满挑战的国内外形势下，山东文化建设稳中求进，依然取得不俗成绩。文化发展布局不断优化，确立起"七区三带"传统文物和四大片区革命文物保护战略，形成国家级文化生态保护区引领带动、省级文化生态保护试验区广泛覆盖的非遗保护传承格局，构筑起"三核三带四区百城千点"的文化产业发展体系，形成"两极带动、六带支撑"的旅游产业发展格局。文化遗产保护扎实有效，圆满完成第一次全国可移动文物普查任务：文物 558 万余件，全国重点文保单位 226 处，省级文保单位 1711 处，居全国前列；曲阜优秀传统文化传承发展示范区、齐文化传承创新示范区、长城和大运河国家文化公园建设等扎实推进，黄河文化保护传承弘扬开启新篇章；齐鲁文化（潍坊）生态保护区成为首批 7 个国家级文化生态保护区之一，建成 10 个省级文化生态保护实验区，有力地推动了全省文化遗产保护工作。公共文化服务体系不断完善，省、市、县、乡、村五级公共文化服务设施网络基本实现全覆盖。截至"十三五"末，全省共有 154 家公共图书馆，乡镇（街道）综合文化站建成率达 99.6%，拥有全国文化先进县（先进单位）40 个，国家公共文化服务体系示范区城市 4 个，国家公共文化服务体系示范项目 8 个，其指标排名均位全国前列。文化产业稳步发展，2019 年山东共有 3208 个规模以上文化企业，从业人员 45.1 万人，资产总计达到 6872.8 亿元，同比增长 3.2%；2019 年实现营业收入 4454.7 亿元，营业利润 165.1 亿元；2020 年山东广播电视服务业总收入 175 亿元，连续 5 年保持稳定增长；2020 年前三季度，山东接待游客 3.37 亿人次，实现旅游总收入 3765.9 亿元，分别恢复至 2019 年同期的 48.2% 和 44.1%，比全国比例高 6.2 个和 11.1 个百分点，成为山东省新旧动能转换的重要支柱。

当前，山东省文化建设正处于爬坡过坎的关键时期。一方面，文化科技加快创新应用、文化旅游向经济社会各领域快速渗透、人民群众消费结构不断升级，带动文化旅游持续增长；国家发展转向双循环新格局、黄河流域生态保护和高质量发展国家战略实施、长城和大运河国家文化公园建设启动，开辟了文化旅游发展新空间；减税降费政策效果持续放大，新旧动能转换综试区、自贸试验区、上合示范区叠加发力，为山东文化旅游发展提供了重要支撑。另一方面，国民经济增速换挡、国际形势日益复杂多变、新冠肺炎疫情全球持续，带来诸多不确定性因素，山东文化建设能否扬长避短、借势而进面临巨大考验。同时，在山东文化发展中始终存在一些长期的、突出的问题，文化资源挖掘利用水平不高，文化市场主体竞争力不强，文化和旅游融合程度不够，文化发展结构失衡、动力活力不强，需要高度重视并认真加以解决。

"十四五"时期是我国全面建成小康社会、实现第一个百年奋斗目标之后，乘势而上开启全面建设社会主义现代化国家新征程、向第二个一百年奋斗目标进军的第一个五年。推动山东文化强省建设实现重大突破，必须贯彻新发展理念，构建新发展格局。要坚持以人民为中心，以推动高质量发展为主题，以深化供给侧结构性改革为主线，以改革创新为根本动力，以社会主义核心价值观为引领，着力提升社会文明程度，着力推动中华优秀传统文化创造性转化、创新性发展，着力繁荣发展社会主义文艺事业，着力提升公共文化服务水平，着力构建现代文旅产业体系，着力扩大齐鲁文化世界影响力，不断满足人民文化需求，增强人民精神力量，努力推动文化旅游强省建设实现重大突破，为开创新时代现代化强省建设新局面做出积极贡献。

一是坚持守正创新，全面构建文化发展新格局。在综合考量山东文旅资源分布、事业与产业发展现状、世界文化和旅游发展趋势的基础上，坚持核心引领、轴带贯通、集聚发展，推动山东文化强省建设在"十四五"时期形成"三核五带十六组团"的战略发展格局。"三核"即在山东文化发展中，充分发挥青岛市对青岛都市圈、胶东经济圈发展的引领带动作用，提升济南对省会都市圈、省会经济圈、山水圣人文化带文旅一体化发展的带动辐射能力，充分发挥济宁文化旅游高地对鲁南经济圈的引领示范作用和大运河文化带、黄河文化带的衔接支撑作用。"五带"包括打造齐鲁优秀传统文化"两创"隆起带、黄河文化保护传承弘扬示范带、滨海文旅产业发展引领带、大运河文化旅游集聚带、齐长城人文自然风情带。"十六组团"是指着力打造15个带动力强的集聚发展高地，包括曲阜优秀传统文化传承发展示范区、泰山文化遗产保护利用示范区、齐文化传承创新示范区、"黄河入海"生态文化建设区、"河声泉韵"文旅产业集聚区、"黄河古风"历史文化体验区、"黄河入鲁"区域文化合作区、胶东半岛文化创意组团、仙境海岸精品旅游组团、红色渤海文化旅游组团、微山湖生态文化组团、齐鲁红都文化旅游组团、水浒文化旅游组团、东夷文化保护利用区、齐鲁文化生态保护区、沂蒙山乡休闲度假片区。

二是加强精神文明建设，提高社会文明程度。坚持马克思主义在意识形态领域的指导地位，把统一思想、凝聚力量作为中心环节，用习近平新时代中国特色社会主义思想武装全党、教育人民、推动工作，深入推进社会主义核心价值观培育和践行活动，大力加强理想信念教育、新时代公民道德建设，推动哲学社会科学繁荣发展，推动形成适应新时代要求的思想观念、精神面貌、文明风尚、行为规范。

三是传承弘扬优秀传统文化，延续民族根脉。围绕以文化人的时代任务，深入实施"齐鲁优秀传统文化传承创新工程"，努力推动齐鲁优秀传统文化创造性转化、创新性发展，推动红色革命文化在新时代发扬光大，推动文化遗产保护利用，全面筑牢文化强省建设根基。

四是提升公共文化服务水平，实现文化育民惠民。坚持以人民为中心的创作导向，实施文化艺术精品化战略，推动公共文化数字化、网络化发展，推动现代传播体系向融媒体、智慧化发展，全面繁荣新闻出版、广播影视、文化艺术事业，创新实施文化惠民工程，实现人民群众对美好文化生活的向往。

五是健全现代文化市场体系，提升文化产业发展质量。坚持社会效益和经济效益有机统一，稳步推进文化供给侧改革，不断健全现代文化产业体系，实施文化产业数字化战略，壮大文化市场主体，激发文化消费潜力，扩大优质文化产品供给，以文化产业高质量发展推动文化强省建设。

六是推动文化与旅游深度融合，建设国际文化旅游目的地。以旅游供给侧结构性改革为主线，以文化与旅游融合发展为导向，推动旅游产业向全域化、国际化、精品化、多元化、智慧化发展，完善以"好客山东"为引领的多层次旅游品牌体系，形成国际一流的文化旅游、休闲度假旅游目的地和旅游消费中心。

七是推动文明交流互鉴，提升齐鲁文化国际影响力。坚定文化自信，推动文化"走出去"和"引进来"并举，创新推进国际传播，拓宽文化交流渠道，发展对外文化贸易，讲好中国故事，加强对外文化交流和多层次文明对话，打造世界文明交流互鉴高地。

摘　要

　　山东贯彻新发展理念，围绕举旗帜、聚民心、育新人、兴文化、展形象的使命任务，坚持核心引领、轴带贯通、集聚发展，谋划文化发展的"三核五带十六组团"战略布局，构建新时代山东文化强省建设新格局。

　　坚持"二为方向""双百方针""两创方法"，传承中华优秀传统文化，弘扬优良革命文化，发展社会主义先进文化，提高社会文明程度，实现满足人民文化需求和增强人民精神力量相统一。创新"新时代文明实践站"建设，坚持党的领导和"以人为本"的发展理念，把经济建设、文化建设、思想建设以及生态环境建设有机结合起来。推进山东传统经典教育实践，发挥传统经典传续中华文脉、聚合民族情感、润育良俗的作用。充分发挥农民在乡村文化传承和复兴中的主体地位，守住农村独特的乡土文化内核，实现乡村文化的"内源增长"。

　　深化文化产业供给侧结构性改革，优化文化产业结构，壮大文化市场主体，提高文化产业的竞争力。山东广播电视和网络视听行业继续保持良好发展态势，为经济文化强省建设做出了积极贡献。把高质量发展旅游业作为山东经济社会发展的重要力量，以推动山东更加深入和广泛地融入并服务于国内大循环为主体、国内国际双循环相互促进的新发展格局。推进山东动漫产业高质量发展应提高原创能力，促进产业集聚，完善营利模式，发展网络动漫，打造动漫品牌。

　　以保障人民群众基本文化权益为出发点，推动基本公共文化服务标准化、均等化，实现"补齐短板、融合共享、全域覆盖"，全面提升公共文化

服务水平。山东博物馆、图书馆等的公共文化服务能力逐渐提高，特色鲜明、门类齐全的博物馆体系逐渐形成，图书馆文创实现良性发展，产业水平不断提高。"文学鲁军"日渐强大，续写辉煌。城乡文化统筹协调发展，长城、大运河、黄河国家文化公园建设扎实推进，呈现出地域特色文化挖掘利用与优秀传统文化传承创新相得益彰的发展新格局。

关键词： 文化强省　优秀传统文化　城市文化　运河文化

目　录

Ⅰ　总报告

Ⅱ　文化传承篇

Ⅲ　行业发展篇

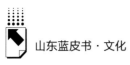

Ⅶ 文化发展大事记

皮书数据库阅读**使用指南**

总 报 告

General Report

B.1
着力构建山东文化发展新格局

徐建勇*

摘　要：　2020年是"十三五"收官之年，在错综复杂、充满挑战的国内外形势下，山东文化建设稳中求进，依然取得不俗成绩。当前，山东文化发展正处于爬坡过坎的关键时期，机遇与挑战并存，扬长避短、借势而进面临巨大考验。"十四五"时期，要以十九届五中全会精神为指导，贯彻新发展理念，构建新发展格局，坚持以人民为中心，以推动高质量发展为主题，以社会主义核心价值观为引领，着力提升社会文明程度，推动齐鲁优秀传统文化创造性转化、创新性发展，提升公共文化服务水平，构建现代文旅产业体系，推动文化治理体系和治理能力现代化，扩大齐鲁文化世界影响力，不断满足人民文化需求，增强人民精神力量，推动文化强省建设实现重大突破。

＊　徐建勇，山东社会科学院文化研究所副研究员，研究方向为文化和旅游发展。

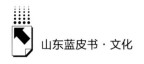

关键词： 文化强省　山东文化　齐鲁文化

　　文化发展格局反映文化生态系统各种要素的分布、构成和配置状况，包括文化资源分布、行业结构、地域结构、所有制结构、发展战略制定、要素空间布局、发展环境形态等多个方面，贯穿文化创作、生产、传播、消费的各个环节。优化文化发展格局，是提升文化发展动力、效率、质量的重要手段，也是今后一段时期实现社会主义文化建设目标任务的关键举措。

　　党的十九届五中全会提出了"十四五"时期我国经济社会发展的基本路径，即"以推动高质量发展为主题，以深化供给侧结构性改革为主线，以改革创新为根本动力，以满足人民日益增长的美好生活需要为根本目的，统筹发展和安全，加快建设现代化经济体系，加快构建以国内大循环为主体、国内国际双循环相互促进的新发展格局"①。在中华民族伟大复兴战略全局和世界百年未有之大变局面前，国内外思想文化争锋日趋激烈，人民群众对美好文化生活的向往更加强烈，推动文化发展方式变革的力量更加剧烈。因此，贯彻新发展理念，构建新发展格局，实现高质量发展，体现社会主义先进文化的优越性，也就成为"十四五"时期建设社会主义文化强国的总基调。《中共山东省委关于制定山东省国民经济和社会发展第十四个五年规划和二〇三五年远景目标的建议》提出了"十四五"时期"文化强省建设实现重大突破"的战略目标，对社会主义精神文明建设、优秀传统文化"两创"、公共文化服务提升、文旅产业发展提出了更高要求。实现文化强省建设的目标任务，必须坚定文化自信，以新发展理念进行前瞻性思考、全局性谋划、战略性布局，构建起质量、结构、规模、速度、效益、安全相统一的文化发展新格局。

---

① 《中共中央关于制定国民经济和社会发展第十四个五年规划和二〇三五年远景目标的建议》，《人民日报》2020年11月4日，第1版。

一 2020年山东文化发展的基本格局

山东省全面贯彻习近平总书记视察山东时的重要讲话精神和中央重大决策部署，积极推进文化和旅游融合发展，不断优化文化发展布局，扎实推进文化遗产保护，不断完善公共文化服务，不断壮大文旅产业实力，使文艺精品不断涌现，齐鲁文化世界影响力不断扩大，文化强省建设再上新台阶。

（一）文化发展布局不断优化

为确保文化强省建设健康有序、平稳致远，山东强化顶层设计，出台了《关于加强文物保护利用改革的实施方案》《山东省革命文物保护利用工程实施意见》《山东省文化创意产业发展规划（2018—2022年）》《山东省精品旅游发展专项规划（2018—2022年）》《山东省文化旅游融合发展规划（2020—2025年）》等文件，科学谋划了全省文化遗产保护、文旅产业发展的战略格局。在文化遗产方面，一是实施"七区三带"（曲阜、临淄、省会、黄河三角洲、半岛、沂蒙、鲁西七个片区，大运河、齐长城、山东海疆三条遗产带）传统文物片区保护战略；二是建设鲁中、滨海、胶东、渤海、鲁南和冀鲁豫边区（山东部分）等重点革命旧址示范片区；三是形成国家级文化生态保护区引领带动、省级文化生态保护试验区广泛覆盖的非遗保护传承格局。在文化产业发展方面，构筑起"三核三带四区百城千点"的文化产业发展体系：青岛、济南、烟台三个核心；大运河文化创意产业带、海洋文化创意产业带、黄河文化创意产业带三条文化产业发展聚集带；儒家文化转化区、红色文化旅游区、工艺美术集聚区、民俗文化产业区四个文化产业发展示范区；立足137个县（市、区）的特色文化资源，坚持因地制宜、分类施策，打造300个重点文化创意产业园区基地，100条特色文化街区，300个精品文化旅游景区，1000个特色文化产业村镇。在旅游产业发展方面，形成"两极带动、六带支撑"的空间格局："两极"为济南省会经济圈文化旅游发展极、青岛胶东经济圈文化旅游发展极，"六带"包括山水圣人中华优秀传统文化旅游带、仙境海

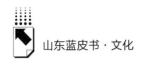
岸文化旅游带、大运河（山东段）文化旅游带、黄河文化和绿色生态旅游带、齐长城文化旅游带、鲁南红色文化旅游带。

（二）文化遗产保护扎实有效

山东是文化遗产大省，文物资源尤其丰富。2020年底，山东圆满完成第一次全国可移动文物普查任务，登录文物558万余件，居全国第三位；35处文保单位入选第八批全国重点文保单位，总数达226处，居全国第九位；省级文保单位1711处，居全国第一位；不可移动文物3.35万处，居全国前列。革命文物保护利用成效显著，在国家公布的第二批革命文物保护利用片区分县名单中，山东共有93个县（市、区）入选，居全国第一位。曲阜优秀传统文化传承发展示范区、齐文化传承创新示范区、长城和大运河国家文化公园建设等扎实推进，黄河文化保护传承弘扬开启新篇章①，有力地推动了山东省文化遗产保护工作。非物质文化遗产保护工作扎实推进，连续举办三届中国非遗博览会，齐鲁文化（潍坊）生态保护区成为首批7个国家级文化生态保护区之一；建成10个省级文化生态保护实验区；拥有联合国教科文组织认定的"人类非遗代表作名录"项目8项，国家级代表性项目名录173项，居全国第二位。

（三）公共文化服务体系不断完善

山东省、市、县、乡、村五级公共文化服务设施网络基本实现全覆盖，公共文化服务渠道进一步拓宽，城乡文化资源配置逐步优化，公共文化服务效能显著提升。截至"十三五"期末，山东省共有154家公共图书馆，其中国家一级图书馆76家、二级馆42家、三级馆3家；山东省共有156家文化馆，其中国家一级文化馆105家、二级馆26家、三级馆1家。公共图书馆和文化馆的建成数量和上等级率均居全国前列，已注册各级各类博物馆达

---

① 山东省人民政府新闻办公室：《山东"十三五"文化旅游融合发展迈出新步伐，文化事业、文化产业和旅游业呈现繁荣向好态势》，微信公众号，网信山东（wangxinshandong），2020年12月8日。

到 603 家。山东省博物馆总量，一、二、三级博物馆数量，非国有博物馆数量及新晋级革命类博物馆数量等指标，均居全国第一。山东省 1826 个乡镇（街道）中 1819 个建有乡镇（街道）综合文化站，建成率达 99.6%。山东省 69900 个行政村（社区）基本建成综合性文化服务中心（综合性文化活动室），其中 8654 个省扶贫工作重点村综合性文化活动室建成率达 100%，提前完成文化扶贫任务。山东省全国文化先进县（先进单位）达到 40 个，拥有 4 个国家公共文化服务体系示范区城市，8 个国家公共文化服务体系示范项目，排名均位于全国前列，人民群众的基本文化权益得到切实保障。

（四）艺术精品创作成果丰硕

围绕唱响主旋律、传播正能量，加强创作规划、选题策划和扶持引导，努力创精品攀高峰，山东成功推出民族歌剧《沂蒙山》《马向阳下乡记》、吕剧《大河开凌》、话剧《孔子》、京剧《奇袭白虎团》（复排）等一批精品剧目，在全国产生较大影响。第十二届中国艺术节，山东省获得 1 项"文华大奖"，2 项"群星奖"，创非主办省份最佳成绩。特别是民族歌剧《沂蒙山》，紧密契合时代要求，统筹整合业内优质资源，集中力量创作打磨，一经上演就受到各级领导、业界专家和观众的广泛好评，入选中宣部"五个一工程"奖，被誉为党的十八大以来我国舞台艺术的高峰之作、中国民族歌剧的标志性作品。复排京剧《奇袭白虎团》被列为纪念中国人民志愿军抗美援朝出国作战 70 周年舞台艺术优秀剧目，进京演出，受到广泛好评。美术创作成绩斐然，第十三届全国美术作品展山东省荣获 2 金 1 银 2 铜，创历史最好纪录。①

（五）文化产业稳步发展

文化产业对山东经济增长的贡献率逐年稳步增加，成为经济增长的新动力、扩大内需的新引擎和改善民生的新途径。2019 年山东共有 3208 家规模

① 山东省人民政府新闻办公室：《山东"十三五"文化旅游融合发展迈出新步伐，文化事业、文化产业和旅游业呈现繁荣向好态势》，微信公众号，网信山东（wangxinshandong），2020 年 12 月 8 日。

以上文化企业，从业人员达 45.1 万人，资产总计达到 6872.8 亿元，同比增长 3.2%；2019 年实现营业收入 4454.7 亿元，营业利润 165.1 亿元。[1] 文化产业载体不断壮大，截至 2020 年底，山东建成 17 个国家级文化产业示范基地和 178 个省级文化产业示范基地，文化产业要素集聚能力不断增强，产业园区示范辐射效应不断扩大。2020 年山东广播电视服务业总收入约 175 亿元，连续 5 年保持稳定增长，行业收入结构持续调整，新媒体业务收入占实际创收收入比重不断攀升。骨干企业集团持续做大做强，"全国一网整合"与 5G 建设一体化发展扎实推进，组建成立山东广电控股集团有限公司；海看网络科技（山东）股份有限公司位列中国互联网企业 100 强，并将成为山东省第一家上市新媒体企业；培育储备了一批高质量广播电视和网络视听产业项目与基地园区，中国广电·青岛 5G 高新视频实验园区建设成效显著，引进重点企业 60 家；评定山东省网络视听（短视频）基地 10 个，推出重点网络视听项目 11 个，短视频、网络直播方兴未艾；融媒体中心建设不断提速，建成了全国首个打通全流程的县级融媒体中心省级技术平台，95 家县级台全部整合到县级融媒体中心，一批市县级融媒体中心、融媒体产品和媒体融合实验室各具特色、彰显活力，涌现了一批全国广播电视媒体融合先导单位、媒体融合典型案例，"闪电""轻快云""鹊华云""蓝睛""寿光云"等融媒体品牌影响力不断彰显；高清电视发展加快，山东省 32 个电视频道实现了高清播出，电视信号、画面质量实现了升级，整体情况全国领先，山东正式进入数字电视时代。

（六）旅游产业发展走在全国前列

山东旅游产业发展成效显著，截至 2020 年底，全省共建成国家全域旅游示范区 8 个，是全国 8 个国家全域旅游示范省创建单位之一；A 级旅游景区达到 1202 个（其中 5A 级景区 13 个），居全国第一位；旅游度假区 47 个（其中

---

[1]　山东省人民政府新闻办公室：《山东"十三五"文化旅游融合发展迈出新步伐，文化事业、文化产业和旅游业呈现繁荣向好态势》，微信公众号，网信山东（wangxinshandong），2020 年 12 月 8 日。

国家级 5 个、省级 42 个），居全国第六位；中国乡村旅游模范村 61 个，居全国第一位；全国乡村旅游重点村 34 个，居全国前列。拥有国家和省级历史文化名城 20 座、历史文化名镇 53 座、历史文化名村 81 个、历史文化街区 35 个、历史建筑 723 处，国家湿地公园 66 处、国家级水利风景区 105 个、国家地质公园 13 个、国家森林城市 16 个。旅游产业保持良好发展态势，2019 年山东接待国内外游客 9.4 亿人次，旅游总收入超过 1.1 万亿元，分别居全国第二位和第五位。2017～2020 年，连续举办四届"文化和旅游惠民消费季"，成为全国开展范围最大、参与企业最多、平台模式最新的文旅消费促进行动，受到文化和旅游部肯定。2020 年提前启动"文化和旅游惠民消费季"，省、市、县三级落实 1.5 亿元资金发放惠民消费券；创新开展"山东人游山东""六个一百自驾游行动""好客山东游品荟""冬游齐鲁·好客山东惠民季"等活动，制定出台全省 81 个国有景区降低门票价格政策措施，促进文旅市场复苏回暖。2020 年前三季度，山东省接待游客 3.37 亿人次，实现旅游总收入 3765.9 亿元，分别恢复至 2019 年同期的 48.2% 和 44.1%，比全国比例高 6.2 个和 11.1 个百分点，2020 年"十一"黄金周接待游客数量和旅游收入列全国第三位。"十三五"期间，突出"好客山东"品牌的引领作用，构建以"好客山东"为总品牌，涵盖十大文化旅游目的地品牌、16 市文化旅游品牌以及旅游企业品牌、旅游产品品牌、旅游服务品牌等品牌体系。创新开展"联合推介、捆绑营销"，在央视等主流媒体进行集中宣传，"好客山东"进入央视"品牌强国工程"，成为该工程中唯一的文旅品牌。注重用好新媒体平台宣传展示品牌形象，全国旅游新媒体传播力指数截至目前共发布 7 期，山东省 5 次位居全国第一。2020 年 9 月举办的山东省旅游发展大会暨首届中国国际文化旅游博览会，集宣传推介、博览交易、工作会议、文艺演出、考察观摩于一体，全方位展示山东、推介山东、宣传山东，对提升"好客山东"品牌知名度、美誉度产生了重要影响。①

① 山东省人民政府新闻办公室：《山东"十三五"文化旅游融合发展迈出新步伐，文化事业、文化产业和旅游业呈现繁荣向好态势》，微信公众号，网信山东（wangxinshandong），2020 年 12 月 8 日。

（七）文化旅游融合发展迈出新步伐

山东是文化大省、旅游大省，文化和旅游融合发展具有诸多优势。"十三五"时期，特别是机构改革以来，山东文化和旅游系统积极推进文旅融合实践探索，努力深化拓展文旅融合的深度和广度。注重文旅融合发展的统筹谋划，高标准编制《山东省文化旅游融合发展规划（2020—2025年)》，对全省文化和旅游融合发展做出顶层设计和战略指引。积极对接、融入黄河流域生态保护和高质量发展，长城、大运河、黄河国家文化公园建设等国家重大战略、重大文化工程，精心组织编制系列专项规划、制定实施方案，推动文旅资源有效整合、科学利用。着力为文旅融合发展搭建平台，高水平举办国际孔子文化节、"一十百千万"文旅嘉年华等活动，彰显山东文旅融合特色。强化文旅融合发展的产业支撑，大力实施"文化＋""旅游＋"，积极发展文化遗产旅游、红色旅游、研学旅游、工业旅游、旅游演艺等文化旅游业态，推动创建文化和旅游产业融合发展示范区，积极培育夜间文旅消费集聚区。注重发挥大项目、大景区、大企业的引领作用，促进文旅产业规模化、高端化、精品化发展，涌现出尼山圣境、东方影都、齐河博物馆群等一批文化旅游精品。目前有国家级文化和旅游公共服务机构功能融合试点单位6个，省级22个，越来越多的各级各类博物馆、遗址公园成为研学旅游的重要阵地；几乎所有的旅游小镇都成为当地非物质文化遗产保护性传承的重点场所，成为民俗游、非遗游的重点目的地；《金声玉振》《神游传奇》等一批旅游演艺节日品牌产生较大影响；各类旅游推介活动，从形式到内容都注重突出山东的文化底蕴、文化特色。目前，山东以文塑旅、以旅彰文，文化和旅游资源共享、优势互补、协同并进的发展态势逐步形成。①

---

① 山东省人民政府新闻办公室：《山东"十三五"文化旅游融合发展迈出新步伐，文化事业、文化产业和旅游业呈现繁荣向好态势》，微信公众号，网信山东（wangxinshandong），2020年12月8日。

（八）齐鲁文化影响力不断扩大

山东积极融入国家对外开放战略，注重利用全省特色文旅资源，加入国家海上和陆上丝绸之路旅游联盟，与"一带一路"沿线国家（地区）进行深层次人文交流。上合组织青岛峰会、尼山世界文明论坛、世界儒学大会等活动的国际影响力不断扩大，推动文化旅游开放合作迈上新的台阶。"十三五"期间，山东省共派出72批960人次赴56个国家和地区的82个城市参加"欢乐春节"活动，活动涵盖演出、展览、庙会、广场巡游、非遗互动、讲座论坛、宣传推介等多种类型。圆满完成"孔子家乡 好客山东"文化和旅游推介会、"中国山东文化年"、山东国际友城合作发展大会文化和旅游合作论坛、中国（曲阜）国际孔子文化节（尼山世界文明论坛）等文化交流任务。举办文物境外展53个，展览文物总数1000多件（组），文化遗产"走出去"成效显著。

二　山东文化发展的机遇与挑战

山东文化建设正处于爬坡过坎的关键时期。一方面，文化科技加快创新应用、文化旅游向经济社会各领域快速渗透、人民群众消费结构不断升级，带动文化旅游持续增长；国家发展转向双循环新格局、黄河流域生态保护和高质量发展国家战略实施、长城和大运河国家文化公园建设启动，开辟了文化旅游发展新空间；减税降费政策效果持续放大，新旧动能转换综合试验区、中国（山东）自由贸易试验区、上合组织地方经贸合作示范区叠加发力，为山东省文化旅游发展提供了重要支撑。另一方面，国民经济增速换挡、国际形势日益复杂多变、新冠肺炎疫情全球持续，带来诸多不确定性因素，山东省文化建设能否扬长避短、借势而进面临巨大考验。

（一）山东"十四五"时期文化发展的重大机遇

第一，习近平总书记对文化建设、旅游发展、文化遗产保护、推动文化旅游融合发展等做出一系列重要论述和重要指示，特别是对山东优秀传统文化传承发展、红色基因传承弘扬等做出重要指示批示，为山东新时代文化发展指明了前进方向。新时代文化发展，必须始终坚持社会主义文化前进方向、以人民为中心的创作导向、社会效益优先和改革创新。社会主义先进文化以马克思主义为指导，顺应历史潮流，反映时代精神，代表国家和民族的发展方向，体现人民群众的根本利益。以人民为中心的创作导向与我们党一贯倡导的"为人民服务、为社会主义服务"和"百花齐放、百家争鸣"的方针是一脉相承的，都是强调坚持贴近实际、贴近生活、贴近群众，实现文化服务人民、文化讴歌人民、文化扎根人民、文化依靠人民。社会主义文化改革发展必须坚持把社会效益放在首位、社会效益和经济效益相统一，才能保证文化内容不变色、文化产品不变味，确保文化发展沿着社会主义先进文化方向前进，确保文化成果为广大人民群众所喜闻乐见、共有共享。改革是解放和发展文化生产力的根本途径，创新是文化的生命力所在。推进社会主义文化建设，必须以强烈的改革意识和创新精神，创新文化生产与管理的体制机制，进一步优化文化生产关系，释放文化发展活力，增强社会主义文化软实力。总而言之，推动新时代文化发展，就是要坚持马克思主义的指导地位，坚持以社会主义核心价值观为引领，努力激发人民群众参与文化建设的积极性、主动性、创造性，扩大优质文化旅游产品供给，发展面向现代化、面向世界、面向未来的，民族的科学的大众的社会主义先进文化，不断提高人民群众的思想道德素质、科学文化素质和身心健康素质，实现人民对美好生活的向往，更好构筑中国精神、中国价值、中国力量。

第二，党中央明确提出到2035年建成文化强国的远景目标，对"十四五"时期繁荣发展文化事业和文化产业、提高国家文化软实力、建设国家文化公园、推动文化和旅游融合发展等做出一系列重大部署，深入实施黄河流域生态保护和高质量发展、乡村振兴、经略海洋等一系列重大国家战略，为文化和旅游高质量发展提供强大动力。山东是黄河文化保护传承弘扬的重要示范引领区，黄河国家文化公园建设即将启动，对山东文化发展影响深远。黄河文化博大精深，源远流长，汇集了中华优秀传统文化的精髓，是新时代传承弘扬中华优秀传统文化的丰厚滋养，是发展社会主义先进文化、涵养社会主义核心价值观的重要源泉。作为中华文化的鲜明标志，黄河、孔子、泰山在齐鲁大地汇聚，共同构筑起山东文化的深厚软实力，为山东现代化文化强省建设提供了最基本、最深沉、最持久的力量。

第三，我国加快构建以国内大循环为主体、国内国际双循环相互促进的新发展格局，坚持扩大内需这个战略基点，加快培育完整内需体系，不断完善扩大内需的政策支撑体系，为发挥文化和旅游消费综合带动效应，为文旅消费提档升级拓展新的广阔空间。加快新时代文化发展，就要实施"全融合"战略，推动文化与其他产业广泛融合，现阶段特别要推动文化产业与旅游产业深度融合，实施精品创作战略，推动文化供给侧改革，全面激发文化消费潜力，培育壮大文化品牌，创作推出思想精深、艺术精湛、制作精良的文化产品，适应广大人民群众消费升级的需要。

第四，山东加快建设新时代现代化强省，明确提出"十四五"时期文化强省建设实现重大突破，深化实施八大发展战略、聚力突破九大改革攻坚、做强做优做大"十强"现代优势产业集群，对文化创意产业和精品旅游产业提质升级提出更高要求。

第五，新一轮科技革命和产业变革深入发展，互联网、物联网、云计算、大数据、虚拟现实、人工智能、区块链、5G等高新技术不断催生文化和旅游新业态、新模式，推动文化和旅游新增长点、新增长极不断涌现，为文化和旅游发展注入新活力。新时代文化发展要求着重体现高质量。坚持高质量发展，就要始终突出"创意"的核心地位，把内容创作、创意设计等核心产业门类作为文化产业重点，把创意人才培养作为关键要素大力支持。坚持高质量发展，就要贯彻新发展理念，以"科技＋""互联网＋"为主要手段，以数字化、智慧化、网络化、现代化为方向，促进理念创新、科技创新、产品创新、业态创新、管理创新、服务创新、体制创新，推动文化产业由高速增长阶段全面转向高质量发展新阶段。

第六，山东打造对外开放新高地，深度融入共建"一带一路"，加快建

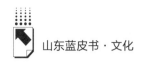

设新旧动能转换综合试验区、中国（山东）自由贸易试验区、上合组织地方经贸合作示范区，有力推动山东文化旅游对外广泛交流合作。

（二）山东文化发展面临的主要挑战

第一，文化和旅游资源整合有待加强。地域分割和部门分散仍然是山东文化旅游资源整合的主要阻力。例如，在孙子文化资源挖掘利用过程中，东营、滨州各自发力，产品雷同、质量不高，形成有世界级品牌无世界级产品现象；对于水浒文化资源开发，梁山、郓城、东平、阳谷等地始终未形成合力，产业集聚性差，品牌知名度不高；黄河、大运河、齐长城文化资源开发刚刚起步，山东对东夷文化、墨子文化等资源重视不够，尚未形成共识；各类历史文化名城名镇名村、自然保护区、森林公园、湿地公园、地质公园、风景名胜区，分属住建、国土、农业农村、黄河河务局等部门管辖，文化旅游跨界融合发展深受制约。

第二，文化旅游资源利用效率低下。山东重大文化旅游产业项目仍然主要依靠财政投入，经营管理水平不高，市场效益较差。城市博物馆、艺术馆、图书馆等公共文化服务设施片面追求高大上，动辄投入几亿元、十几亿元，不仅违背"低水平、广覆盖、共惠享"原则，还造成巨大财政负担。多数乡镇综合文化站、农村文化大院建设流于形式，挂有几十块牌子，却没有专职人员、专项经费，忙于应付检查评审，日常不对群众开放，闲置浪费现象严重。

第三，文化发展结构失衡。青岛市文化产业增加值占全省的1/3，"黄金海岸"贡献了山东省主要旅游收入。大运河济宁段、黄河文化交汇区域，坐拥"三孔""四孟"、世界儒学大会、微山湖等世界级文化旅游资源，却无应有的文化旅游产业实力和对西部地区文化旅游发展的带动能力。山东省城乡公共文化资源配置不均等，农村公共文化经费投入不足，仍有很多县没有博物馆和美术馆，文化活动和服务投入偏少，与基层群众文化需求脱节。

第四，文旅产业质量不高。文化和旅游部门整合之后，工作重心都放在了旅游业发展上，急功近利现象突出，一些低端、同质化项目匆忙上马，一些地产项目打着文化旅游的旗号骗取政策支持，不仅浪费旅游资源，还影响市场健康发展。山东文化科技创新应用能力较差，文化产品创意性、数字化、智慧化不高，对互联网引领的新兴文化业态发展认识不足，文化产业增长后劲乏力。山东省旅游产业竞争力不强，文化体验、康体养生、休闲度假、商务、研学等高端旅游产品匮乏，夜间旅游、淡季旅游业态不够丰富，入境旅游在全国排名靠后，仅有1家旅游企业进入全国20强。旅游服务质量不高，不少"网红景点"停车难、如厕难等问题亟待解决，不合理低价游、恶性竞争、强迫购物、欺客宰客、不文明旅游等现象时有发生。

第五，文化建设资金投入缺口较大。山东省许多地方反映，涉农、涉旅资金整合到省财政后，文旅产业项目开发、推介失去支撑，失去抓手。文物保护经费不足，大量市县级文物和一般文物得不到有效保护，全省馆藏文物中1/3以上存在病害，4万余件文物存在腐蚀损失现象，亟待加强保护修复工作。

第六，体制机制创新力度不够。省市县三级文旅部门机构设置、职能划分不统一，个别区县文游部门机构改革尚未完成，人员配备不齐全，内设部门的协同性不强，影响工作开展。文化旅游项目用地紧张问题突出，点状供地政策尚未突破，严重制约文化旅游发展。人才评价使用机制僵化，部分文艺院团人员编制及职称评聘矛盾突出，难以满足中青年演职人员晋升需求，优秀艺术人才流失严重。文化旅游政策缺乏具体实施细则和具体落地奖惩机制，存在有政策无落实的现象。

三　优化山东文化发展格局的总体思路

"十四五"时期，继续优化山东文化发展布局，要坚持正确方针原则。

一是与国家战略、全省区域发展战略、重大文化发展战略相衔接。积极推进山东文化开放合作，积极融入京津冀、长江经济带、中原城市群、黄河流域生态保护和高质量发展等重大国家战略。坚持文化引领、服务大局，与全省"一群两心三圈"区域战略布局相统一，助推新旧动能转换，实现高

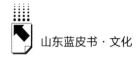

质量发展。坚持重点区域率先突破发展，支持大运河文化带、长城文化带、黄河文化带、山水圣人文化带等文化资源富集、文旅产业基础雄厚的地带率先建立文化发展示范区、集聚区，带动全省文化和旅游发展。

二是尊重事业与产业不同发展规律。对文化遗产，要深化片区保护战略，优势区域率先突破，富集区域辐射带动，继续推动文物单体保护向片区整体保护转变，继续实施非物质文化遗产区域整体性保护策略。对公共文化服务，坚持普惠性、均衡性、便捷性、标准化的要求，进一步完善公共文化设施网络，实现覆盖城乡、统一标准、保障充分、高效便捷。对产业发展，要坚持市场导向，推动生产要素集约发展，推动产业、企业、项目集聚发展。

三是体现延续与创新的统一。既要与"十三五"时期山东"七区三带"的文物片区保护战略，文化生态保护区引领、特色非遗村镇为补充的非遗保护传承策略，"三核三带四区百城千点"的文化创意产业发展布局，"两极带动、六带支撑"的旅游产业空间布局等延续相承，又要根据国家、全省重大发展战略新要求，文化发展新实践、新趋向，进一步优化完善。

在综合考量文旅资源分布、事业与产业发展现状、世界文化和旅游发展趋势的基础上，坚持核心引领、轴带贯通、集聚发展，推动山东文化强省建设在"十四五"时期形成"三核五带十六组团"的战略发展格局。

（一）三核引领

1. 青岛

充分发挥青岛市对青岛都市圈、胶东经济圈发展的引领带动作用，深挖海洋文化、历史文化、时尚文化、海湾海岛、滨海温泉资源，以"创意＋科技＋文化＋旅游"引领全国文旅业态模式创新，打造一批拥有核心竞争力的文旅企业、带动力强的文旅项目、特色文旅产业园区、高质量的文旅配套服务设施，建设区域旅游集散中心、文化资源交流共享中心，实现海陆统筹、城商文旅一体化发展，形成滨海文化创意产业长廊与滨海度假黄金旅游海岸相融合的文化旅游产业带，成为国家中心城市、国际时尚之都、世界海洋文化名城、国际滨海旅游度假城市、胶东经济圈文旅一体化发展龙头。

2. 济南

提升济南对省会都市圈、省会经济圈、山水圣人文化带文旅一体化发展的带动辐射能力，发挥文化和旅游对济南打造国家中心城市、黄河流域中心城市的重要支撑作用，打造济南、德州、聊城黄河文旅产业集聚区，形成济南、泰安、济宁、淄博中华优秀传统文化"两创"示范带。加强泉水文化、龙山文化、大舜文化、嬴秦文化、黄河文化、曲艺文化、红色文化资源的保护传承和挖掘利用，培育壮大创意设计、时尚文化、动漫游戏、文化会展、演艺娱乐等新兴文化业态，积极发展全域全时深度体验游，开展国家文化和旅游消费示范城市、夜间文旅消费集聚区创建工作，推动天下第一泉、明府城、芙蓉街、百花洲、宽厚里历史文化片区城商文旅一体化发展，打造北部百里黄河景观长廊、南部生态休闲旅游集聚区、东部文旅融合新高地、西部旅游集散中心，办好国际水文化博览会、中国国际文化旅游博览会、中国非遗博览会、文化惠民消费季、戏曲大码头、新媒体产业联盟等活动，全面提升"泉城济南"文化旅游品牌影响力，使其成为国家文化和旅游产业融合示范区、东亚文化之都、国际泉文化休闲名城。

3. 济宁

充分发挥济宁文化旅游高地对鲁南经济圈的引领示范作用和大运河文化带、黄河文化带的衔接支撑作用，扩大"东方圣地、运河之都"品牌影响力，全面推进曲阜优秀传统文化传承发展示范区建设，积极创建"泰山—曲阜"国家文物保护利用示范区，带动"三孔""四孟"等重大文化遗产保护修复，扩大曲阜国家全域旅游示范区带动效应，发展文化旅游、研学旅游、乡村旅游，加快推进大运河国家文化公园、尼山圣境、微山湖旅游区、"运河记忆"历史文化街区、太白湖等项目建设，打造国际文化旅游名城、中华优秀传统文化"两创"高地、大运河文化保护展示先行区。

（二）齐鲁优秀传统文化"两创"隆起带

突出山东纵列鲜明的标志性地域文化符号，以儒家文化、泰山文化、齐

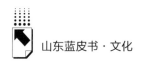

文化为引领，贯通曲阜优秀传统文化传承发展示范区、"泰山—曲阜"国家文物保护利用示范区、齐文化传承创新示范区，推动齐鲁优秀传统文化创造性转化、创新性发展，推动文化产业与相关产业深度融合发展，推动历史文化精神空间再现和展示体验，打造中华优秀传统文化保护传承示范带，形成山水圣人及诸子百家交相辉映、一体发展的格局。

1. 曲阜优秀传统文化传承发展示范区

以曲阜、邹城两座历史文化名城为依托，以"三孔""四孟"等儒家文化遗产为核心资源，以曲阜优秀传统文化传承发展示范区建设为引领，以儒家文化的传承弘扬为重心，全力办好尼山世界文明论坛、世界儒学大会等世界文明对话平台，大力培育"新三孔"等文旅新热点，推行"图书馆+书院"、乡村儒学讲堂模式，打造"国学经典研学游"和"跟着孔子去游学"等研学旅游品牌，形成优秀传统文化"两创"新增长极，打造国家记忆工程先行区和世界著名文化旅游目的地，形成不同文明交流互鉴的世界级平台。

2. "泰山—曲阜"国家文物保护利用示范区

以世界自然与文化双遗产泰山为核心，带动辐射黄河下游最大支流大汶河上游鲁中山地，加强先秦文化、山岳信仰文化、帝王封禅文化的研究挖掘，实施泰山文化保护传承工程和山水林田湖草生态修复工程，建设国家全域旅游示范区，提升扩展"平安泰山"文化旅游品牌影响力，打造中华优秀传统文化保护传承弘扬示范区。

3. 齐文化传承创新示范区

以古青州和齐国文化圈的临淄、青州为核心，联动淄博、潍坊、东营、滨州相关县市，以齐文化传承创新示范区建设为引领，挖掘传承齐文化精神内涵，推动史前及商周城址、盐业遗址、北朝寺院佛像、传统村落、名城街区等文化文物资源的保护利用，推进齐长城人文自然风景带建设，打响世界足球起源地品牌，打造地域文化保护传承与创新发展的示范标杆。

（三）黄河文化保护传承弘扬示范带

发挥黄河的整体带动和线性串联作用、山东黄河流域城市文化旅游联盟的统筹协调作用，聚集整合沿黄地区历史文化与自然生态资源，以沿黄世界文化遗产、国家级生态文化保护区、国家文化公园、国家考古遗址公园的保护创建等重大工程为引领，综合推进黄河沿线文化遗产保护、生态环境景观提升与公共文化服务设施建设，培育一批黄河历史文化名城、名镇、名村、特色历史文化街区和展馆，打造一批高端黄河文化创意产业集聚区、文化旅游景区，综合推进黄河沿线文化遗产保护、生态环境绿化美化与公共文化服务设施建设，构建合作机制完善、资源配置优化、发展活力强劲的黄河文化旅游发展共同体，将山东黄河干流沿线打造成为全国黄河文化保护传承弘扬的重要示范发展带。

1. "黄河入海"生态文化建设区

发挥东营、滨州临河傍海的优势，充分利用黄河三角洲得天独厚的生态湿地与河海交汇、贝壳成堤的独特景观，深入挖掘海洋文化、孙子文化、制盐文化、石油文化、吕剧文化、红色文化资源，建设黄河三角洲文化遗产保护区，积极申报世界自然遗产，大力发展生态旅游、文化体验旅游，全力打造"黄河入海"文化旅游目的地品牌，建设黄河流域生态保护与生态旅游发展示范区。

2. "河声泉韵"文旅产业集聚区

以新旧动能转换先行区建设为引领，推动济南文旅产业跨河布局、沿河发展。促进济南山泉河湖城空间一体化打造，实施名泉保护利用工程，以黄河干堤生态林廊串联黄河玫瑰湖国家湿地公园、济西国家湿地公园、黄河水乡国家湿地公园、百里黄河风景区、鹊山、华山、泺口古渡口、百年黄河铁路大桥、黄河古镇等资源，打造百里黄河休闲度假长廊；统筹济南、德州文旅产业发展，充分利用黄河北展区大河、林海、湿地、温泉、沙湖资源，丰富黄河文化展示项目，打造沿黄旅游产业新地标；整合济南、聊城黄河资源优势，推进鱼山、艾山、位山灌区生态旅游项目建设，营造黄河、金堤河生态景观廊道，加强曹植墓、东阿阿胶、平阴玫瑰特色资源开发，打造黄河国家文化公园，形成黄河流域文化创意产业高地、文化旅游融合发展典范区。

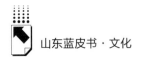

3. "黄河古风"历史文化体验区

发挥泰山余脉与黄河、运河、汶河在东平湖区域交融汇聚的地理优势，依托泰山文化、水浒文化、大运河文化、三国文化、黄河水工文化，以及周边诸县历史文化资源富集、遗产众多的优势，统筹推进典型遗址以及佛教石刻、寺观建筑、名人墓地、泉水景观、传统村落的保护与开发利用，打造"水浒故里""儒风运河""黄河天音"等文化旅游产品，培育"黄河古风"历史文化体验品牌，形成全国黄河文化保护传承弘扬的"样板间"。

4. "黄河入鲁"区域文化合作区

利用鲁西地区对接中原城市群的地理优势，推动菏泽与濮阳、商丘、徐州联合共建苏鲁豫黄河文化旅游协作区，推进黄河文化资源整合、文旅产业项目共建、文化发展平台与信息共享。深入挖掘菏泽深厚历史底蕴和浓郁民俗风情，加强重点文化遗产保护展示利用，重点挖掘牡丹、水浒、始祖、堌堆、农耕、黄河、红色等品牌资源的价值和产业化潜力，建设国家级文化生态保护区。

（四）滨海文旅产业发展引领带

紧密衔接山东半岛城市群、胶东经济圈建设，深入挖掘和整合海洋自然文化资源，坚持以海带陆、以陆促海、海陆联动，依托滨海综合交通体系和半岛快速交通网、青日连沪城际铁路，发挥胶东经济圈文化旅游合作联盟的协调作用，统筹发展海洋文化创意产业、康养度假旅游产业，打造精品海洋文化旅游发展高地和国际知名的仙境海岸滨海旅游目的地，构建国际著名温带海滨度假连绵带。

1. 胶东半岛文化创意组团

以青岛为核心，辐射带动烟台、威海、日照、潍坊等城市，大力发展海洋文化艺术、创意设计、工艺美术、动漫游戏、节庆会展产业，做大做强仙境海岸、青岛国际海洋节、威海国际动漫节、中国（日照）海钓节等一批海洋文化品牌，培育一批海洋特色文化产业项目和文化企业，打造形成连接21世纪海上丝绸之路的海洋特色文化创意产业集群。

2. 仙境海岸精品旅游组团

以青岛、东营、烟台、潍坊、威海、日照、滨州等沿海重要城市为依托，充分利用得天独厚的海滨旅游资源和特色鲜明的开埠文化、民俗文化，着力发展海洋海岛观光、水上运动、休闲度假、医疗康养、温泉疗养、海洋研学、工业旅游等新业态新产品，加快蓬长旅游带、西海岸红岛旅游带、环翠楼、山海天、芝罘湾、黄河入海口、胶东国际机场旅游集散中心等开发建设，培育一批精品海洋旅游景区与滨海特色小镇，不断扩大仙境海岸品牌影响力，构建世界级海洋旅游聚集区、高端休闲度假旅游带。

3. 红色渤海文化旅游组团

以胶东革命根据地遗址为载体，发挥红色文化、海洋文化、生态文化、民俗文化资源优势，促进红色文化与滨海度假产品相结合，打造一批爱国主义教育示范基地和红色旅游景区景点，形成"渤海老区"复合型精品红色旅游产品体系，展示渤海区千万军民用鲜血和生命凝结成的"老渤海精神"，塑造山东红色文化传承新高地。

（五）大运河文化旅游集聚带

依托大运河国家文化公园建设工程，整合德州、聊城、泰安、济宁、枣庄、菏泽等市大运河文化旅游资源，对接大运河沿线 8 省 35 市，以鲁风运河、水浒故里等文化旅游目的地品牌为引领，加强运河总督署、济州古城、南旺枢纽、戴村坝、钞关等标志性文化遗产项目的保护和开发，深入挖掘大运河山东段沿线传统工艺、民俗节庆、民间文学、地方戏曲、特色餐饮等文化资源，加强文化衍生品、文化旅游产品开发，建设台儿庄大运河文化展示中心、济宁"运河记忆"遗产廊道、德州漕运仓储文化展示区、临清运河钞关文化保护展示区、泰安东平运河遗址公园，打造形成连接"京津冀协同发展"和"长江经济带"的大运河精品文化旅游生态廊道。

1. 微山湖生态文化组团

凸显微山湖周边传统文化、革命文化、生态文化富集叠加的优势，整合济宁、枣庄、菏泽相关县市区的文化遗产与生态景观资源，加大南四湖省级自然保护区、微山湖国家湿地公园保护开发力度，着力建设大运河国家文化公园、微山湖5A级景区、大运河文化旅游风光带，打造一批历史文化名城、名镇、红色文化教育基地，构建以生态环境保护为前提，以生态观光旅游为主导，以大运河文化与传统文化研学旅行为中心，以乡村旅游与红色旅游为侧翼的微山湖生态、文化、旅游复合系统，打造大运河文化带建设示范区、世界运河旅游与湖泊旅游重要目的地。

2. 齐鲁红都文化旅游组团

以"亲情沂蒙"红色文化品牌为引领，以临沂为核心，辐射枣庄、济宁、菏泽，依托沂蒙革命老区和冀鲁豫边区，发挥沂蒙精神纪念地旅游区、铁道游击队红色旅游景区、鲁西南战役纪念系列景区、冀鲁边区革命纪念馆等革命旧址与纪念馆的重要载体作用，完善红色文化保护传承法规，实施革命文物保护利用工程，推动红色文化传承与旅游产业融合发展，推出若干红色旅游精品线路，弘扬沂蒙精神，传承红色基因，打造中国东部红色旅游胜地。

3. 水浒文化旅游组团

整合梁山、郓城、东平、阳谷等地水浒文化资源，以"水浒故里"文化旅游品牌为引领，融入黄河文化带、大运河文化带建设，统筹规划策划，推动差异化抱团发展，加强水浒文化研究，成立水浒文化旅游联盟，共同办好水浒文化旅游节，提升水浒好汉城、水泊梁山风景区、水浒影视城、水浒文化产业园、十字坡、狮子楼、景阳冈等项目建设水平，优化水浒文化旅游线路，发展水浒文化体验游、研学游、乡俗游，推动水浒文化与武术、教育、餐饮、演艺、非遗融合发展，打造国内著名的水浒文化旅游集聚区。

（六）齐长城人文自然风情带

以济南、泰安、淄博、潍坊、临沂、日照、青岛等地的齐长城文化遗产为依托，以长城国家文化公园建设为契机，深入挖掘齐长城丰厚的文化价值、景观价值和精神内涵，充分发挥齐长城沿线丰富的远古文明、生态文化、乡村田园、民俗文化资源优势，实施齐长城遗址保护工程，打造"长城·齐韵"非遗示范带，建设齐长城国家步道系统，大力发展文化旅游、乡村旅游、民俗工艺、研学旅行等产业，打造横贯齐鲁大地的精品文化旅游廊道。

1. 东夷文化保护利用区

以济南、泰安、潍坊、日照、枣庄、临沂、菏泽、济宁等地的东夷文化考古遗址为依托，梳理后李文化、北辛文化、大汶口文化、龙山文化一脉相承的史前文明谱系，开展"文明曙光初先辉，披泽华夏流韵长"的中华文明探源工程，加强少昊陵、蚩尤陵、尧帝陵等史前文明遗迹保护挖掘，整理伏羲、炎帝、黄帝、少昊、颛顼、帝喾、尧、舜、禹等历史人物传说，打造一批文旅示范区，培育一批有竞争力的文旅企业，开发世界文化遗产研学游、华夏历史文明体验游、沿线古都游、古镇古村记忆传承游、故事特色专题游等各具特色的精品线路，形成若干史前文明保护与开发高地，塑造山东又一靓丽文化名片。

2. 齐鲁文化生态保护区

充分发挥潍坊、淄博非物质文化遗产资源丰富多样的优势，实施区域整体性保护策略，搭建非遗传习平台、文化传播平台、学术研究平台、市场推广平台，开展非遗资源抢救工程、技艺培训工程、设施建设工程、文创衍发工程，推动非遗融入现代生活、融入现代文创产业、融入公共文化服务体系，打造一批民俗体验之旅、慢村慢镇怀旧追忆之旅、乡村田园生态休闲之旅等旅游产品，培育一批艺术陶瓷、琉璃、书画、珠宝、风筝、年画、乐器等特色产业集群、文化产业村镇、精品旅游小镇，发挥好中国画节、潍坊国际风筝节、淄博国际陶瓷博览会、博山国家文化出口基地的平台作用，创建联合国手工艺与民间艺术之都，形成全国非遗保护传承的"活样板"。

3. 沂蒙山乡休闲度假片区

依托临沂、潍坊、淄博沂蒙山区丰富多样的山地景观、森林生态资源、民俗资源、乡村田园风情，大力发展全域旅游、乡村旅游、休闲度假旅游、康体养生旅游、野外研学旅游，创建一批国家森林公园、地质公园、5A景

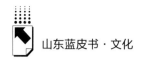

区，培育一批特色旅游村镇，打造鲁中文化旅游高地、全国著名的山地型乡村度假旅游目的地。

四　构建山东文化发展新格局的对策建议

"十四五"时期，山东文化发展要构建新格局增创新优势，就必须以习近平新时代中国特色社会主义思想为指导，深入贯彻党的十九届五中全会精神，牢牢把握"走在前列、全面开创"的目标要求，围绕举旗帜、聚民心、育新人、兴文化、展形象的使命任务，贯彻新发展理念，融入新发展格局，坚持以人民为中心，以推动高质量发展为主题，以深化供给侧结构性改革为主线，以改革创新为根本动力，以社会主义核心价值观为引领，着力提升社会文明程度，着力推动中华优秀传统文化创造性转化、创新性发展，着力繁荣发展社会主义文艺事业，着力提升公共文化服务水平，着力构建现代文旅产业体系，着力扩大齐鲁文化世界影响力，不断满足人民文化需求和增强人民精神力量，努力推动文化旅游强省建设实现重大突破，为开创新时代现代化强省建设新局面做出积极贡献。

（一）加强精神文明建设，提高社会文明程度

坚持马克思主义在意识形态领域的指导地位，把统一思想、凝聚力量作为中心环节，用习近平新时代中国特色社会主义思想武装全党、教育人民、推动工作，大力加强理想信念教育、新时代公民道德建设，推动形成适应新时代要求的思想观念、精神面貌、文明风尚、行为规范。

1. 深入开展习近平新时代中国特色社会主义思想学习教育

把学习贯彻习近平新时代中国特色社会主义思想作为党委（党组）理论学习中心组学习的主要内容，充分发挥"关键少数"的带头作用，引导党员干部系统学、跟进学、联系实际学。在山东省思想文化系统举办各种线上线下培训班，引导广大干部职工牢固树立"四个意识"，坚定"四个自信"，做到"两个维护"，用习近平新时代中国特色社会主义思想武装头脑、

推动工作、提升品行作风，自觉践行创新、协调、绿色、开放、共享的新发展理念，确保社会主义先进文化建设的前进方向。推进马克思主义理论研究和建设工程、中国特色社会主义理论体系研究中心、重点马克思主义学院、省新型智库建设，推动省中国特色社会主义理论体系研究中心进入国家级中心，打造一批在省内外有重大影响的高端专业智库。广泛开展理论宣讲，策划组织百姓宣讲活动，持续打造"宣讲时间"品牌，推动党的创新理论进企业、进农村、进机关、进校园、进社区、进网站。

2. 深入推进社会主义核心价值观培育和践行活动

建立健全社会主义核心价值观融入法治建设协调机制，推动理想信念教育常态化制度化。广泛开展中国特色社会主义和"中国梦"系列宣讲活动。加强党史、新中国史、改革开放史、社会主义发展史教育，加强爱国主义、集体主义、社会主义教育，完善青少年理想信念教育齐抓共管机制。大力讴歌、宣传、弘扬抗疫精神，为夺取全面建设社会主义现代化国家新胜利汇聚强大精神动力。推进新时代文明实践中心建设，建好文明实践中心文化服务平台，深化拓展"我们的节日"主题活动，经常性组织开展"中国梦歌曲大家唱"、乡村广场舞、地方戏曲会演、文艺培训等活动，提振农村群众的精气神。

3. 深入开展精神文明创建活动

注重典型引领，加强齐鲁时代楷模、全省道德模范、齐鲁最美人物、山东好人等典型的选树和宣传，推动学习、宣传、关爱典型制度化常态化。建立重大公共政策道德评估机制，健全各行各业规章制度，修订完善市民公约、乡规民约、学生守则等行为准则。弘扬诚信文化，加快构建以信用为基础的文化和旅游市场新型监管机制，努力形成人民群众满意、行业规范有序发展的良好局面。深入开展文明旅游创建活动，引导广大游客厉行勤俭节约，保护文物古迹，爱护生态环境，遵守公序良俗，共同创建文明、健康、绿色旅游新风尚。结合传统民俗节日、重大节庆日和重要纪念日，推动以孝、诚、爱、仁为主要内容的四德工程建设，提升"学雷锋，做山东好人"、"善行义举四德榜"、"厚道鲁商"等道德品牌，丰富新时代公民道德

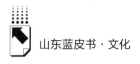

建设载体形式。以文明城市、文明村镇、文明单位、文明家庭、文明校园创建活动为载体，开展中华传统美德教育，推动移风易俗，倡导文明新风，形成良好家教、家训、家风。

4. 推动哲学社会科学繁荣发展

加强马克思主义理论学科建设，支持传统优势学科、新兴学科、交叉学科创新发展，积极推进儒学、易学、稷下学等特色学科发展，推动黄河文化、齐文化研究阐发，建立特色鲜明、优势突出的学科体系。大力提升学术原创能力和水平，不断推进知识创新、理论创新、方法创新，建设立足山东、注重原创的学术体系。着力打造当代中国马克思主义论坛、山东社科论坛、泰山智库讲坛等学术品牌，提升山东哲学社会科学工作影响力。深化哲学社会科学管理体制改革，加强省社科规划研究项目、省新型智库研究项目、省高等学校人文社科研究计划项目、省软科学研究计划项目、省重大理论与实践问题研究课题的管理审核，提高科研成果质量。深入实施哲学社会科学领军人才"111 工程"、哲学社会科学教学科研骨干研修规划，落实省社科理论优秀成果支持鼓励若干措施，加快建设哲学社会科学智库创新团队。

（二）传承弘扬优秀传统文化，延续民族根脉

围绕以文化人的时代任务，努力推动齐鲁优秀传统文化创造性转化、创新性发展，推动红色革命文化在新时代发扬光大，推动文化遗产保护利用，全面筑牢文化强省建设根基。

1. 深入实施"齐鲁优秀传统文化传承创新工程"

注重实践与养成、需求与供给、形式与内容相结合，把中华优秀传统文化内涵更好更多地融入生产生活的各方面。推动国家级、省级历史文化名城创建工作，提炼精选一批凸显文化特色的经典性元素和标志性符号，纳入城镇化建设、城市规划设计，延续城市文脉。继续实施县及县以下历史文化展示工程，建成县乡村三级历史文化展示体系，加强历史文化名镇名村保护，打造乡村文化振兴"齐鲁样板"。用儒商文化精髓涵养企业精神，培育现代

企业文化。挖掘提炼中华优秀传统文化中的思想内涵，修订市民公约、乡规民约、学生守则、行业规章，建立健全各类礼仪、礼节，推动中华优秀传统文化融入社会规范。以青少年和党员干部为重点，以各级各类学校为主渠道，充分发挥媒体和各种文化设施的作用，把中华优秀传统文化融入国民教育、社会治理、党的建设全过程。

2. 推动革命文化传承弘扬

深入研究阐发沂蒙人民在长期革命和建设实践中形成的"水乳交融、生死与共"的核心特质，揭示其与井冈山精神、长征精神、延安精神、西柏坡精神等一脉相承的本质联系，增强其感召力、凝聚力、影响力。打造主题突出、导向鲜明、内涵丰富的红色文化传播矩阵，发挥红色文化固本培元、凝心铸魂、教化育人、推动发展的功能。全面推进各类革命文化遗存免费开放，建立革命旧址、革命博物馆与党政机关、学校、企事业单位、驻地部队、城乡社区的共建共享机制。重视红色文化网络内容建设，发挥新兴媒体优势，创新传播方式，运用网站、社交媒体、手机客户端等网络传播平台，开展网上红色文化宣传教育，提升传播效果。依托基层群众性自治组织、新时代文明实践中心等，发挥老党员、老战士、老模范的作用，开展面向群众的红色文化宣传教育，充实基层文化建设。在红色文化主题月、清明节和重要纪念日，组织开展纪念活动，引导公众通过多种形式接受红色文化教育。鼓励和支持社会力量参与红色旅游开发，建设红色文化主题博物馆、纪念馆，打造红色旅游景区、红色旅游线路，研发红色文化创意产品。

3. 加强文化遗产保护利用

积极推进齐长城、大运河国家文化公园建设，创建"泰山—曲阜"国家文物保护利用示范区，积极参与中华文明探源工程和"考古中国"重大研究，突出黄河流域与曲阜优秀传统文化传承发展示范区、齐文化传承创新示范区的文物保护利用，实施山东革命文物保护利用工程，推动文物工作融入现代社会、融入生产生活，在构建中华文明标识体系、革命精神谱系和文物价值传播体系方面不断突破。打造红色文化遗存数据库，实行动态管理，推动红色文化资源信息共享。遵循尊重原貌、以最小干预的原则对红色文化遗存进行修缮、修复，提升反映山东百年党史的重大事件遗迹、重要会议遗址、重要机构旧址、重要人物旧居保护展示水平。深入实施非物质文化遗产传承发展工程，建立代表性非遗与传承人的抢救保护制度，打造一批国家级、省级文化生态保护实验区，把济南百花洲传统工艺工作站打造成为全国城区传统工艺振兴的示范窗口，把中国非物质文化遗产博览会打造成山东响亮文化名片。

（三）提升公共文化服务水平，实现文化育民惠民

坚持"二为方向""双百方针"，全面繁荣新闻出版、广播影视、文学艺术事业，创新实施文化惠民工程，实现人民群众对美好文化生活的向往。

1. 繁荣发展文化艺术

坚持以人民为中心的创作导向，持续开展"深入生活、扎根人民"主题实践活动，努力创作推出一批传播社会主义核心价值观、展示新时代建设成就、体现齐鲁地域文化风格的文艺精品。深入实施舞台艺术创作"4 + 1"工程、重点选题创作扶持计划，不断完善全链条扶持机制，推动文艺精品创作提质增量。充分发挥知名艺术家作用，实施"名家传艺"计划，办好山东戏曲名家工作室，支持中青年骨干人才、青年艺术新秀拜名家为师学艺。积极探索"互联网 + 艺术"实现方式，加快数字美术馆、线上美展、网上演艺厅建设，大力培育发展网络文艺，创新开展艺术宣传推介，鼓励网络创作、在线传播，扩展艺术成果知名度。

2. 全面构建现代文化传播体系

现今，全程媒体、全息媒体、全员媒体、全效媒体不断发展，信息无处不在、无所不及、无人不用，从信息采集、内容生成、信息发布等各阶段都实现了直播态，内容产业与电子商务深度融合。5G 技术进一步驱动媒体生态的进化，推动多形态、立体化的内容呈现，未来报、台、网、端、微、视的联动更加紧密，融媒体建设从"融媒"向"智媒"过渡，朝着视频化、智能化、服务化趋势发展，逐渐形成全链条的智能化系统。要坚持导向为

魂、移动为先、内容为王、创新为要，在体制机制、政策措施、流程管理、人才技术等方面加快融合步伐，坚定不移推动媒体深度融合发展，全力打造全媒体传播阵地。要加大对省市级党报、广播电视台及县级融媒体中心的政策扶持力度，巩固壮大主流宣传阵地。要加快"智慧广电"建设，发展网络音视频、网络直播等"宅经济"，形成有线、无线、卫星传输综合网络，打造网络视听产业新高地。

3. 完善现代公共文化服务体系

坚持"政府主导、社会参与、重心下移、共建共享"，推动基本公共文化服务法制化、均等化、便利化、智能化。实施"嵌入式"公共文化服务工程，推广城市书房，完善农家书屋，改造社会文化活动中心，打造富有当地特色的活动阵地，推动优质资源，服务下沉到基层一线，实现公共文化服务"房前屋后、遍地开花"。创新公共文化服务管理体制和运行机制，推动图书馆、美术馆、科技馆等场所打造创客空间，依托馆藏资源、形象品牌、陈列展览、主题活动和人才队伍等要素，推进文化创意产品和服务开发，促进优秀文化资源的传承传播与合理利用。精准对接群众需求，依托现代信息手段形成按需定供模式，广泛提供以基层选定为主的公共文化服务项目。充分发挥公共文化服务设施综合效用，扶持"庄户剧团"等各类群众自办文化团体建设，举办全省广场舞展演、全省乡村春晚集中展示、群星奖优秀作品巡演、冬春文化惠民季等示范性带动活动。全面提升公共文化服务数字化、信息化、网络化、智慧化水平，构建覆盖全省、互联互通的数字公共文化服务网络，建立线上、线下相结合的服务模式，满足人民群众多样化的服务需求。

（四）健全现代文化市场体系，提升文化产业发展质量

坚持社会效益和经济效益有机统一，稳步推进文化供给侧改革，不断健全现代文化产业体系，实施文化产业数字化战略，壮大文化市场主体，激发文化消费潜力，扩大优质文化产品供给，以文化产业高质量发展推动文化强省建设。

1. 大力发展数字文化产业

加快推进文化和旅游资源数字化，让文旅资源"活起来"。推进文化产业和旅游产业"上云、用数、赋智"，共享订单、产能、渠道。加强数字文化企业与互联网旅游企业对接合作，促进文学、动漫、音乐、演艺、数字艺术、网络文化、创意设计向旅游内容领域延伸，强化文化对旅游的内容支撑、创意提升和价值挖掘作用。运用大数据、短视频、直播、虚拟现实等手段，创新文旅消费场景，发展夜间文旅经济，线上线下消费相结合，引导和培育网络消费、定制消费、智能消费等消费新热点、新模式。促进创意设计与装备制造业、建筑业、农业和体育产业等相关产业深度融合，定期举办"泰山设计杯""黄河杯"等山东省文化创意设计大赛，推动创意设计服务业专业化、集约化、品牌化发展。

推动"文化＋"纵深发展，创造文化经济新动能。建设一批文化特点鲜明、主导产业突出的国家文化创意产业和旅游产业融合发展示范区、特色文化小（城）镇、特色文化街区、特色文化乡村，实现城乡联动发展，形成各有侧重、差异竞争的产业格局。创新社区文化发展模式，推动产城商旅文深度融合，培育一批城市文旅综合体。实施齐鲁文化 IP 开发工程，组织青少年创意大赛、广告创意设计大赛、国际动漫艺术节、国际创意设计大会等节会活动，鼓励文化企业采用个性定制、精准营销、社群共生、网络共享等模式提供适销对路的多元化、现代化文化产品和服务。

大力实施文化科技创新工程。推动互联网、物联网、云计算、大数据、虚拟现实、人工智能、区块链、4K、5G 等高新技术在文化创作、生产、传播、消费等环节的应用，提升出版、广播、影视、音乐、动漫、游戏、演艺、广告等传统业态数字化程度，大力发展数字内容、创意设计、网游手游、网络视听、网络文学、动漫电竞等新兴文化业态，培育壮大一批线上龙头文化企业、线上传播服务平台、线上文化品牌。贯彻国家大数据战略，对接国家文化大数据体系建设工作，着力打造山东省中国文化遗产标本库、中华民族文化基因库、中华文化素材库以及山东省智慧文旅融合大数据中心、全省文化和旅游重点区域监测平台、"好客山东网"等文化旅游大数据公共平台，形成面向社会开放的文化旅游大数据服务和应用体系。

2. 提高文化产品供给质量

实施文化产品质量提升行动计划，引导文化企业遵循市场规律和文化需求特征，增产适销对路的文化产品，严格控制产品同质化倾向。支持企业实施覆盖产品全生命周期的质量管理、质量自我声明和质量追溯制度，保障质量安全。不断完善文化产品质量管理体系，逐步推行文化产品认证和第三方质量检验检测。建立健全文化产业质量监督机制，严格执行缺陷产品召回制度，建立企业黑名单制度，支持行业组织发布自律规范或公约，开展质量信誉承诺活动。

创新文化供给方式，利用现代科技手段，发展个性化定制、柔性化生产，推动文化内容形式、传播手段创新，提高文化创意产品原创能力和营销水平，推动线上线下消费高效融合、大中小企业协同联动、上下游全链条一体化发展。引导实体企业加大开发数字化产品和服务，鼓励实体商业通过直播电子商务、社交营销开启云端供给等新模式。建立群众文化需求反馈机制，提供更有针对性、实效性的文化产品和服务种类。引导和支持文化产业园区与城市发展、社区发展、市民生活需求深度对接和融合，增加公共文化服务、商业服务、生活服务等功能，就近服务周边社区居民文化需求，提高供给效率。

3. 壮大文化市场主体

推动文化资源、要素向优秀企业集中，培育一批"独角兽""瞪羚"文化企业。推动文化企业跨地区、跨行业、跨区域兼并重组，推动条件成熟的文旅企业上市融资，提高规模化、集约化经营水平，培育一批核心竞争力强的文化企业集团。健全法人治理结构，推动国有文化企业进行规范化公司制、股份制改造。支持国内一流互联网文化企业集团落户山东，培育一批具有较强核心竞争力的大型数字文化企业，形成一批创新活跃的企业集群。着力提升产业链现代化水平，加快推动建设一批建链、延链、补链、强链项目，支持山东文化创意产业和智能制造创新创业共同体、山东数字融合出版创新创业共同体发展，构建"政产学研金服用"融合创新

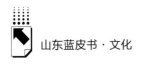

生态。

扶持中小微文化企业。激发中小微文化企业创新创业活力，培育一批主营业务突出、竞争力强、成长性好的单项冠军和细分行业排头兵企业。支持中小文旅企业找准市场定位，向专业、精品、特色、创新方向发展，重点支持一批"新技术、新业态、新模式"中小微文化企业发展，通过生产协作、开放平台、共享资源等方式，带动上下游中小微文化企业发展。引导中小微文化企业入园发展，规划建设、提升一批各具特色的文化创业创意园区、孵化器、创业工厂、众创空间。积极发挥创意集市、地摊经济等多元平台作用，鼓励文化创意人才发展个体经济，创造条件引导文化生产个体向小微文化企业成长。

4. 扩大园区集聚效应

坚持因地制宜、分类施策、各展优势，建设一批文化产业示范园区，扶持一批集聚新技术、新产业、新业态、新模式的文化特色园区。综合运用土地、金融、人才等政策，统筹布局发展一批重点文化产业园区，加快推动中国广电·青岛 5G 高新视频实验园区、泰山新闻出版小镇、世纪开元智能印刷中心建设，重点培育打造青岛影视产业、淄博市陶琉产业、潍坊市黄金珠宝、济南出版产业、梁山教辅产业等雁阵型文化产业集群，支持淄博市博山区国家文化出口基地建设发展。探索建设一批虚拟文化产业园区，通过宽松的政策环境、便利的方式和优质的信用服务，吸引外地优质企业在虚拟园区"离岸注册"，带动本地文化经济发展。鼓励数字文化产业向国家级文化产业示范园区、国家文化产业创新实验区、国家文化与科技融合示范基地等重点功能平台集聚，形成一批数字文化产业集群。打造一批总部型园区，培育主导企业或主导企业群，形成入驻企业有效分工、产品内容互补、上下游产业衔接紧密的良性发展格局。

创新园区管理运营模式。积极探索"产城融合"发展新模式，发挥文创园区助力城市更新效能，鼓励支持一批利用老旧厂房打造的文化创意产业园区。鼓励引入第三方专业运营团队，提升管理水平，推动现有园区做大做强，形成主业突出、特色鲜明、具有较强盈利能力的文化产业园区发展模式。加强对各级各类文化产业园区的规范管理，做好国家级文化产业示范园区创建验收工作，修订省级文化产业示范园区、基地管理办法，强化动态管理，完善退出机制，提高园区土地利用效率，防止盲目投入和低水平、同质化建设。

（五）推动文化与旅游深度融合，建设国际文化旅游目的地

以旅游供给侧结构性改革为主线，以文化与旅游融合发展为导向，推动旅游产业向全域化、国际化、精品化、多元化、智慧化发展，完善以"好客山东"为引领的多层次旅游品牌体系，形成国际一流的文化旅游、休闲度假旅游目的地和旅游消费中心。

1. 提升文化旅游品质

发挥齐鲁文化优势，围绕文化旅游产业融合发展，重点培育儒家文化旅游集群、泰山文化旅游集群、齐文化旅游集群、大运河文化旅游集群、黄河生态文化旅游集群，增强文化旅游发展的新动能。创新文化旅游业态，全力打造文化体验游、国学文化游、红色教育游等新业态，打造非遗旅游、博物馆旅游、演艺旅游、文创旅游、影视旅游等新产品。以旅游供给侧结构性改革为主线，不断壮大精品旅游规模，形成国际一流的旅游休闲度假目的地，推动泰山景区、"三孔"、青岛崂山、蓬莱阁旅游景区、天下第一泉景区等打造国际知名景区，优化提升刘公岛、南山、华夏城、青州古城、沂蒙山、台儿庄古城、黄河口生态旅游区等5A级旅游景区建设。积极对接黄河流域生态保护和高质量发展重大国家战略和长城、大运河国家文化公园建设等重大文化工程，规划建设黄河国家文化公园等高端文旅"新地标"。提高现代精品旅游产业发展质量，推动山海天、长岛、好运角等创建国家级旅游度假区，培育国际著名温带海滨度假连绵带。实施城市精品旅游工程，打造济南泉城国际泉水文化名城和青岛国际海洋名城。着力打造济宁文化旅游新增长极，创建微山湖5A级旅游景区，形成以曲阜为核心的中华文明展示体验窗口，不断提升"东方圣地""运河之都"文化旅游目的地品牌。

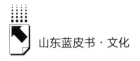
2. 实施旅游"全要素提升计划"

全力推进"旅游+",实现旅游与文化、农业、工业、体育、教育、康养、会展等高度融合发展,不断丰富旅游业产品供给,培育旅游业发展新动能。开展全域旅游示范区创建,大力开发培育精品景点、精品线路、精品服务,建立"好客山东"优品名录,每年举办文创旅创大赛。实施精品旅游景区建设行动,开展村庄景区化建设,推动全省旅游景区提档升级,提升景区文化内涵,推出一批经典文化旅游线路。推进重点文旅项目建设,完善要素保障和政策支持体系,培育文旅产业集群。开展文化产业和旅游产业融合发展示范区创建,推进文化演艺、创意设计、非遗、娱乐、动漫等与旅游融合发展,打造旅游演艺品牌项目。加快发展"文旅+",大力培育文化体验游、研学知识游、红色教育游、康养体育游、乡村民宿游等融合发展新业态,培育文化旅游、医养健康两大国际化标杆产业,推进文旅康养融合发展示范区建设,打造文旅、康养产业高位发展平台。实施"快旅漫游"强基工程,构建便捷旅游交通网络。办好旅游发展大会、中国国际文化旅游博览会、中国非物质文化遗产博览会等节会活动。

3. 构建"好客山东+"文化旅游品牌体系

创新宣传推广机制,坚持传统媒体与新媒体相结合,整合山东16市资源实行联合推介,把"好客山东"纳入央视"品牌强国工程",建设新媒体推广营销矩阵,提升"好客山东"品牌知名度。深化拓展文化旅游对外交流合作,办好"中国山东文化年""孔子家乡 好客山东"文化和旅游推介会、"山东文化周"等重点交流活动。

4. 提升智慧旅游发展水平

实施"一部手机游山东"智慧文旅工程。依托以5G通信为核心的大数据、人工智能等技术,结合新基建,打造智慧旅游云平台,推进"好客山东 云游齐鲁"智慧文旅工程,为游客提供线上购票、酒店预订、旅游交通等定制服务,精准满足游客需求,提升游客出行体验。融合全省文旅相关数据资源,建设山东省智慧文旅融合大数据中心,建立全省文化旅游消费数据监测体系,对全省重点景区、文博单位实时客流监测与预警,实现数据共建共享。完善以"好客山东网"为核心的全省智慧文旅信息公共服务体系，提供人工智能客服、知识库、舆情分析、数字可视化辅助决策等服务，打造一键投诉、及时响应、联动处置、实时反馈、限时办结的涉旅投诉管理体系，提高旅游服务品质与游客满意度。

5. 激发文化旅游消费潜力

顺应商业变革和消费升级趋势，促进网络消费、定制消费、体验消费、智能消费、互动消费等新型文化旅游消费发展。鼓励建设集合文创商店、特色书店、小剧场、文化娱乐场所等多种业态的消费集聚地，引导文化和旅游场所增加参与式、体验式消费项目。鼓励依法依规对传统演出场所和博物馆进行设施改造提升，合理配套餐饮区、观众休息区、文创产品展示售卖区、书店等，营造更优质的消费环境。大力实施文旅消费促进行动，强化政策支持，创新办好"文化和旅游惠民消费季""山东人游山东""好客山东贺年会"等活动。继续推动国有景区门票降价，制定实施景区门票减免、景区淡季免费开放、演出门票打折等政策。继续办好"文化和旅游惠民消费季"，大力开展群众性文化和旅游惠民活动，增加多样化供给，引导消费升级，让文化和旅游消费惠及大众、深入人心。积极创建国家文化和旅游消费试点城市及示范城市，支持青岛、济南建设国际消费中心城市。在依法合规的前提下鼓励发行文化和旅游消费联名银行卡并给予特惠商户折扣、消费分期等用户权益。拓展文化和旅游消费信贷业务，以规范发展为前提，创新消费信贷抵质押模式，开发不同首付比例、期限和还款方式的信贷产品。

（六）推动文明交流互鉴，提升齐鲁文化国际影响力

坚定文化自信，加强对外文化交流和多层次文明对话，创新推进国际传播，拓宽文化交流渠道，发展对外文化贸易，讲好中国故事，打造世界文明交流互鉴高地。

1. 提升齐鲁文化品牌世界知名度

努力加快文化"走出去"步伐，把打造展示中华文明的重要窗口作为文化强省建设的重要目标，持续提升"孔子故乡　中国山东"品牌国际影

响力,充分发挥孔子学院总部体验基地对外宣传作用,广泛传播齐鲁优秀文化。依托世界儒学大会、尼山世界文明论坛、中日韩儒学对话会议等,举办大河文明专题国际论坛,定期围绕名城保护、大河文明、华夏探源、文化交往、治黄历史、红色革命等主题进行研讨,打造黄河文明与世界文明交流对话、互学互鉴的高端平台。充分彰显黄河文化元素,依托黄河文化旅游节、国际孔子文化节、泰山国际登山节、潍坊国际风筝会等节会,邀请外国代表团、国际友人、外国游客来山东参观、体验、交流黄河文化,把山东建设成为我国黄河文化国际交流合作中心。大力发展入境游,打造以泰山、"三孔"、黄河入海口、大运河等旅游产品和青岛、济南、泰安、曲阜、东营等特色旅游城市为支撑的国际化旅游品牌体系。

2. 提升对外文化传播能力

培育在国际文化市场具有较强竞争能力的外向型文化企业,生产提供更多富有齐鲁特色、体现中国气派、为国外受众喜闻乐见的优秀文化产品和服务,形成一批具有国际知名度和美誉度的文化贸易品牌。进一步优化文化贸易结构,提高新兴业态文化产品和服务出口比重,支持中医药、烹饪、杂技、武术等特色服务领域出口,文化产品和服务出口总额继续保持在全国前列。继续做大做强"孔子家乡山东文化贸易展"品牌活动,巩固发展海外传统市场。指导文化企业建立海外市场营销网络,逐步形成多渠道、多层次的国际市场营销体系。加强合作传播能力建设,深化与中央外宣媒体、港澳台媒体、新媒体公司以及海外主流媒体、知名智库的交流合作。加强省属外宣媒体建设,不断扩大海外覆盖面。提升网络传播能力,推动建设多语种外宣网站和新媒体外宣平台。

3. 拓宽文化交流渠道

在海外中国文化中心、旅游办事处举办"中国山东文化年""孔子家乡好客山东"文化和旅游推介会等系列精品活动,打响"孔子故乡 中国山东"对外文化和旅游交流品牌,并借助国际性旅游展览会等平台,全方位展示"好客山东"品牌形象。以各种重大外事活动为契机,加强山东文化和旅游推介。鼓励各类学术团体、文化艺术机构和旅游企业参与国际性展会、举办有影响的国际交流活动，扩大山东文化旅游的国际影响力。继续加强与海外中国文化中心、旅游办事处、孔子学院等机构的密切合作，共同承办文化交流和旅游主题活动。充分发挥友好省州、友好城市在对外文化和旅游交流中的作用，把友好城市建成山东对外文化交流的稳定平台。进一步发挥山东籍海外华人华侨社团的桥梁作用，使其成为山东对外文化宣传推介的重要力量。

文化传承篇
Cultural Heritage Section

B.2
巨野县榆园村打造"新时代
文明实践站"调查研究

王占一*

摘　要：　菏泽市巨野县榆园村于2018年正式建成高标准"新时代文明
实践站"，全村以"新时代文明实践站"为党建平台，坚持
党的领导和"以人为本"的发展理念，积极发动广大人民群
众加入乡村建设，特别是乡村文化振兴的行动。在具体举措
中把经济建设、文化建设、思想建设以及生态环境建设有机
地结合起来，形成一条"新时代文明实践"的合理路径，在
乡村文化振兴和人居环境建设方面给予了我们诸多经验和
启示。

关键词：　榆园村　新时代文明实践站　乡村文化振兴

---

* 王占一，文学博士，山东社会科学院文化研究所助理研究员。

以文化人、以文育人。文化作为一种的精神力量，起到了铸魂化人的作用。习近平总书记明确指出"乡村振兴，既要塑形，也要铸魂"。只有健全以社会主义先进文化为主体的乡村文化体系，不断建设乡村文化，培育文明乡风，让村民生活真正富起来，人居环境彻底美起来，乡村振兴才能得以完全实现。

2018 年，习近平总书记在全国宣传思想工作会议上强调，要推进新时代文明实践中心建设，不断提升人民思想觉悟、道德水准、文明素养和全社会文明程度。榆园村按照习总书记的要求，2018 年建成高标准"新时代文明实践站"1 处，每年推选"善行义举四德榜"20 名，评选"好媳妇好婆婆"30 名，"美丽庭院示范户"30 户。通过文化广场、休闲长廊、农家书屋、宣传栏等宣传乡风文明，群众精神文化生活得到显著提升，多次承办省市县镇文艺大赛、广场舞大赛、"文化下乡"等大型活动。2019 年，山东省"中国梦·新时代·祖国颂"百姓宣讲团、山东省新时代文明实践乡村阅读推广示范活动在榆园村召开。

一 榆园村创建"新时代文明实践站"的主要做法

榆园村地处菏泽市巨野县柳林镇北部，全村共 453 户 1368 人，耕地 1581 亩，2013 年作为柳林镇实施的土地增减挂钩项目村进行新村建设，2016 年全部完成搬迁。该村借助城乡建设用地增减挂钩政策，科学规划，高标准建设成联排别墅生态宜居新村。按照习近平总书记"乡村振兴，既要塑形，也要铸魂"的要求，该村坚持物质文明和精神文明一手抓，弘扬传统文化，培育文明乡风，以文化振兴促进生产美、生态美、生活美融合发展，取得了显著成效，先后被授予山东省第五批美丽宜居村庄、山东省省级卫生村、菏泽市首批美丽乡村示范点、菏泽市文明村庄、菏泽市先进基层党组织等荣誉称号。

榆园村所在的柳林镇管辖 44 个行政村，72 个自然村，拥有人口 7.5 万人，目前已建成镇级新时代文明实践所 1 处，此外，村级文明实践站 44 处，

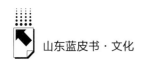
实现了全镇覆盖。新时代文明实践工作开展以来，镇党委、政府紧紧围绕文明实践内容和实践形式，做到了两个"三结合"。

一是，实践内容"三结合"。第一，文明实践内容与文明村镇建设、美丽宜居乡村建设等重大活动相结合，打造"实践所＋实践站"两级服务阵地。第二，文明实践内容与垃圾分类和美丽庭院建设等镇党委、政府当前重点工作相结合，首创成立"新时代文明实践义务清洁队"，全面落实街长制，大力开展"义务清洁、守护绿色家园"活动。同时，创建美丽庭院1000余个，全面推行"垃圾两分法"。第三，文明实践内容与村民需求相结合，采取"订单式"服务，群众需要什么，镇党委、政府就服务什么。

二是，实践形式"三结合"。第一，传统教育方式与现代教育方式相结合。传统的会议教育、入户走访形式与"智慧党建"平台、互联网等新媒体教育相结合，每周一晚召开镇村视频会议，商讨村内各项事务，发现问题及时解决。第二，集中教育与分散教育相结合。镇实践所每月集中4天开展文明实践活动。同时，利用"村村响"小喇叭和农村集市教育等教育形式，不定期开展分散教育活动。第三，专家教育与自我教育相结合。定期聘请市县国学大师、技术人才到镇开展实践骨干培训，提高全镇文明实践水平。同时，村民通过制定村规民约进行自我管理、自我教育。

榆园村创建"新时代文明实践站"以来，始终坚持以党建为引领，积极发动广大人民群众加入乡村建设、文化振兴的行动。在具体举措中，榆园村把经济建设、文化建设、思想建设、生态环境建设有机结合起来，探索出一条"新时代文明实践"的合理路径。

（一）大力发展村集体经济，搭建文化振兴舞台

榆园村通过实施增减挂钩项目，复垦土地380亩，复垦土地以1000元/亩的价格流转出去，增加集体收入38万元；该村利用扶贫政策，建设了光伏发电项目，每年村集体收入约3万元，村集体累计收入超过40万元，为村内文化事业发展提供了坚实的物质基础。在县镇两级（党委、政府）大力支持下，榆园村新建高标准新时代文明实践站1处，党群服务中心1处，

文化广场 1 处及文化公园 1 处，组建了秧歌队、广场舞队，并配备了各种器材，为丰富群众文化生活搭建了平台，使乡村文化活动有钱能办、有地可办、有人来办。

（二）挖掘乡土文化资源，传承优秀文化传统

榆园村历史悠久，可追溯至明末崇祯年间。历史上，榆园村崇文尚武，英雄人物辈出。抗日战争时期，村民自发成立联防队，解放战争期间，村民自发组织了担架队、大平车队支援前线。戏曲、杂技人才层出不穷，是著名的戏曲之乡、武术之乡。为发展民族文化，延续文化遗产，榆园村早在 20 世纪 40 年代就成立了大兴班豫剧团，又陆续成立了梆子剧团和三班杂技团，现有在外演出的杂技、魔术、武术演员 20 余人。村内注重教育，恢复高考后，有多人考上大学。

榆园村注重弘扬特色乡村文化，通过深入挖掘戏曲文化、武术文化、红色文化，讲好文化故事，教育村民，提振全村精气神；充分发挥文明实践站作用，通过文化广场、休闲长廊、农家书屋、宣传栏等宣传乡风文明，群众精神文化生活得到显著提升，全村群众既富了口袋又富了脑袋；多次承办省市县镇文艺大赛、广场舞大赛、"文化下乡"等大型活动，多次参加省级文明实践调研工作，乡村文明行动开展得红红火火。2019 年，山东省"中国梦·新时代·祖国颂"百姓宣讲团、山东省新时代文明实践乡村阅读推广示范活动在榆园村召开。在传统文化传承上，榆园村计划重建戏曲之乡，扩大榆园村杂技团影响力，建立自己的杂技学校。

（三）强化理论政策教育，践行新时代文明思想

深入实施理论惠民工程，村"两委"因势利导，不断强化党员群众的理论政策学习，通过制定村规民约进行自我管理、自我教育，丰富群众思想文化内涵，为榆园村全面实现乡村振兴提供精神激励、智力支持和道德滋养。通过集中讲党课、开展主题党日活动、组织外出参观学习、开展全民大

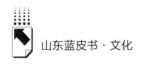

讨论等形式，学习习近平新时代中国特色社会主义思想，践行社会主义核心价值观。

每周召开村民议事小组会议，号召学习好人好事，实现村民"自治、法治、德治"。深入推进移风易俗，在全镇率先公示《村规民约》《村红白理事会章程》，杜绝婚丧事铺张浪费现象；用身边事教育身边人，每年推选"善行义举四德榜"20 名，评选"好媳妇好婆婆"30 名、"美丽庭院示范户"30 户，调动群众参与积极性，形成了良好新风尚。

（四）发挥党建引领作用，提升人居环境水平

村党支部自觉加强自身建设，坚持"三会一课"制度，加强政治理论学习，及时传达上级会议精神，充分发挥带学促学作用，激发广大党员学习积极性。坚持民主集中制，坚持村内事务共商机制，充分征求群众意见。积极开展红色先锋活动，强化党建统领"一张网"，党员分片包户，对所包户开展"网格化管理、组团式服务"，做到"四必到、四必访"，群众满意度显著提升。同时积极开展党员"亮身份、树形象、做表率"活动，让每一位党员牢记自己身份，树立良好形象，增强凝聚力、战斗力。

大力推进村级环境精细化管理，将街长制与党员分片包户相结合，确保"每条道路都有人管、每一户都有人监督"，将有劳动能力的脱贫享受政策户 24 人纳入义务清洁队，通过差异化分配扶贫资金等方式，在村内开展卫生保洁、垃圾分类、"门前三包"等活动，人居环境大幅改善。加大配套设施投入力度，村内道路全部实现硬化、绿化、亮化；铺设排水管道 6700 米，建设占地 400 平方米的小型污水处理站 1 处，日处理量 100m³；配备移动式垃圾桶 85 个，建设垃圾分类厢房 1 处，垃圾分类"两分法"全面推开；实施了"双替代"工程，建设空气源热泵厢房 1 处，集中供暖实现了全覆盖。该村培育菌种种植厂 1 处，种植材果兼用黑核桃树 120 棵，育苗 5000 余棵，带动群众发家致富。

二 榆园村创建"新时代文明
实践站"的经验与启示

目前，榆园村以"新时代文明实践站"为平台，坚持"弘扬传统文化，培育文明乡风，推动乡村振兴"的乡村发展振兴之路，取得了十分可观的成效。从"新时代文明实践站"建成的成效和乡村文化振兴的过程，我们可以得到以下四点启示。

（一）夯实基层党建基础，建设一支坚强有力的党领导队伍

要充分发挥村级党组织的战斗堡垒作用，引导正确的发展方向，组织健康向上的村级文化娱乐活动。榆园村党支部坚持以党建为引领开展工作，共有村"两委"成员 5 人，带头开展红色先锋活动，强化党建统领"一张网"，党员分片包户，对所包户开展"网格化管理、组团式服务"，做到"四必到、四必访"，群众满意度显著提升。同时积极开展党员"亮身份、树形象、做表率"活动，增强凝聚力、战斗力。党员先锋引领，助推幸福新村建设。榆园村借助增减挂钩政策，在充分尊重群众意见的基础上，选出 20 名党员代表，带头参与新村建设工作。目前，村民别墅集中联排、生态宜居，村内 6 纵 13 横道路全部实现硬化、绿化、亮化，实现了垃圾分类、集中供暖、污水处理以及下水道、视频监控等"五通十有"全覆盖，并实行"街长制"，由村"两委"成员担任街长对所有街道胡同进行精细化管理，村庄面貌显著提升。

（二）在新村规划中提前设计和预留出文化娱乐场所，确保文化事业发展有载体

榆园村注重弘扬优秀传统文化，借助高标准新时代文明实践站多次参加省级文明实践调研、宣讲等工作；组建义务清洁队 20 人，吸纳脱贫享受政策且有劳动能力的家庭参加，每周二、六固定进行卫生清扫活动；建设垃圾

分类厢房 1 座,为每户都悬挂"门前三包"、垃圾分类明示牌,并发放垃圾分类桶,群众爱护环境、参与垃圾分类积极性高涨;多次承办文艺大赛、广场舞大赛、"文化下乡"等大型活动,建设文化广场休闲长廊、农家书屋、文化墙、宣传栏等,群众精神文化生活得到显著提升。

(三)保障资金投入,大力发展村集体经济,为乡村文化事业发展提供资金支持

榆园村培育特色产业,脱贫攻坚成效明显。该村共有脱贫享受政策户 50 户 91 人,近年来,榆园村通过发展光伏产业,安装光伏发电 2 组,年发电 11 万度,收益 10 万元,其中贫困户受益 7 万元,可实现贫困农户人均增收 700 余元,有效保障了贫困户收益和稳定脱贫。该村通过增减挂钩节约并复垦土地 388 亩,对外承包种植绿化苗木,可每年增加村集体收入约 38 万元,再加上光伏发电项目带来的集体收益约 3 万元,村集体收入已超过 40 万元。同时,发展村级规模化养殖场 5 处,培育菌种种植厂 1 处,带领群众发家致富。

(四)充分发动群众,营造健康向上的舆论氛围,发挥村规民约对村民的引导和约束作用,引导村民勤学、向善

榆园村建设乡村振兴以群众为主体,充分发动群众自身的能动性,使群众能够积极主动加入文明实践行动。2018 年建成"新时代文明实践站"以来,每年组织"善行义举四德榜""好媳妇好婆婆""美丽庭院示范户"的评选活动,在群众中营造健康向上的社会风气和舆论氛围;同时,通过文化广场、休闲长廊、农家书屋、宣传栏等平台,引导群众勤学、向善,从而提升了乡风文明。这既丰富了群众的精神文化生活,也在群众中树立起村规民约,起到了对村民引导和约束的作用。该村在原有优秀民风的基础上,深入推进移风易俗,在全镇率先公示了《村规民约》《村红白理事会章程》,有效减少婚丧事铺张浪费、大操大办等不良现象,形成社会主义良好新风尚。

三　对榆园村乡村文化建设的几点建议

近年来，榆园村始终坚持道德教化引领，以提高农民素质为目标，以"新时代文明实践站"为活动平台，在全村深入开展"好媳妇好婆婆""美丽庭院示范户""双十佳"等评选活动，同时新建文明实践广场、文明实践文化墙、宣传栏等，在乡村文化建设方面虽已初见成效。但仍存在部分问题和短板。笔者就榆园村如何进一步推动乡村文化振兴提出以下五点建议。

（一）继续加强农村基层党支部建设，发挥党员模范带头作用，以党员带动群众，形成"干群一体"的团队意识，助力乡村文化建设

目前，榆园村"两委"班子齐全，党建统领全网式覆盖，党员分片包户，群众满意度显著提升。这为榆园村乡村文化建设打下了坚实的政治基础。在发展乡村文化道路上，党支部建设不容松懈，要把党的领导放在乡村振兴和乡村文化建设的首要位置，以党员带动群众、发动群众积极参与乡村文化建设，形成"干群一体"的团队意识，以此推动榆园村的文化振兴。

（二）以机械化、科技化为农业发展目标，加快农业现代化转型，不断优化产业结构，壮大集体经济，为乡村文化建设提供经济保障

榆园村的特色经济收入主要包括：光伏发电、对外承包种植绿化苗木、发展村级规模化养殖场、培育菌种种植等。虽然产业结构不断优化，但是作为第一产业的农业生产，仍然面临着耕种方式落后、产业结构单一的问题。榆园村以种植小麦、玉米为主，经济作物包括棉花、大蒜和辣椒。在农业科技引进方面相对落后，农业种植部分仍然依靠人力，机械化、科技化水平较低，存在现代化农业转型缓慢滞后的问题。经济基础决定上层建筑，乡村经济发展的底劲儿不足，将会影响到文化建设。

（三）进一步整合文化资源，培育特色文化，特别是加大对农村留守儿童、老年人等弱势群体的文化倾斜和资金投入力度

基于农村青壮年多外出务工、留守儿童和老年人偏多的现实状况，加大对留守儿童和老年人等弱势群体的人文关照十分必要。榆园村应在现有文化建设基础设施上，针对留守儿童和老年人进行合理的文化倾斜和资金投入，比如：建设留守儿童学习园地，为儿童提供集中学习场地；建设老年人文娱中心，为老年人提供暖心服务，等等。榆园村可以在整合文化资源的基础上，以留守儿童、老年人等弱势群体为服务中心，培育自身特色文化，不断拓宽和丰富新时代文明实践的路径。

（四）加大人才引进力度，配齐乡村文化建设队伍，为乡村文化发展奠定坚实的人才基础

做好乡村文化建设，人才是十分重要的一环。榆园村在生活垃圾处理、污水处理、美丽乡村建设等方面必须以人才为导向。要招揽优秀人才，一要妥善解决人才的归属和工资待遇等问题，为人才提供良好的工作、生活环境；二要以人才为中心，加强教育和培训，将其培养成高水平的文化骨干、文化干部，以点带面，带动全村做好文化建设；三要针对人才形成相应的优惠政策，吸纳不同领域的人才来榆园村的文化机构任职，指导榆园村的文化建设，形成多元化的文化发展模式。

（五）各级政府要把"三农"投入重点下放到村级，统筹、整合落实各项惠农政策，把文化振兴和人居环境提升作为工作重心

"三农"是乡村振兴的核心，农民则是乡村文化建设的主体。要做好乡村文化建设，必须把工作重心放在村级，把各项惠民政策切实落实到农民身上，坚持"以人为本"，把农民利益放在第一位。榆园村全村共 453 户 1368 人，村集体收入已超过 40 万元，已经部分实现了经济振兴。虽然该村通过打造文化广场、休闲长廊、农家书屋等不断丰富农民的精神文化生活，但仍然需要不断加大文化建设的力度。因此，榆园村今后的乡村振兴之路，必须统筹、整合落实各项惠农政策，不断优化农民人居环境。

参考文献

王自合：《巨野县乡村文化振兴调研报告》，《人文天下》2018 年第 23 期。

陈明琨、解科珍：《习近平新时代文明交流互鉴观论析》，《社会主义研究》2020 年第 2 期。

王沛杰：《新时代文明实践的五大着力点》，《学习月刊》2018 年第 12 期。

张祖平：《新时代文明实践中心与乡村振兴》，《中国青年报》2019 年 3 月 6 日。

刘明：《山东省新时代文明实践中心建设研究》，《智库时代》2020 年第 4 期。

B.3

乡村振兴战略下山东乡村文化的传承与复兴路径研究

田 芸*

摘 要： 乡村文化是乡村独特性的重要体现，也是维系乡村全面发展的内在动力。乡村文化复兴不仅是社会主义新农村与和谐社会建设的必然要求，也是展现乡村活力、乡村魅力、乡村价值的有效途径和推动乡村全面振兴的软实力。本文深入分析了乡村文化的内涵、当代价值和衰退根源，并结合山东省的乡村实践，对乡村振兴战略下山东乡村文化的传承和复兴路径进行了研究，提出了优秀传统文化的传承发展提升、以社会主义核心价值观为引领的乡村文化重整和以乡村旅游为载体的乡村文化振兴三条路径，以期为山东乡村文化振兴提供切实可行的借鉴和指导。

关键词： 乡村文化 传承与复兴 文化振兴

中国有着数千年的农业文明发展史，在漫长的历史进程中留下了无数珍贵的乡村文化遗产。社会不断变迁，乡村却是人们永远抹不掉的记忆，乡村文化构成了乡村独具特色的人文风景，承载着人们浓浓的乡愁。中国农村在走向现代化的道路上，在日益富裕的同时，也在不断削弱着建立在农耕文明

---

* 田芸，山东农业工程学院副教授，研究方向为乡村旅游、旅游文化。

基础上的乡村文化，曾经寄托着农民深深的乡土情感、凝聚着农民自信心的乡村文化逐渐衰落。

山东是中华文明的重要发祥地和儒家文化发源地，山东作为农业大省，乡村文化资源丰厚，文脉源远流长。然而，山东的乡村也逃不过现代化进程的冲击，传统文化日渐衰落。对此，习近平总书记多次对山东复兴传统文化工作做出重要批示，在党中央将乡村振兴战略上升为新时代的国家战略后，提出了"生态宜居、乡风文明"的发展要求，目的就是要改善农村的文化状况和农民的生存状况，只有"生态宜居、乡风文明"的农村才是真正意义上的社会主义新农村。可以说，乡村文化复兴不仅是社会主义新农村与和谐社会建设的必然要求，也是展现乡村活力、乡村魅力、乡村价值的有效途径和推动乡村全面振兴的软实力。在这样的形势下，山东的传统乡村文化传承发展工作也徘徊在十字路口：在以促进经济发展为主要目标的现代乡村，如何在推动经济发展的同时进行现代乡村文化建设？如何在弘扬社会主义核心价值观指导下的现代乡村文明的同时实现传统乡村文化的保护、传承、过渡和理性发展？

一 乡村文化内涵解读

（一）乡村文化的含义与特征

作为一种与土地紧密相关的文化模式，乡村文化就是指乡村地域范围内、一般乡民所代表的具有共有性特征的生活文化。从这个层面来说，乡村文化侧重于那些与乡村生活密切相关、展现乡土性的因素，包括田园景观、乡村聚落、乡村建筑、农耕文化、饮食文化、庙会祭祀、地方戏曲、传统艺术、传说谚语、民间禁忌等，这些扎根于乡村的文化因历史的变迁和地域差异而呈现出多样性，展示出多姿多彩的乡村意境。

著名社会学家费孝通先生从人类学的角度对中国社会做了一个经典判

断，即中国社会的本质是乡土性的①，这种说法得到了众多学者的认同和支持。梁漱溟同样认为，中国原为乡土社会，以乡村为根基，以乡村为主体，发育成高度的乡村文明。② 因此，可以说，"乡土性"也是乡村文化的最本底特征。这里的"乡土"，并不是具体的乡村社会现象的素描，而是包含了中国乡村社会丰富的生产、生活方式的社会关系的表达，反映了中国传统乡村文化根深蒂固的地缘性和血缘性，这种根植于土地的乡村文化，是与城市文化有着"和而不同"的人文风貌与伦理规范。

（二）乡村文化的价值

乡村文化的滋养和浸润，形成了各不相同而又醇厚古朴的乡风、乡韵，使得乡村成为人们抹不掉的记忆，它深植于民间，成为中国传统文化长盛不衰的根基。即使在城市化进程日益加快的今天，乡村文化仍发挥着凝聚认同、彰显文化自信、传承精神文明、构建乡村新秩序的重要价值。

1. 凝聚认同价值

乡村文化根植于乡村，源于传统的农业生产和人们的日常生活，群众基础深厚，其中所蕴含的凝聚认同价值毋庸置疑。在某些情况下，这种文化认同会成为强大的推动力，促进甚至改变当地社会经济的发展进程。目前在一些传统村落，陆续恢复了一些地方性民俗活动，建立宗族祠堂，举行宗亲祭祀活动，建设村史馆，修家谱、族谱，这些举措对于增强传统村落的向心力、重塑乡村秩序起到了重要的作用。基于山东深厚的儒学文化传统而建立的"乡村儒学讲堂"，弘扬了孝道文化，转变了伦理道德观念，形成极大的文化凝聚力。

2. 彰显文化自信价值

文化是国家、民族之魂，文化自信是一个国家、一个民族的坚定力量，是推动社会发展的更基本、更深沉、更持久的力量，乡村文化自信

---

① 费孝通：《乡土中国》，上海人民出版社，2006，第1页。
② 赵旭东、孙笑非：《中国乡村文化的再生产：基于一种文化转型观念的再思考》，《南京农业大学学报》2017年第1期。

是全面实现乡村振兴的保障。在当前追求经济效益为本的发展理念下，许多乡村文化资源因失去了立足之地而急剧流失，乡村文化的凝聚力不断减弱，重建乡村文化自信迫在眉睫。党的十八大以来，以习近平同志为核心的党中央高度重视乡村文化建设问题，不断引导全社会从根本上树立文化自信。习近平总书记强调："农村绝不能成为荒芜的农村、留守的农村、记忆中的故园"，城镇化建设要"留住乡愁"。在这样的政策引导和精神引领下，各地纷纷行动起来，开始了复兴乡村文化、留住乡愁的文化建设活动。山东省从 2014 年开始启动"乡村记忆工程"，通过建设民俗生态博物馆、乡村社区博物馆等途径，不仅实现了对乡村文化遗产整体性和真实性的保护，更增强了当地村民对自身文化的认同感和自豪感。

3. 传承精神文明价值

优秀乡村传统文化是新时代乡村文明的生长点，是推动乡村振兴的"软实力"。例如，孝文化是山东乡村传统文化的重要体现之一，它不仅有利于家庭关系的和谐，对乡村甚至整个社会的道德状况的良性发展也有着至关重要的作用。因此，我们要寻找、梳理我们乡村传统文化的根基，明确民族精神的内核，努力寻找现代工业文明与乡村传统文化的契合点，将优秀传统文化与现代乡村生产生活对接，重构乡村文化，建设新时代的乡村文明。

当然，将乡村文化传承并发扬光大，必须重视并依靠农民群体，他们是传承创造新乡村文化的主体。要充分发挥现代乡村新乡贤的作用，使他们成为乡村文化振兴的中坚力量；要积极培养有知识、有能力、有创新精神的新农民，助力优秀传统文化的现代转型。

4. 构建乡村新秩序的价值

优秀文化是社会发展的推动力。与制度对社会管理的强制性不同，文化对社会秩序的规范往往带有更多的自觉性，一旦某种文化在社会上形成，就意味着某种价值观的形成和某种秩序的确立。而且只要这种文化的影响力还在，那么由这种文化所确立的社会秩序就会很自觉地被维持下去。近年来，山东乃至全国很多乡村订立了村民守则或村规民约，这些现代村规民约等规

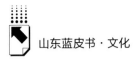
范是在传统伦理道德秩序的基础上与现代精神文明的结合，是以社会主义核心价值观为核心的传统文化的重构，有效地促进和维护了当地的环境资源保护、公共财产安全、社区和谐和尊老敬幼的社会风尚，成为建立规范的社会管理机制、构建乡村社会新秩序的有效方式。

二 乡村文化衰退根源分析

乡村文化是中国传统文化的根基，是中国传统社会生活的缩影。在从传统向现代演化的过程中，乡村文化保持着动态的传承，一旦社会环境发生变化，乡村文化内涵的变化就成为必然。

（一）现代化进程对传统乡村文化的消解

我国正处于由传统农业社会向现代城市社会、工业社会的转型过程中，与这场社会大变革相伴随，文化也在经历着深刻的嬗变，各种文化价值观念发生着激烈的冲突和碰撞，乡村文化在这种冲突和碰撞中也产生了严重的"失衡"。[1] 改革开放以来，城市化和现代化进程的不断加快，在提高农业生产效率、改善农村生活条件、提高农民生活水平的同时，也不断地对根植于土地的乡村文化进行着削弱和解构，改变着农民对于传统乡村社会的认识和对于乡村文化的认同。

同时，为了改变农村的落后面貌，最大限度地提高经济效益成为众多农村发展的主要目标，盛行于商品经济社会的利益至上的观念充斥乡村，金钱至上、享乐主义盛行，曾经是农民精神支柱的传统文化失去了对农民的吸引力。另外，作为农村中坚力量的青壮年劳力大量外出，这种离乡的生活，改变了农民传统的生产生活方式，不仅造成了他们与乡村时空上的隔离，也使传统的伦理价值规范在这部分群体中被阻断。更重要的是，大批青壮年外出所带来的"空心村""留守村"现象，成为农村可持续发展的巨大障碍。老

---

① 张红霞：《乡村文化变迁与社会治理机制创新》，《桂海论丛》2014 年第 5 期。

年人和孩子成为留守乡村的主体，他们是乡村中的弱势群体，在乡村事务中缺少话语权，既无力也无意改变现状，靠他们推动乡村文化振兴更是不可能的。被时代洪流裹挟着的无所适从的农民，掉入了城市和乡村的夹缝中，既无力掌握自己的命运，找不到让自己停留的生活空间，更找不到精神的寄托，无处安放空寂的灵魂。面对现代文化的冲击，现实中的乡村文化与原本的传统文化、乡村历史记忆之间出现了断裂，农村陷入了较为严重的文化危机、伦理及秩序危机，乡村文化衰落，乡村社区缺乏生机与活力，乡村文化价值体系解体。①

（二）生产方式变革使得乡村文化失去了生存的根基

在日新月异的现代社会中，乡村文化受到诸多因素的影响而不断衰退，很显然，最重要、最根本的原因就是生产方式的变革使得乡村文化失去了生存的根基。曾经作为农民主要生活来源的土地，是农民生产和生活中最重要的生产要素，也是乡村文化存在的土壤，但是，随着城市化进程的加快和土地制度的改革，土地的价值和社会属性发生了巨大的改变，以土地为中心的乡土社会被裹挟到现代化建设之中，土地成为现代化生产的资源，不再是农民赖以生存的主要生活来源。生产方式的变革、劳动效率的提高使得大批农村劳动力得到解放，同时，由于生活成本增加，土地的产出已不能维持农民的基本生活，大批农村劳动力不得不离乡谋生。农民与土地的"分离"，打破了长久以来固着在土地上的乡村生活模式，也改变了农民以土地为中心的生活方式，农民与土地的互动随之断裂，与土地相关的乡村文化日渐式微。尤其是伴随我国社会结构转型和调整，乡村青年群体受到外来文化的冲击，同时，在经济利益的驱使下，带着对农村现实的失望和对美好生活的追求离乡进城谋生。这种时代变化带来了极大的社会性问题。一是大量的青壮年劳动力的流出，使乡村失去了农业生产和乡村建设的中坚力量；二是青壮年劳动力的离乡使得很多村落变成了"空心村""留守村"，留守儿童、留守老人的增多使得儿童教

---

① 张红霞：《乡村文化变迁与社会治理机制创新》，《桂海论丛》2014 年第 5 期。

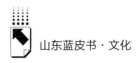

育、老人养老等难题接踵而至。曾经作为乡村秩序中流砥柱的乡贤文化、家族文化等支离破碎，基于土地而生的丰富灿烂的乡村文化因失去了生存根基而日渐衰微。

（三）乡村社区改造的同质化带来的乡村文化特性的湮灭

还有一个不可忽视的现象，就是乡村社区改造的同质化。不管是基于经济利益目标推动下的新型城镇化建设需求，还是基于生活条件改善需求的偏远落后地区山村的搬迁，传统村落不断遭受建设性、开发性、持续性的破坏。新型社区建设的问题不仅仅是社区建设本身的严重的同质化问题，更为严重的是大量农村社区成为城市化社区的翻版，毫无乡村特性。农民"离土上楼"，带来的是生产、生活方式的改变，极具地方特色的"鸡犬相闻"的温馨小院被冰冷隔绝的钢筋水泥所取代，承负乡愁的载体消失了。众多历史悠久的古村落逐渐淡出人们的视野，附着于土地和村落的传统乡村文化的多样性和文化特性也被迅速消解，乡愁难寻。

三　乡村振兴战略下山东乡村文化的传承与复兴路径

2018年以来，笔者对临沂的代村、长清的马套村、章丘的三涧溪、威海的北郊村、潍坊的庵上湖村等典型乡村进行了考察和跟踪研究。我们发现，在目前乡村振兴战略实施的关键时期，山东的乡村也在全力奋进，越是产业发展良好的乡村，越能深切意识到文化复兴的重要性。总结这些村庄的发展历程和现状不难发现，乡村文化复兴是村民自觉意识的苏醒，不管是处在哪个发展阶段的乡村，乡村文化都是在经历了诸多力量的相互作用和博弈之后，呈现出多样的姿态和复杂的走势。一方面，正如前文提到的，乡村文化在自我生长的过程中显示了它的脆弱性，因受到外来的冲击和失去了生存的根基而支离破碎；另一方面，乡村文化又显示出其强大的内在适应性、包容性和生命力，在社会变迁中不断吸纳、融合而呈现出新的表现形式。正如布迪厄所说："自我创造性是文化最根本的特性，即文化特有的超越自我、生产自我、更新自我、创造自我的特征。在乡村原生稳态的环境被摧毁以后，乡村文化的传承就变成了一个动态的过程。也就是说，乡村文化不可能以'复制'的方式来发展，而是以'再生产'的模式来重建和更新。"① 归根结底，文化从来都不是一成不变的，而是以极大的包容性随着社会的变迁而不断流变。或者说，乡村文化不会因为社会的变迁而消灭，而是面对诸多的冲击，不断调整、适应、转换出新的表现形式。通过对众多典型乡村的跟踪研究，我们对山东乡村文化复兴路径进行了归纳总结，即：优秀传统文化的传承发展提升、以社会主义核心价值观为引领的乡村文化重整和以乡村旅游为载体的乡村文化振兴。

（一）优秀传统文化复兴——传承、发展、提升

作为传统文化资源大省，山东省的传统文化建设工作一直是习近平总书记心之所系。2013 年、2014 年和 2015 年，习近平总书记多次对山东传统文化建设工作做出重要批示，要求山东省要充分利用齐鲁文化资源丰富的优势，切实加强社会主义核心价值观体系建设，加强对中华优秀传统文化的挖掘和阐发，为做好改革发展稳定各项工作提供强大的精神力量。2018 年，中共中央、国务院印发《关于实施乡村振兴战略的意见》，对乡村文化复兴提出了指导性意见，提出要"在保护传承的基础上，创造性转化、创新性发展，不断赋予时代内涵、丰富表现形式"。总书记的批示和国家的政策文件，对于山东省的乡村文化建设工作，是指导更是督促。山东乡村文化的复兴不仅要在保护的基础上"创新性发展"，还要赋予其"时代内涵"，通过不同的"表现形式"来进行。

1. 增强乡村文化自信

无论时代如何变迁，乡村文化始终以其强大的包容性在变化中悄然发展，并在现代社会中以新的方式重新呈现出来。通过调研我们发现，乡村文

---

① 赵旭东、孙笑非：《中国乡村文化的再生产——基于一种文化转型观念的再思考》，《南京农业大学学报》（社会科学版）2017 年第 1 期。

化的传承是基于农民对乡村文化的自信与认同而实现的，只有在现实实践中农民对乡村文化予以认同，才会产生文化传承的动力，从而真正实现乡村文化的传承，这是实现文化振兴的关键。刚刚入选"全国文明村镇"的临沂市兰陵县代村，2019年村集体产业总产值为26亿元，村民人均纯收入达6.5万元，是名副其实的达到"产业兴旺、生态宜居、乡风文明、治理有效、生活富裕"乡村振兴要求的"模范村"。

产业兴旺是代村发展的第一步。在实现了生活富裕之后，代村党支部书记王传喜考虑最多的是改善群众生活，要让群众有更多的获得感。因此，代村在实践中形成了一边抓产业、一边兴文化的物质文明与精神文明两手抓的村建宗旨，形成了"爱国爱村、大气谦和、朴实诚信、勇于拼搏"的代村精神。同时，依托代村深厚的红色文化基因，打造了"中国知青村"，把当年知青在"广阔天地"里凝结的艰苦奋斗、为国分忧、无私奉献的爱国热情，传递给当代村民。正是这种拼搏精神和奉献精神成为代村人持久的精神动力。作为代村建设带头人的王传喜也始终关注国家政策，紧紧抓住"乡风文明"建设这个中心，以满足人民美好生活需要为己任。村里先后建设了文化广场、文化一条街、黑板报、村史馆，举办了各种文体活动。在这种与时俱进的文化建设理念推动下，代村不仅实现了"产业兴旺、生态宜居、乡风文明、治理有效、生活富裕"的建设目标，还很好地处理了传统文化与现代文明的关系，使乡村文化成为乡村振兴的持久动力源泉。

2. 在传承的基础上创新发展

文化发展本身是一个渐进性的发展过程，既无法与过去彻底断裂，也不可能完全新生，而是在社会变革的推动下以及与外来文化的碰撞中，不断地破碎、融合，衍生出适应新时代需求的文化类型。所以，乡村文化的复兴，并不是简单地文化复原，而是在充分挖掘文化本质的基础上的文化重构。世界万物，唯有变才是永恒的，面对已经发生巨变的乡村社会，我们既要"持守并赓续中国文化传统之源，这是我们的文化命脉"，也要在"新时代、新世界、新人类的现代语境中开展我中华精神之流，使其不断强健自身、完成其现代转型并焕然升华为今日之中国和今日之中华民族安身立命的精神支撑"。① 因此，在现代性视域下，乡村文化并不是历史、传统的复制品，而是基于当前社会现实的真实存在，是在今天的实践中按照自我的逻辑重构后的一种特殊生活方式。例如，齐河县许多村庄建设的公共祠堂，表面上看是传统祠堂文化的复兴，实际上，公共祠堂被赋予了更多的现代价值。新建的公共祠堂成为全村人祭祀祖先的场所，破除了上坟的旧俗，树立了丧事从简、文明丧葬新风，各村依托公共祠堂，将丧葬移风易俗的倡议写进村规民约，实现了传统礼法和现代礼法的有效融合。再如在新农村建设过程中涌现出来的"新乡贤"群体，他们具有新知识、新眼界，他们积极协调村民之间的矛盾、主动传播科技致富信息、涵养文明乡风，还带动村民共同致富，成为新乡村文化的引领者和推动乡村发展的"排头兵"。

3. 推动乡村文化品牌建设

深入挖掘和传承优秀传统地域文化，结合地域特色，探索实施符合地方实际、富有地方特色的乡村文化品牌建设，强化乡村文化的竞争力和影响力，以更好地传承乡村文化。例如淄博高青县的"小微文化"、沂源县的"乡村文化理事会"等两个基层农村文化工作创新做法效果良好，获得了省内含金量很高的文化创新大奖，即第三届山东省文化创新奖，并在全省、全国进行推广。此外，全省各地还形成了各具特色的儒学讲堂、农民夜校等文化宣传品牌和民俗文化节、采摘节等节庆活动品牌。

（二）以社会主义核心价值观为引领的乡村文化重整

实现乡村文化复兴，还要辩证认识传统乡村文化和现代文明之间的关系。2018 年，中共中央、国务院印发了《乡村振兴战略规划（2018—2022年)》（以下简称《规划》)，提出要"坚持以社会主义核心价值观为引领，以传承发展中华优秀传统文化为核心，以乡村公共文化服务体系建设为载

---

① 闫惠惠、郝书翠：《背离与共建：现代性视阈下乡村文化的危机与重建》，《湖北大学学报》（哲学社会科学版) 2016 年第 1 期。

体，培育文明乡风、良好家风、淳朴民风，推动乡村文化振兴，建设邻里守望、诚信重礼、勤俭节约的文明乡村"。也就是说，复兴传统乡村文化，并不是将传统文化脱离于现代文明，而是在现代乡村的大环境下，使传统乡村文化和现代文明相依相存。正如《规划》中所指出的，传统乡村文化的复兴，要"以社会主义核心价值观为引领"，充分发掘传统乡村文化中的精华，对于某些不适应现代乡村文化氛围的部分，则需要以科学文明的精神对其加以引导并进行改造，使其符合现代乡村社会发展的需要。以社会主义核心价值观为引领的乡村文化建设的核心就是将村庄建设成一个文化生产场所，对村庄原有的传统文化加以改造利用，并在此基础上创新发展村庄的现代文明，通过文明宣传和文化氛围的营造提高农民的非物质福利感受。例如，威海高新区双岛街道北郊村，以儒家文化为基础，创建了以社会主义核心价值观为引领的现代"和"文化，即以"和"为核心，努力建设和谐文明的新农村，使村民在物质生活得到保障的同时，文化生活也丰富多彩，从而获得更多的幸福感和满足感。北郊村先后获得省级文明村、省"乡村文明家园"建设示范村等多项殊荣。

（三）以乡村旅游发展为载体的乡村文化振兴

随着经济和社会的发展，人类生产和生活方式发生了转变，以人口集聚、信息集中和服务聚集为特色的城市化进程日益加快，而这也带来了城市人口密度过大、环境恶化严重以及生活节奏加快等问题。在城乡统筹发展的条件下，乡村优美的环境、质朴的文化和纯朴的民风成为城市居民拓宽生活休闲、生态空间的首选，通过旅游开发推动乡村文化复兴成为振兴乡村文化的一条重要途径。随着乡村旅游的转型升级，人们越来越重视乡村旅游产品本身的品质，其所蕴含的文化成为重要的衡量指标，可以说，乡村文化的发展和复兴不仅是乡村人文生态环境建设的重要内容，还是提高乡村整体竞争力和乡村旅游吸引力的关键性要素。在很多乡村地区，尤其是偏远地区和民族地区，乡村文化往往成为当地旅游开发的关键，对乡村文化的开发利用贯穿于乡村旅游发展的始终。因此，乡村文化决定着乡村旅游发展的规模、层次和水平，乡村文化建设也成为提高乡村竞争力和乡村活力、展现乡村魅力和乡村价值、推动乡村振兴的有效途径。

在乡村文化振兴的山东实践中，有很多通过发展乡村旅游促进乡村文化复兴的案例。通过发展乡村旅游，许多原本失去了生存环境和生存土壤的乡村传统文化又恢复了活力，更重要的是，通过对乡村文化的旅游化利用，低经济价值的传统文化资源得以转化为高附加值的旅游产品，乡村传统文化成为乡村振兴的软实力。位于济南长清区的马套村，就是通过发展乡村旅游带动了村庄蝶变，进而推动乡村文化建设，成为山东乡村文化振兴的齐鲁样板。马套村在发展乡村旅游之初，就紧抓文化建设，将乡村文化作为乡村旅游开发的灵魂支撑，坚持壮大集体经济和提高村民生活同步推进，竭力打造"美丽幸福和谐新马套"。先后荣获了全国文明村、中国美丽休闲乡村、全国绿化千佳村、省级乡村文明家园建设示范村、省级四德工程建设示范点、省级先进基层党组织、省级旅游特色村、省级美丽宜居村等多项荣誉称号，2017年底又被评为国家3A级景区。马套村的成功，得益于乡村旅游开发过程中对乡村文化的开发利用，二者相依相存，相互促进。通过实践，他们认识到，进行乡村旅游开发，必须以文化为魂，必须以农民为主体，紧紧围绕乡土民俗文化、乡土地域特色来打造，为游客营造一个民风淳朴、山村特色突出的乡村文化环境。

结　语

新时代乡村传统文化的传承与复兴，意在通过多种形式的文化交往和文化活动来提升农民的文化自信心和自豪感，提高农民的主观满足感，从而使乡村生活富有意义。也就是说农民对自己生活的满足不仅是建立在物质生活富足的基础上，同时也来自人与人的交往和文化娱乐活动。目前，随着我国乡村经济结构的调整和土地政策在乡村的变迁，乡村产业结构、乡村生活方式、乡村文化氛围都发生了很大的变化。在新的社会背景下，基于乡村振兴战略的乡村文化复兴，必须要以农村独特的乡土文化为内核，在乡村文化与

城市文化、世界文化的碰撞中，建立适应现代农民需要的新乡村文化，这是一项长期的、系统的工程。在乡村文化复兴过程中，必须时刻牢记，农民是乡村文化传承和复兴的主体，乡村的传统文化是原生态的乡土文化，只有充分发挥农民在乡村文化传承和复兴中的主体地位，才能真正实现乡村文化的"内源增长"，达到实现乡村文化振兴的最终目标。

参考文献

费孝通：《乡土中国》，上海人民出版社，2006。

赵旭东、孙笑非：《中国乡村文化的再生产——基于一种文化转型观念的再思考》，《南京农业大学学报》（社会科学版）2017年第1期。

张红霞：《乡村文化变迁与社会治理机制创新》，《桂海论丛》2014年第5期。

闫惠惠、郝书翠：《背离与共建：现代性视阈下乡村文化的危机与重建》，《湖北大学学报》（哲学社会科学版）2016年第1期。

B.4
齐鲁优秀传统文化"两创"在电影中的实现路径

贺 剑*

摘 要： 在"创造性转化、创新性发展"方针指导下，齐鲁优秀传统文化近年来得到较好的传承与发展，并一直探索更多的转化与创新形式。作为一种综合艺术，电影具备群众性、传播力、科技化、国际化的特质，是齐鲁优秀传统文化"两创"不应被忽视的途径。"十四五"期间，有关部门和电影界应深入挖掘、研究齐鲁优秀传统文化中适合用电影来呈现的内容，充分利用电影进行齐鲁优秀传统文化的转化与创新，让底蕴深厚的齐鲁传统文化通过电影，融入现代生活，引领精神风尚，走向国际社会，推动山东"文化强省"建设实现重大突破。

关键词： "两创"方针 齐鲁优秀传统文化 电影

从 1905 年中国第一部电影《定军山》上映开始，优秀传统文化与电影就结下了不解之缘。100 多年间，中国传统文化借助电影这一综合性艺术表现形式，涌现出《铁扇公主》《梁山伯与祝英台》《神笔马良》《孔子》《哪吒之魔童降世》等佳作，以无穷魅力折服国内外观众，使中国传统文化得

---

* 贺剑，山东社会科学院智库研究中心副编审，研究方向为文化产业及影视批评。

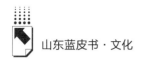

以弘扬和继承。

作为中国传统文化的重要发祥地，齐鲁大地是著名的孔孟之乡，有着底蕴深厚的优秀传统文化。

《中共山东省委关于制定山东省国民经济和社会发展第十四个五年规划和二〇三五年远景目标的建议》（以下简称《建议》）将"文化强省建设实现重大突破"摆在突出位置，其中目标任务之一，就是"优秀传统文化影响力显著提升"。

如何完成这一目标，习近平总书记所强调的"创造性转化、创新性发展"方针是根本遵循和必经途径。山东多年来积极贯彻落实"两创"方针，深度挖掘齐鲁优秀传统文化的内涵和外延，努力探索创新形式。如何在"十四五"期间进一步加强齐鲁优秀传统文化传承与发展。笔者认为应重视电影这一最具群众性、传播力、科技化、国际化的艺术形式，推出相应的扶持和鼓励措施，广泛和国内外制作公司、电影人合作，挖掘齐鲁优秀传统文化中适合用电影来呈现的内容，在大银幕上用讲故事的方式、精巧的视听语言来表现齐鲁优秀传统文化。

一　齐鲁优秀传统文化是电影素材宝库和精神源泉

作为一个历史悠久、积淀丰厚的文化大省，齐鲁大地上孕育了光辉灿烂的传统文化，优秀的传统文化不仅滋养了山东这一方土地上的人们，成为中华文明的发祥地和重要组成部分，还为电影界提供了丰富的素材和精神源泉。

在特色文化方面，齐鲁优秀传统文化中的孔子文化、大运河文化、黄河文化、泰山文化、齐长城文化……每一种特色文化都是一座宝库。

在神话传说方面，齐鲁优秀传统文化中有尧舜的传说、牛郎织女传说、徐福传说、梁祝化蝶、孟姜女哭长城、董永和七仙女、八仙过海、牡丹传说、庄子传说、柳毅传说、孟母教子传说……这些家喻户晓的神话传说讲述了人类美好的情感，展示了古代中国人的无限想象力。

在文学方面，齐鲁优秀传统文化中有着璨若星河的名人巨匠和作品。名人巨匠中有孔子、孟子、曾子、墨子、孙子、辛弃疾、李清照、蒲松龄、诸葛亮、王羲之、贾思勰、张择端、戚继光……作品有《春秋》、《论语》、《大学》、《墨子》、《孙子兵法》、二安诗词、《鹊华山居图》、《聊斋志异》、《水浒传》、《老残游记》，等等。每一位名人，每一部作品，都闪耀着齐鲁传统文化耀眼的光辉，承载着中华文明的无穷魅力。

在非遗方面，目前山东全省有人类非遗代表作名录项目 8 个、国家级名录 173 项、省级名录 751 项；国家级传承人 92 名、省级传承人 440 名。创建了 1 个国家级文化生态保护实验区、11 个省级文化生态保护实验区。探索形成了非遗项目、传承人、传习所、生产性保护基地和生态保护区"五位一体"的保护模式。①

综上所述，光辉灿烂的齐鲁优秀传统文化积淀了深厚的思想、故事和人物资源，特色鲜明，内蕴丰富，多姿多彩，可塑性强，完全可以支撑得起电影这一综合艺术在主题、题材、故事、人物等方面的创造和创新性需求。山东要树立高度的文化自信，才能更好地实现优秀传统文化"两创"。

二　齐鲁优秀传统文化"两创"在电影中的具体表现

回顾中国电影史，115 年的影史长河中优片佳作不胜枚举，能够表现齐鲁优秀传统文化的影片大概可以分为以下两类。

一类是直接把齐鲁优秀传统文化中的代表人物、故事作为主题。1951年，以清朝末年山东冠县"行乞兴学"的武训生平为主要内容的《武训传》上映；1954 年，桑弧执导拍摄了彩色越剧片《梁山伯与祝英台》，不过此版电影中故事发生地设定是在浙江；1987 年，张艺谋在山东高密拍摄了根据莫言同名作品改编的《红高粱》；2006 年，张之亮拍摄了反映墨家

---

① 涂可国：《推动山东优秀传统文化创造性转化创新性发展（一）——山东"两创"取得的成绩及存在的问题》，《人文天下》2020 年 10 月刊，总第 177 期。

"兼爱非攻"思想的影片《墨攻》；2009年，管虎拍摄了以抗战时期沂蒙山区为背景的《斗牛》；2010年，胡玫把《孔子》呈现在大银幕上；2011年王坪拍摄了以全真教道长丘处机一路西行、奔赴万里劝阻成吉思汗东征为主题的《止杀令》；2015年，山东电影制片厂联合出品了3D动画电影《大圣归来》……

在这些影片中，胡玫执导的《孔子》是笔者有据可查的资料中第一部把"万世师表"孔子的形象搬上大银幕的电影作品。尽管影片在上映后引发了广泛争议但是该片通过商业化运作，用明星演绎孔子形象。选取经典历史事件讲述孔子故事做法，不乏成功之处，更为后来人提供了很多拍摄一代圣人电影的经验。最重要的是，电影所面向的接受群体年龄跨度大、门槛低，很容易引起舆论话题和媒体的强烈关注。2010年，《孔子》在山东济南举办了盛大的全球首映式，全国甚至全球的目光都被吸引到这片孕育孔孟思想、传承儒家文化的土地上，之后，关于孔子究竟该如何被影视化，孔子生平经历、孔子思想该如何被讲述等等，在相当长一段时间内，都是大众和媒体关注的热点，应该说这部影片为运用视听语言传播齐鲁优秀传统文化做出了很好的尝试。

另一类是间接体现齐鲁优秀传统文化。从思想层面上说，凡是浸润了"家国情怀""仁爱思想""天人合一""道法自然""兼爱非攻""尊师重教""孝善持家""忠义刚烈""艰苦朴素"等思想底蕴的影片，或多或少地体现了齐鲁优秀传统文化的内涵和影响。从主题内容上说，一批影片曾把山东的风土人情、名胜古迹、民间艺术及等纳入视野，作为故事背景和发生地。2013年，房祖名主演的《意外的恋爱时光》在济南取景，济南的芙蓉街、风起桥、王府池子等泉水老街巷，在影片里得到清新体现。2014年，反映济南四门塔佛首被盗又被追回的影片《神通佛影》全部在山东拍摄。李连杰等人主演的《海洋天堂》、刘烨等人主演的《硬汉》、周迅等人主演的《美人依旧》、唐国强和黄晓明等人主演的《寻找微尘》、葛优等人主演的《非诚勿扰》等，也都在山东青岛取景拍摄。20世纪80年代初，导演赵焕章在烟台拍摄了《喜盈门》《咱们的牛百岁》，烟台的美丽风光在影片中得到生动展现。在 2020 年上映的影片《八佰》中，李晨扮演的山东兵为战友们表演的皮影戏，则是来自国家级非物质文化遗产济南皮影戏，短短几句唱腔把片中勇士们置之死地而后生的坚毅决绝体现得淋漓尽致，也让全国几千万观众感受并了解到济南皮影戏的文化魅力。

三　齐鲁优秀传统文化"两创"在电影中存在的问题

然而，齐鲁优秀传统文化利用电影进行创造性转化、创新性发展的力度和广度，与北京、上海、广东、江苏、浙江、重庆等省市相比，依然有不小的差距，主要存在着资金扶持力度不够、文化创投乏力、形式方法单一、既懂优秀传统文化又懂电影的人才缺乏等问题。

一是资金扶持力度不够。拍摄一部电影，少则几百万元，多则几千万元乃至上亿元，而山东省级财政的支持力度远远不够，扶持的层面单一。早在2017 年颁发的《上海市国家电影事业发展专项资金预算管理办法》，对票房排名靠前的社会效益和经济效益突出及制作技术突破创新的优秀国产影片出品单位予以奖励，每部影片奖励金额不高于 600 万元；对在上海市注册的，发行政府推荐的重点影片、工作成绩突出的单位予以奖励，每部影片奖励金额不高于 150 万元；对传承中华文化、具有艺术创新价值的影片的放映单位予以适当资助，每家影院每部影片资助金额不高于 10 万元。2018 年，《重庆市电影扶持计划管理办法》规定，对在城市院线公开发行且票房达到 1亿元以上的本土优秀影片出品单位予以扶持，每部影片扶持金额最高 300 万元；对传承该市优秀传统文化、具有艺术创新价值的本土影片发行单位予以扶持，金额最高为发行支出的 50%，且不超过 50 万元。此外，天津、广州等省市也对侧重于传承本地优秀传统文化的影片进行了重点扶持。

二是文化创投乏力。近年来，各地各级涌现不同规模的文化产业政府投资基金，逐渐形成"财政出资引导、文投集团配套跟进"的全新投入机制，其中财政的引导作用不言而喻。2013 年 9 月，由省财政引导的山东省文化发展投资基金成立，2019 年 11 月，该基金总规模为 10 亿元。在北京、上

海、广东、江苏、湖南等省市，同等级别的基金数额均在 100 亿元之上。2018 年，佛山市政府成立文化产业发展基金，重点投资影视产业项目，对影视全产业链进行扶持奖励，其数额为 50 亿元。相比之下，山东的文化创投数额偏少，财政引导作用不明显。

三是形式方法单一。随着网络科技的快速更迭换代，社交媒体和视频网站的快速兴起，特别是 2020 年突如其来的新冠肺炎疫情，倒逼电影虚拟摄制、云端制作与线上线下协同制作、影院信息化建设和智能化升级等领域加速发展，随之，微电影、网络大电影、点播电影、交互电影等新的电影形态越来越拥有观众和市场。2020 年网络电影票房过千万的作品超过 70 部，这其中既包括《奇门遁甲》《倩女幽魂：人间情》等 IP 改编电影，也涵盖了《狙击手》《巨鳄岛》等原创电影，类型、题材渐趋多样化，满足了不同观众的观影口味，与此同时，越来越多的影视制作公司入局网络电影，助推网络电影迈向"亿级"票房时代。[①] 然而，山东投产的电影本身数量偏少，在巨大的网络电影阵容中，更是很难捕捉到印有齐鲁优秀传统文化烙印的作品。

四是既懂优秀传统文化又懂电影的人才缺乏。利用电影来对齐鲁优秀传统文化进行"两创"，需要能够把二者很好地结合在一起的个人或者团队。2015 年重燃国人对国漫希望的《大圣归来》的导演田晓鹏，具有多年三维动画创作经验，熟知三维动画的创作工艺和流程，曾经主要负责国产大型动画片《西游记》的创作和圆明园的动画复建。《哪吒之魔童降世》的导演饺子 2009 年时曾独自一人制作出获奖无数的原创动画片《打，打个大西瓜》，《哪吒之魔童降世》是他和专业制作团队用了足足四年才制作而成。胡玫拍《孔子》时用了 2 年多的时间准备剧本，她本人曾经执导过《雍正王朝》《汉武大帝》等著名历史剧，在优秀传统文化和影视剧两个领域均有很高的造诣。

① 迈克李：《2020 网络电影盘点：70 部电影票房过千万，长尾效应增强》，"影视产业观察"公众号。

目前，山东致力于齐鲁优秀传统文化和电影创造性改造、创新性发展的剧作者、导演及团队偏少，人才培育计划进展缓慢。主要研究者多集中在各级党政机关单位和高校，侧重于理论和艺术研究，缺少实地拍摄和市场营运等全产业运作经验。

四 齐鲁优秀传统文化"两创"在电影中的实现路径

据国家国电影局数据显示，2020年，中国电影票房排名前十的影片全部是国产影片，位居前三的《八佰》《我和我的家乡》《姜子牙》，无不充满了浓郁的中国优秀传统文化的元素和韵味。这为齐鲁优秀传统文化"两创"在电影中进行突破提供了坚定的信心和参考。山东要更进一步深度挖掘和阐发齐鲁优秀传统文化的内涵，加大对电影创作的资金扶持力度，通过平台打造、剧本积累、人才培养等方式，在电影中实现更好的创造和创新，获得更优更强的转化和发展。

一是对表现齐鲁优秀传统文化的电影进行重点扶持。可借鉴北京、上海、广东、重庆等影视业发达省市的相关财政扶持政策，对表现本土优秀传统文化的影片进行综合性配套扶持。例如，为这类影片提供优惠便利的拍摄环境、有力细化的资金投入、有利科学的排片指导。科学的扶持政策将会吸引更多业内人士关注齐鲁优秀传统文化的电影视觉表达。

二是加快平台打造，为对齐鲁优秀传统文化进行创造性转化和创新性发展的电影提供更为广阔的播映平台。经历了2020年这一特殊年份之后，山东目前拥有614家影院、3881块银幕数，全年总票房位居全国第七，比2019年有所提升。随着《建议》中打造文化强省建设目标的提出，加强省内影院的合理规划与布局，方便和满足影迷观看电影的需求，为反映齐鲁优秀传统文化的电影提供更多播映影院将成为应有之义。

高度重视中国金鸡百花电影节、上海国际电影节、北京国际电影节、平遥国际电影节等国内主要电影节，以及国家广播电视总局和国家电影局"中非影视合作工程""丝绸之路影视桥"、当代作品翻译工程、"中国电影

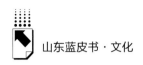

普天同映"等重点工程项目,力推反映齐鲁优秀传统文化的影片进入国家广播电视总局和国家电影局扶持目录,推向全国观众,走向国际市场。

此外,加强对线上宣发的重视和使用。随着时代的发展,电影观众日趋年轻化,"直播 + 短视频"已成为电影宣发的标配。山东电影应加强在抖音、快手、B站等中短平台的布局,注册官方账号,与影迷粉丝深度互动,提高流量和转化率,释放长尾效应。

三是加大电影人才培养、引进和合作力度。电影是高度创意产业,全产业链均需要富有创意和创造力的人才储备。在吸引了吴天明青年电影高峰会落户济南之后,山东应制订出更有诚意的电影人才培养计划和引进政策,细化对人才及其执行项目的配套扶持措施,不定期组织采风活动,推动人才和项目落地生根,深度挖掘和阐释齐鲁大地上的优秀传统文化。

短期之内,在网络电影的制作中应加强和奇树有鱼、新片场、淘梦、众乐乐、映美、项氏兄弟、耐飞等具有丰富网络电影制作经验的公司合作,力争联合出品头部作品,借船出海。

四是开放思想,创新剧本类型。在齐鲁优秀传统文化和电影艺术的结合上,寻找改造性转化和创新性发展的突破点。一直以来,山东参与出品的电影类型不丰富、形态不稳定的问题没有得到很好的解决,动画片、喜剧片、浪漫爱情片、科幻片、家庭生活片等国产电影市场最重要的几种类型鲜有涉及。在"十四五"期间,转变思想,从市场角度出发,认真考虑观众需求,提高电影的叙事能力、艺术水准,把齐鲁优秀传统文化与各种类型片尝试融合,力争创作出更有创新性的电影作品。

2020年之后,全球电影市场处于"窗口期",北美市场接近停摆,中国电影市场成为全球第一大票仓,国家电影局提出2035年要实现"电影强国"的目标。山东要紧抓这个窗口期,尽快筹备剧本、资金、人才,着力加强研究阐发齐鲁优秀传统文化,围绕儒家文化、泰山文化、齐文化、红色文化、运河文化、水浒文化、海洋文化、乡村文化等文化主题,融入现代生活、时代特色,推出一批符合电影艺术叙事逻辑、故事精彩感人、人物形象独特、表现形式新颖的影片,更好地贯彻"创造性转化、创新性发展"方针，牢牢抓住国内观众，快步走向国际市场，为展现齐鲁优秀传统文化、讲好山东故事贡献自己的力量。

参考文献

涂可国：《推动山东优秀传统文化创造性转化创新性发展（一）——山东"两创"取得的成绩及存在的问题》，《人文天下》2020 年 10 月刊，总第 177 期。

迈克李：《2020 网络电影盘点：70 部电影票房过千万，长尾效应增强》，"影视产业观察"公众号。

行业发展篇

Culture Industry Section

B.5

2020年山东广播电视
和网络视听业发展报告

倪广宏　周琛*

摘　要： 山东广播电视和网络视听业继续保持良好发展态势，舆论引导
能力显著增强，内容创作生产持续繁荣，体制机制改革不断深
化，产业发展活力日益增强，广电惠民工程提质增效。我国社
会主要矛盾发生深刻变化，新一轮科技革命和产业革命动能不
断释放，广播电视和网络视听业挑战与机遇并存，必须持续巩
固壮大主流舆论阵地，加强新时代视听精品创作生产，推动广
电公共服务提质增效，加快智慧广电工程建设，健全现代市场体
系，完善现代监测监管体系，提升行业治理能力。

关键词： 广播电视　网络视听　智慧广电

---

* 倪广宏，山东省广播电视局规划财务处处长、一级调研员；周琛，山东省广播电视局规划财
务处三级主任科员。

2020 年，山东省广播电视系统以习近平新时代中国特色社会主义思想为指导，贯彻落实中央和省委、省政府各项决策部署，增强"四个意识"，坚定"四个自信"，做到"两个维护"，围绕中心、服务大局，守正创新、担当作为，全省广播电视和网络视听行业继续保持良好发展态势，为经济文化强省建设做出了积极贡献。

一 2020年行业发展情况

（一）舆论引导能力显著增强

2020 年，山东省广播电视系统始终坚持正确的政治方向，牢牢把握正确舆论导向，精心策划新闻报道、专题节目和融合传播作品，深入传播党的声音，舆论引导能力和水平显著提升，为山东"走在前列、全面开创"营造浓厚舆论氛围。坚持把核心宣传作为首要政治任务，深化广播电视媒体"头条"建设和网络视听媒体"首页首屏首条"建设，推出了《宣讲时间》《理响中国》等专题节目、系列报道、短视频。认真讲好中国故事"山东篇"，围绕国家和山东省重大战略、重大活动、重大节点，有步骤、有重点地开展了全方位多层次宣传报道，形成了线上线下同频共振的舆论声势。充分发挥主流媒体作用，牢牢掌握新闻舆论主动权、主导权，强化舆论引导和媒体监督，推出了《问政山东》《商量》等一批品牌栏目，舆论传播力、引导力、影响力、公信力进一步增强。面对新冠肺炎疫情，充分发挥行业优势，迅速行动、冲锋在前，及时有力开展信息发布、舆论引导和科普宣传，强信心、暖人心、聚民心，在抗疫斗争中展现了新形象，做出了新贡献。

（二）内容创作生产持续繁荣

2020 年，山东省广播电视系统深入贯彻落实习近平总书记关于文艺工作的重要论述，坚持以人民为中心的创作导向，紧扣"找准选题、讲好故事、拍出精品"要求，深入实施"精品创作生产推进计划""新时代精品工程""突破网络视听工程",推出了一批具有时代特征、展现山东形象的精品力作。完善创作规划,现实题材电视剧亮点纷呈,《绿水青山带笑颜》《遍地书香》《如果岁月可回头》等电视剧取得良好口碑。健全扶持引导机制,网络视听佳作频出,网络电影《春来怒江》被列入中宣部思想工作要点,在爱奇艺热播;《飞夺泸定桥》《生命摆渡人》《一家人》等入选国家新闻出版广电总局重大题材网络影视剧项目。广播电视节目出新出彩,创新创优效果明显,在第30届中国新闻奖评选中,山东省6件作品获奖。《美丽中国》《现在的我们》《传家宝里的新中国》《战国大学堂之稷下学宫》等精品广播电视节目上榜国家新闻出版广电总局广播电视创新创优节目名单、全国优秀国产纪录片名单。

(三)体制机制改革不断深化

坚决贯彻省委深化机构改革部署,广播电视地位作用进一步强化,做到了职能更加聚焦、职责更清晰、管理更精准。深入推进事业单位改革,组建省广播电视传输保障中心,实现了机构设置、职能配置和服务水平的优化提升。改革广电体制,有效解决历史遗留问题,"两厂一站"转企改制等省政府重点改革事项全面完成,资产人事关系逐步理顺,行业发展活力不断呈现。"放管服"改革成效明显,梳理编制全系统权责清单、"互联网+监管"清单、政务服务清单目录,23个行政许可事项实现了"一次办结、群众满意",18项行政审批事项实现"全程网办",网络影视剧行政审批流程不断优化,行政审批服务便民化程度进一步提高。

(四)产业发展活力日益增强

坚持规划引领和扶持引导,《加快推动广播电视和网络视听产业高质量发展的意见》等一系列文件,为产业发展规划了蓝图、指明了方向。骨干企业集团持续做大做强,扎实推进"全国一网整合"与5G建设一体化发展,组建成立山东广电控股集团有限公司;海看网络科技(山东)股份有限公司位列中国互联网企业100强,即将完成上市审核。培育储备了一批高质量广播电视和网络视听产业项目与基地园区，中国广电·青岛5G高新视频实验园区建设成效显著，引进重点企业60家；评定山东省网络视听（短视频）基地10个，推出重点网络视听项目11个，短视频、网络直播方兴未艾。行业合作交流取得新进展，成功举办青岛影视博览会等影视交流活动，视听内容对外传播稳步发展。2020年山东省广播电视服务业总收入约175亿元，连续5年保持稳定增长，行业收入结构持续调整，新媒体业务收入占实际创收收入比重不断攀升。

（五）智慧广电建设步伐加快

加强智慧广电媒体建设，新型主流媒体快速成长，融媒体中心建设不断提速，建成了全国首个全流程打通的县级融媒体中心省级技术平台，95家县级台全部整合到县级融媒体中心，一批市县级融媒体中心、融媒体产品和媒体融合实验室各具特色、彰显活力，涌现了一批全国广播电视媒体融合先导单位、媒体融合典型案例，"闪电""轻快云""鹊华云""蓝睛""寿光云"等融媒体品牌影响力不断彰显。高清电视发展加快，顺利关停地面模拟电视信号，全省32个电视频道实现了高清播出，电视信号、画面质量实现了升级，整体情况全国领先，山东省正式进入数字电视时代。广电5G、高清超高清、5G高新视频等重点领域的技术研究和开发应用不断加快，推动广电领域先进技术和综合应用集成创新。依托智慧广电云平台和有线电视网络，广泛参与"数字山东""雪亮工程""智慧交通""智慧医疗""智慧农业""智慧教育""智慧应急"等建设，"享TV综合业务平台""山东省医养健康智慧服务平台"等项目入选"智慧广电示范案例"。

（六）广电惠民工程提质增效

加强顶层设计和政策指引，出台《关于推进山东省应急广播体系建设的实施意见》《关于切实加强全省广播电视公共服务体系建设的实施意见》等政策文件，构建起广电公共服务制度框架体系。争取中央和省级财政资金2.5亿元，推动中央和省级广播电视节目无线覆盖、广播电视无线发射台站基础设施建设、深度贫困县应急广播体系建设，广播电视基础设施和服务能力不断完善。山东省广播、电视综合人口覆盖率逐年提高，分别达到 99.44% 和 99.54%，较"十二五"期末分别增加了 0.66 个百分点和 0.99 个百分点。积极发挥传播覆盖优势和平台优势，开展全省电视户户通扶贫、智慧广电助力消费扶贫等工作，8566 个省定贫困村全部实现有线电视村村通，97 万建档立卡贫困户接入有线电视信号，推出了"媒体＋扶贫""短视频＋扶贫""直播＋扶贫"等消费扶贫新模式，为全面打赢脱贫攻坚战贡献了广电力量。应急广播体系建设全面推进，建设了全国技术领先的省级应急广播云平台，该平台与 60 个县级平台实现对接，社区、乡村覆盖面逐步扩大，在基层社会治理、文化传播、疫情防控等方面发挥了重要作用。

（七）阵地管理能力稳步提升

强化"人才是第一资源"理念，以增强"四力"为重点，加强人才队伍建设，实施"行业领军人才""青年创新人才""媒体融合发展专家库"推选，人才保障能力持续提升，人才队伍呈现出年轻化、高学历化、专业化趋势。坚守安全播出生命线，大力实施安全播出工程，推动安全播出保障各项任务全面落实，安全播出管理制度和机制流程不断优化，安全防范应急预案、突发事件应急预案逐步完善，安全保障管理工作更加精细化、体系化、标准化，圆满完成国家和省重大活动、重点时段、重要节目的安全播出工作。坚持导向管理全覆盖，完善线上线下一个标准的管理政策和机制，加强电视剧、网络影视剧内容把关和广告播出管理，泛娱乐化、追星炒星、高价片酬、注水剧、唯收视率点击率、违规播出广告等突出问题和倾向得到有效遏制，荧屏、声屏、网络空间不断净化。

二 "十四五"时期行业面临的发展形势

"十四五"时期，我国开启全面建设社会主义现代化国家新征程，我国社会主要矛盾发生深刻变化，以数字化、智能化、移动化为特征的新一轮科技革命和产业革命动能不断释放，广播电视和网络视听业挑战与机遇并存，必须科学把握新发展阶段出现的各种新状况，努力在危机中育先机，于变局中开新局。

（一）发展机遇

习近平新时代中国特色社会主义思想为广播电视和网络视听行业提供了强大精神动力和行动指南，党的十九届五中全会首次明确标定建设社会主义文化强国的时间表，中共山东省委十一届十二次全体会议提出文化强省建设的奋斗目标，都赋予广电行业更重要的职责和使命，为行业发展确立了新的坐标。

我国发展仍然处于重要战略机遇期，新型城镇化建设、乡村振兴、黄河流域生态保护和高质量发展等重大国家战略持续推进，新旧动能转换综合试验区、自贸试验区、上合示范区叠加发力，"一群三圈"区域战略格局快速形成，全省广播电视和网络视听行业面临重大发展机遇。

加快构建以国内循环为主体、国内国际双循环相互促进的新发展格局。人民对美好生活的向往和追求更加强烈，国民消费潜力的持续激发，消费结构的日益升级，为广播电视和网络视听发展创造了新契机新空间。

以5G、大数据、云计算、物联网、人工智能、区块链等技术为代表的新一轮信息革命浪潮，带来技术路线革命性变化和生产模式突破性创新，使舆论生态、媒体格局、传播方式发生深刻变化，为实现广播电视融合发展、迭代升级开辟了新的路径。

（二）面临挑战

世界百年未有之大变局加速演进，新冠肺炎疫情影响广泛深远，国际环境不稳定不确定性明显增加，这些都给传播格局带来很大变化，意识形态领域的斗争更加激烈，广播电视行业既要守住阵地又要发出中国声音的任务和使命更加艰巨。

新一轮信息技术革命推动舆论生态、媒体格局、传播方式深刻变化，也

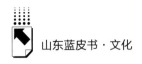
催生了视听领域的新应用新业态，对广播电视和网络视听行业发展、技术监管、安全防控等形成巨大压力。

随着全面建设小康社会全面完成，人民群众的物质生活极大丰富，对精神文化需求更加强烈，参与文化创作的愿望更加迫切，对创造多样化高层次文化产品的呼声更加高昂，为广播电视行业更好地满足人民愿望、回应群众关切提出新的更高的要求。

三 "十四五"时期山东广播电视和网络视听业发展思考

（一）牢牢把握正确舆论导向，持续巩固壮大主流舆论阵地

坚持以习近平新时代中国特色社会主义思想为指导，牢牢把握正确的舆论导向、价值取向，持续提升舆论引导水平，壮大主流思想舆论阵地。一是深入推进"头条"建设。持续深化广播电视媒体"头条"建设和视听新媒体"首页首屏首条"建设。实施理论节目提升工程，创新节目表达，打造理论宣传矩阵，全力做好习近平新时代中国特色社会主义思想大众化、通俗化传播表达。二是做好主题主线宣传。健全完善重大宣传报道一体化统筹协调机制，做好重要时间节点、重大活动、重大事件宣传报道和直播转播，做强正面声音、抑制噪声杂音，营造主题主线宣传强大声势。三是构建全媒体传播格局。实施主题宣传全媒体传播工程，统筹布局微短视频和中长视频，用好用活媒体融合成果，综合运用各类节目形态，打造更多内容鲜活、形式新颖的品牌节目栏目和融媒体产品。实施"媒体融合三年工作行动计划"，做强做优新型主流媒体，加快广播电视融合化、高清化、特色化发展，以改革创新助推媒体转型升级。加快推进频率频道和节目栏目供给侧结构性改革，精办频率频道、优化节目栏目、整合平台账号，解决同质化过剩供给问题，强化需求导向和服务实效。四是强化舆论监督。完善重大风险防控协同机制和应急预案体系，创新重大突发舆情事件报道快速反应机制，加快省级

广播电视舆论引导平台和跨媒体风控分析平台建设，做好重要时间节点意识形态领域风险预警研判和处理。提升舆论监督节目选题、拓展新闻来源、创新节目形式，提高舆论监督节目质量和实效。

（二）坚持以人民为中心，加强新时代视听精品创作生产

坚持把创作生产优秀作品作为中心环节，用心用情用功创作精品力作，保"高原"攀"高峰"，打造反映时代新气象、讴歌人民新创造的精品力作。一是加强内容选题规划。坚持以人民为中心的创作导向，围绕中国共产党成立100周年、中华人民共和国成立75周年、抗日战争胜利80周年、党的二十大等重要时间节点，聚焦"三个重大"和传统文化"两创"题材，提前规划电视剧、动画片、纪录片、广播节目、网络剧、网络电影、公益广告等的重大主题创作。建立完善山东广播电视和网络视听重点作品种子库、优秀题材库，加强动态调整管理、跟踪指导服务，合理布局创作选题，形成规划一批、储备一批、实施一批的重点选题创作生产格局。二是提升"鲁剧"品牌。按照"找准选题、讲好故事、拍出精品"的要求，在机构管理、规划引领、创作生产、备案审查、宣传发行等方面进行全链条再造。加大"鲁剧"品牌营销力度，大力开拓国内市场，加强优秀鲁产电视剧宣传，推动精品影视剧与央视、各省卫视综合频道、从事电视台形态服务的重点视频网站深度合作，拓展市场空间。三是打造网络视听内容创作高地。加快建立网络视听节目创意、生产、推广、监管全流程、全闭环管理机制，扎实开展网络视听节目征集和季度推优活动，推出一批优秀网络剧、网络电影、网络纪录片、网络综艺、网络动画片精品，打造"网络鲁剧"新品牌。组建山东省短视频创意联盟，抓好山东省网络视听行业服务协会建设，完善优秀网络视听作品创作研评和引导机制，助力网络视听制作机构实现人才、资源互联互通。建好建强网络视听（短视频）基地，实现内容生产传播、行业发展研究、行业服务培育"三维聚力"，激发网络视听创新发展活力，打造国家级网络视听产业基地（园区）。办好全国网络视听节目精品创作传播峰会、山东省短视频大赛等活动，加强与国内知名网络视听平台、短视频创作

公司、专业制作中心交流合作。四是强化广播电视节目品牌创新。建立新时代精品纪录片、动画片、广播电视节目创作引导机制，建立广播电视节目创新创优激励机制，加强跟踪指导服务，提升节目原创和内容深耕能力，扶持创作一批"小成本、大情怀、正能量"的纪录片、动画片、广播电视节目。引导广播电视机构从以节目为中心向以用户为中心转变，开展基于用户收视行为深度分析的内容生产，借助融合传播和新兴技术，再造制作、宣发、购销、播出体系和流程，创新内容呈现方式，提升视听体验，增强用户黏性。

（三）巩固拓展公共服务内容，加快公共服务提质增效

坚持补短板、强基层、重长效，实现由户户通向人人通、由看电视向用电视的新跨越。一是提升广播电视传输覆盖能力。持续开展智慧广电专项帮扶行动，发挥广播电视和网络视听行业优势，做好巩固拓展脱贫攻坚成果同乡村振兴的有效衔接。贯彻乡村振兴、新型城镇化战略，深入推进广播电视惠民工程，持续巩固广播电视节目无线数字化覆盖工程和广播电视户户通工程成果，统筹有线、无线、卫星三种方式，因地制宜、因户制宜推进数字广播电视覆盖和入户接收。实施广播电视覆盖扩面工程，加强建筑工地、户外作业点、交通工具等流动人群聚集点广播电视无线数字化覆盖。加快基层无线发射台站基础设施更新改造，提升基层台站安全传输保障能力，推动基层台站规范化、标准化、智慧化发展。二是加快应急广播体系建设。统筹利用现有广播电视资源，在山东省应急管理体系总体框架下，加快推动省、市、县三级应急广播平台建设，部署应急广播终端，配套完善乡镇、村适配平台，实现纵向与上级应急广播平台对接、横向和本级政府预警信息发布系统连通。三是增强公共服务适用性。建设山东省广播电视和网络视听节目共享交易平台，打破地域限制、打通交流壁垒，盘活节目存量，提升节目增量，优化县级融媒体中心节目有效供给。优化县级融媒体中心广播电视和网络视听节目供给，以政府采购、委托创作等形式向县级融媒体中心提供优质广播电视和网络视听节目资源。加快建立内容需求反馈机制，完善广播电视和网络视听节目收视综合评价大数据系统，综合运用大数据、区块链、人工智能

等新技术分析用户需求，提升内容供给的贴近性和精准性。四是拓展智慧广电公共服务功能。坚持以先进技术为支撑，大力实施"智慧广电公共服务"工程，发展广播电视公共服务、远程医疗、远程教育、智慧社会等多种融合业务，满足对跨屏、跨域、跨网、跨终端的收视和信息需求，满足政府需要、群众需要、企业需要。按照乡村振兴、新型城镇化、区域协调发展及智慧广电建设等战略部署，整合智慧广电内容、网络和服务资源，统筹线上线下、公共服务与市场运营，全场景提供高质量综合服务，主动对接和协同推进新时代文明实践中心和智慧城市建设，加快成为服务经济社会治理和发展的枢纽平台。

（四）加快智慧广电工程建设，推动广播电视转型升级

坚持以高质量发展为目标，顺应传播规律和行业发展趋势，强化科技创新，以智慧广电强体赋能，引领广播电视优化升级。一是推动5G技术融合应用。紧密跟踪5G技术发展，融入山东省5G产业发展大局，发挥广电5G牌照及网络资源优势，开展5G网络建设。加强高新视频内容建设，开展基于5G测试网络的4K/8K超高清视频应用研究，打造以重大工程、重大活动为重点的5G高清视频应用示范场景。二是升级改造有线电视网络。以全国有线电视网络整合和广电5G发展为契机，推动IP化、云化、智慧化、融合化发展，构建高速、泛在、智慧、安全的新型有线电视网络。加快建立有线、无线、卫星混合覆盖的广电智能综合覆盖网，构建面向5G的移动交互广播电视技术体系，实现天地一体的有线无线业务融合。三是发展视听新技术新业态。顺应数字产业化和产业数字化发展趋势，在大数据应用、智慧广电、短视频、5G高新视频、高清电视和4K/8K超高清视频、VR/AR等领域提前布局，推动新技术研发、新产品应用、新业态孵化，改造提升传统广电业态。依托山东省国家重点实验室、研究中心及产业园区，强化广电机构、科研院所、科技龙头企业的合作，打造一批创新创业共同体和技术服务平台，促进"政产学研金服用"创新要素有效集聚和优化配置。

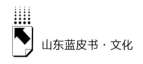
（五）健全现代市场体系，培育广电产业发展新动能

坚持以推动产业高质量创新性发展为目标，优化产业布局，激发市场活力，形成产业融合纵深推进、视听产业链条不断健全的新局面。一是做大做强骨干企业。支持山东广电网络公司、山东影视传媒集团有限公司、山东广电传媒集团有限公司等国有文化企业深化改革，不断增强核心竞争力，增强龙头效应和集聚效应。支持企业上市融资，在上市辅导、申报等环节提供快捷便利的政务服务。引导支持基础较好的广播电视和网络视听企业在符合国家和行业有关法规政策的前提下，加强资源整合和新产品推广应用，壮大主导产业，发展关联产业。二是发展壮大民营市场主体。加大山东省民营广播电视和网络视听企业扶持力度，健全管理、服务、保障三位一体的扶持政策体系，建立重点企业服务台账，在规划引导、项目支持、宣传推介等方面为民营企业发展提供更对路、更精准的服务，引导民营企业走"专、精、特、新"发展道路。三是加快产业集聚发展。围绕黄河流域生态保护和高质量发展、大运河文化保护传承利用等国家重大战略，建立区域产业协作体或视听产业联盟，引导优势资源和要素向优势领域、优秀企业、优质项目聚集。建立基地（园区）沟通协商和领导帮包机制，在资金、政策、项目评优、招商招展上给予倾斜，引导、规范、促进山东省广播电视和网络视听基地（园区）建设，推动基地错位发展、抱团取暖、优势互补、合作共赢。做强做优中国广电·青岛5G高新视频实验园区，打造全国一流5G高新视频产业园区。

（六）夯实安全保障基础，健全现代监测监管体系

严格落实主管主办主体责任、属地管理责任，统筹发展和安全，坚持建设、管理并重，确保广播电视舆论阵地安全可控。一方面，强化安全播出管理。坚持线上线下一个标准，坚持重要保障期大检查与常态化管理相结合，建立落实安全播出岗位责任制、安全播出事故查处制、检查督查制、防范保障制、应急演练和评比奖励机制，扎实做好广播电视和网络视听安全播出工

作。加强技术装备、基础设施和数字化、网络化、智能化、信息化建设，完善制播传输、安全管理、指挥调度、预警监测、应急处理系统。另一方面，加强监测能力建设。聚焦阵地管理和行业管理，加快推进基于统一云平台架构的全省监测监管体系建设，构建跨行业、跨网络、跨平台、跨终端的"全方位、全过程、全覆盖、全天候"的现代化监管体系。加强智能终端的安全管理，加强网络监测监管、安全防护等方面关键技术和系统的研发应用，构建智慧广电的信息安全制度体系和技术规范，切实保障导向安全、数据安全、技术安全、渠道安全、应用安全。

（七）提升行业治理能力，为广电改革发展提供坚强保障

一是优化营商环境。深化"放管服"改革，健全管理、服务、保障三位一体的工作体系，探索推行"告知承诺""容缺受理"等审批方式，推进简化审批程序、压缩审批时限、延长许可证有效期等优化审批服务的举措，提高办事效率和服务效能。进一步推进"互联网＋政务服务"，加快推进"不见面审批"、线上申报评奖，促进"线下办"为主向"网上办""掌上办"为主的转变。二是强化广播电视规范化管理。强化广电行政管理部门属地管理责任、各类从业机构主体责任、行业协会的自教自律责任。坚决查处违规开办频率频道、违规运营频道频率、违规制作发行节目、违规传送节目和违规播放广告等问题。落实导向管理全覆盖要求，强化广播电视结构化管理和宏观调控，严格执行广播电视三审、重播重审、违规节目处理处罚、问题节目公开批评、收听收看等制度。坚持线上线下统一导向、统一标准、统一尺度，完善广播电视和网络视听节目管理措施，严格规范管理，保护内容版权。三是强化融合发展。创新投融资体制，充分利用信贷、债券市场，积极引入社会资金，鼓励设立各类产业投资基金，对广播电视和网络视听剧本创作、生产摄制、宣传推广和技术创新项目进行补助和奖励，发挥其撬动成果转化、企业创新等作用。推动银行、保险、证券、基金、担保公司以及其他聚焦视听领域金融机构之间的联动衔接，为企业融资提供便利。推动广播电视和网络视听领域加速科技创新应用，梳理广播电视和网络视听领域新

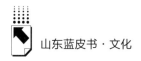

技术新产品清单，引导和培育广播电视和网络视听企业申报科技型中小企业、高新技术企业、创新型领军企业，扶持一批政产学研用协同创新项目。四是加强人才队伍建设。落实中央和山东省有关事业单位改革政策，支持广播电视企事业单位建立符合政策精神和行业特点的薪酬分配制度和人才管理制度，探索建立全员岗位聘用制度，实行同岗同责、同工同酬、能上能下、能进能出，强化轮岗交流、双向选择机制，优化队伍结构。加强行业基层专业人才培养，完善上下级播出机构人才交流、结对帮扶工作机制，实现挂职锻炼、换岗培训、驻点帮教以及优秀编辑记者、播音员主持人等下基层常态化。开展行业领军人才计划和青年英才培育计划，重点推出一批既懂创意、会管理，还懂市场、会经营，善于资本运作的领军人才，培养一批媒体融合、采编制作、视听技术、业务营销、监测监管等领域的特殊技能型人才、复合型人才。

参考文献

王宇明：《MCN 模式下广电媒体的转型与发展》，《青年记者》2020 年第 32 期。

陈芳、李翔睿、单晓燕：《山东广播电视台破局智媒挑战》，《中国广播影视年志》2019 年第 24 期。

牛存有：《短视频浪潮下广电系 MCN 的发展方向》，《视听界》2020 年第 2 期。

山东省广播电视局"十四五"规划重点课题调研组：《山东省智慧广电建设发展研究报告》，《现代视听》2020 年第 9 期。

B.6
2020年山东省旅游产业发展报告

王 双*

摘　要： 2020年，新冠肺炎疫情席卷全球，全球旅游业发展受到巨大
冲击。在以国内大循环为主体、国内国际双循环相互促进的
新发展格局下，旅游业高质量发展成为经济社会发展的重要
力量，旅游业将更加深入和广泛地融入并服务于国家发展大
局。2021年是实施"十四五"规划的开局之年，面对新时代发
展要求，应持续推进山东旅游业高质量发展，打造文化和旅
游产业融合发展新平台，丰富精品旅游产品体系，打造一批
世界级旅游景区和度假区，扩大"好客山东"精品旅游品牌
的影响力，加快精品景区基础设施建设。

关键词： 旅游产业　文旅融合　好客山东

一　2020年山东旅游产业发展基本情况

（一）旅游市场复苏提振

2020年，应对新冠肺炎疫情的影响，山东省出台了一系列政策文件，
主动帮企业纾难解困，文旅行业总体呈现有序复苏、加快复苏的良好态

---

* 王双，管理学博士，山东社会科学院经济研究所，助理研究员。研究方向：产业经济、旅游
管理。

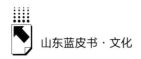
势。目前，A 级旅游景区基本恢复开放，星级饭店、旅行社、互联网上网服务营业场所基本恢复营业，重点文旅项目全面复工。2020 年前三季度，山东省接待游客 3.37 亿人次，实现旅游总收入 3765.9 亿元，分别恢复至上一年同期的 48.2% 和 44.1%，恢复幅度比全国高 6.2 个和 11.1 个百分点。

（二）文化和旅游产业提质增效显著

旅游业对山东省经济增长的贡献率逐年稳步增加，成为经济增长的新动力、扩大内需的新引擎和改善民生的新途径。2020 年，山东省政府批复并印发实施《山东省文化旅游融合发展规划》，为山东省文旅产业发展做出规划布局和战略指引；落实重点项目建设成效显著，山东省重点文旅项目入选 132 个，计划总投资 2330 亿元；大力实施精品旅游景区建设行动，推进萤火虫大峡谷、微山湖旅游区创建 5A 级景区；举办"2020 中国（曲阜）国际孔子文化节、第六届尼山世界文明论坛"、第六届中国非遗博览会，提升"好客山东"品牌知名度、影响力；"好客山东网"、旅游大数据平台和旅游产业运行监测与应急指挥平台等数字技术服务管理平台极大提升了山东省文化和旅游治理现代化水平。

（三）实施文旅消费促进活动

山东省成功举办了"第四届文化和旅游惠民消费季"活动，省、市、县三级发放使用惠民消费券 1.5 亿元，直接带动消费 9.84 亿元，间接带动消费 115 亿元。开展"山东人游山东""好客山东游品荟""六个一百自驾游行动"，活跃文旅消费市场。积极发展夜间旅游，评定首批省级夜间文旅消费集聚区。

（四）文旅交流合作不断扩大

山东省积极融入国家对外开放战略，加入国家海上和陆上丝绸之路旅游联盟，与"一带一路"沿线国家和地区进行深层次人文交流。依托上合组织青岛峰会、尼山世界文明论坛等具有国际影响力的会议活动，推动文化旅游开放合作迈上新的层次。

二 "十三五"时期山东旅游产业发展情况综述

"十三五"期间，山东省紧紧围绕"走在前列、全面开创"目标定位，全力推进旅游业繁荣发展，积极推进文化旅游融合发展、高质量发展，整体工作走在全国前列，旅游业的支柱性地位愈加明显，"好客山东"文化旅游品牌在国内外影响日益扩大。

（一）发展成就

1. 战略性支柱产业基本形成

山东是东部沿海地区的经济大省、文化大省、人口大省。山东省委、省政府一直高度重视旅游产业的发展，旅游业作为第三产业的龙头，是山东经济社会发展的战略性支柱产业。"十三五"期间，山东省委、省政府继续为旅游业又好又快发展营造良好的外部环境，加速推进旅游立法工作，颁布各项旅游行业管理措施和行业标准，重点推动全域旅游和旅游扶贫发展，"好客山东"品牌的影响力与竞争力持续提高。"十三五"期间，山东省接待游客总人数和旅游总收入呈上升趋势，城乡居民出游人数年均增长约10%，山东旅游总收入年均增长12%以上，旅游直接投资年均增长7%以上，拉动就业成效显著提高。可见，旅游业在第三产业中所占比重总体呈增长趋势，其对经济发展的带动力不容小觑。

2. 旅游经济效益显著增强

近年来，山东省旅游业发展规模持续扩大，旅游消费总额实现强劲增长，旅游业对国民经济的综合贡献度较高。2019年山东全省接待旅游人数（国内）9.3亿人次，同比增长8.6%；实现旅游收入（国内）1.1万亿元，同比增长12%。旅行社总数、接待入境游客和国内游客人数、旅游总收入等各个指标都呈现增长的趋势，旅游业成为社会投资热点和综合性大产业。截至 2019 年，全省旅行社数量高达 2630 个，星级饭店共 637 个，国内旅游人次由 2014 年的 59577 万人次增长为 2019 年的 93288 万人次，入境旅游人次也由 445.7 万人次增长到 521.3 万人次，"好客山东"影响力显著提高。在消费总额方面，山东国内旅游收入已由 2014 年的 5711.2 亿元增长为 2019 年的 10851.3 亿元，入境旅游收入也由 2014 年的 27.1 亿美元增长为 2019 年的 34.1 亿美元，吸纳游客效果明显增强。

3. 旅游产业供给质量提高

山东省旅游资源种类和丰度均属优良，目前，山东共有世界遗产 4 处，占全国比重 7.3%。中国优秀旅游城市 35 个，占全国比重 9.5%。国家历史文化名城 10 个，占全国比重 7.5%。全国重点文物保护单位 196 个，占全国比重 4.6%。全省现有星级饭店 637 家，其中五星级饭店 32 家。在景区供给方面，A 级旅游景区 1200 余家，其中 5A 级景区 12 家，数量分别居全国第一位和第六位。2020 年，山东大力提升公共服务效能，实施旅游"厕所革命"，山东省新建、改扩建旅游厕所 1826 个，数量位居全国前列；在百度电子地图标注旅游厕所 1.1 万个，数量居全国第一。

4. 全域旅游格局正在形成

近年来，山东以全域旅游理念为引领，创建国家全域旅游示范区，走出了一条具有地方特色的发展之路，目前，产业全面融合、产城深度融合、城乡发展融合的全域旅游格局基本形成。积极培育旅游新业态，深入实施"旅游+"战略，促进旅游业与农业、工业、文化、教育、康养、体育等行业融合发展，培育文化旅游、研学旅行、养生养老、体育健身旅游等旅游新业态，基本形成了以观光度假等传统产品与农旅深度体验、城市休闲、运动休闲、养生养老等为一体的多业态融合旅游产品供给体系。推动全域旅游集群发展，培育乡村全域旅游集群、海洋旅游聚集、山水人文精品旅游画廊、康养旅游胜地、红色旅游胜地、城市旅游品牌等，推进全域旅游高质量发展。

5. 旅游接待能力显著增强

山东交通优势明显，高速公路、铁路、航空、海运多条线路贯穿其中。交通基础设施建设在全国处于领先水平，目前，山东省在运民用运输机场 9

个，其中包括济南、青岛、威海和烟台蓬莱 4 个国际机场，形成了"三枢六支"发展格局，运输机场数量居华东地区第 1 位、全国第 7 位。山东拥有青岛港、日照港、烟台港等优良港口，海上交通方便，海陆条件优越。截至 2020 年，山东高铁通车里程为 2110 公里，高速公路通车里程为 7473 公里，为旅游业发展提供了良好的交通条件。"十三五"期间，山东建成了一批旅游集散中心、旅游咨询中心，构建了集旅游信息咨询、旅游热线服务、旅游集散换乘、散客自助自驾旅游、团队旅游、票务预订等多种功能于一体的"旅游超市"平台，极大满足了游客需求。

6. 制度保障更加健全

"十三五"期间，山东省政府重视旅游立法及旅游政策的完善，政策法规体系不断完善。制定了《关于加快山东省饭店业发展的意见》《旅游购物从业人员服务规范》等行业规范，为山东旅游业走在全国旅游业发展前列提供了政策保障。

（二）存在问题

1. 产业结构不均衡

山东省旅游产业规模持续扩大，位居全国前列。但在旅游业高速发展的过程中，也出现了产业结构失衡等问题。一是要素产业结构发展不均衡，表现在旅游酒店、饭店、景区景点等扩张速度过快，但高端度假酒店、精品民宿等新兴旅游消费发展相对滞后；二是旅游产品供需不平衡，有创造力的旅游新业态、新模式少。旅游过度依赖"门票经济"，与农业、工业、体育、金融、生态、科技等融合不够深入，缺少引领旅游业提档升级的新业态、新模式；三是旅游市场结构不平衡，国内市场大于国际市场，观光市场大于度假市场，个性化、高端定制式市场的发展尤为欠缺；四是旅游投资结构不高效，存在景区投资普遍过剩，旅游公共服务和休闲度假设施投入不够的现象，旅游收益水平不高，影响了旅游产业结构升级。

3. 资源利用效率不高

在资源利用方面，优质特色旅游资源整合挖掘不深，精品旅游产品转化程度不高，尚未真正形成山东精品旅游产业发展新动能。当前，山东省旅游业发展呈"两极带动、六带支撑"的空间格局，但各地市旅游收入差距较大，其中，青岛、烟台、威海、济南等地区旅游业发展较为发达，入境旅游外汇收入较高，临沂、济宁、泰安、潍坊、淄博等地区相比之下旅游业发展滞后，旅游资源开发利用程度较低。

4. 产品供给不足

在产品体系方面，山东省目前存在产品结构单一、产品供需失衡、中高端旅游产品缺乏等问题。精品旅游产品体系低端化，创新发展程度不高，新产品、新业态和新空间创新发展不足，夜间旅游、淡季旅游等新消费产品不够丰富。观光产品比例过大，休闲、度假、体验、研学、康养等产品发展不够，旅游景点建设档次低、旅游品牌影响力弱、知名度小，深度挖掘和品牌打造力度不够，无法满足旅游者日益增长的多元化消费需求。从旅行社产品供给来看，大多数旅游产品聚焦于自然与人文景观观光休闲类产品，针对散客自由行等特殊化定制旅游产品供给较为不足，与游客的高需求不匹配，导致跟团出游人数逐年下降。

5. 公共服务体系建设相对滞后

在公共服务体系方面，全域旅游公共服务体系建设滞后于产品发展，城市旅游公共服务设施配套不够，精品化景区建设力度不足，村庄景区化工作仍有较大差距。我国旅游已进入度假游发展阶段，家庭度假市场快速发育，散客游占据的比重越来越大，急需建立与之配套的旅游服务体系，提高旅游公共服务效率。在"旅游+互联网"融合发展背景下，精品智慧旅游系统建设也已提上日程，但存在着智慧旅游服务和产品缺乏创新动力，智慧旅游应用同质化现象严重等问题，亟待改善。

6. 旅游消费潜力有待挖掘

受疫情影响，人们的出游意愿、消费方式、消费内容、消费习惯等都发生了很大变化。如何有效激活消费市场，对旅游的产品创新、服务创新、管理创新提出了更高要求。入境游市场仍然存在很大不确定性。冬季旅游、夜间旅游潜力有待挖掘。

7. 高端人才短缺

在旅游人才供给方面，"短板"现象严重。目前旅游行业存在就业门槛低、薪酬水平低，以及社会美誉度和认可度不高的问题，旅游行业中人员流动性大、人才流失率高的现象较为普遍。懂经营、善管理的经理人、旅游创意人才、集团化运作人才、优秀服务人才、品牌传播人才、金牌导游人才紧缺，旅游从业人员学历偏低，旅游服务质量有待进一步提升。

三 面向"十四五"和全面建成小康社会的山东旅游

（一）持续推进山东旅游产业高质量发展

在世界面临百年未有之大变局、我国经济正迈向高质量发展阶段的关键时期，推动文化和旅游业新一轮改革开放既是疫情影响下的因应之举，也是实现高质量发展的长久之策。2021 年是"十四五"的开局之年，我们应遵循"五位一体"总体布局和"四个全面"战略布局的要求，坚定不移贯彻落实创新、协调、绿色、开放、共享的新发展理念，坚持稳中求进的工作总基调，以实现旅游高质量发展为主题，以深化旅游供给侧结构性改革为主线，以改革创新为根本动力，以满足人民日益增长的美好生活需要为根本目的，在双循环新发展格局背景下，推进旅游领域治理体系和治理能力现代化。

（二）打造文化和旅游产业发展新平台

充分发挥文化和旅游资源优势，推进"文旅康养融合发展示范区"建设，打造文旅、康养产业高位发展平台。建设山水圣人中华优秀传统文化旅游带、仙境海岸文化旅游带、大运河（山东段）文化旅游带、黄河文化和绿色生态旅游带、齐长城文化旅游带、红色文化旅游带等"六大文化旅游带"，打造济南—泰山—曲阜优秀传统文化旅游示范区、齐文化旅游示范区、大运河（山东段）文化旅游示范区、黄河三角洲生态文化旅游示范区

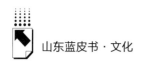

"四大文化旅游示范区"。大力培育文旅新业态和文旅产业集群,持续推动文化产业园区提质增效。实施文旅消费促进行动,创新办好"文化和旅游惠民消费季""山东人游山东"等活动。

(三)深入推动文旅融合发展

全力推进"+旅游",实现其他产业与旅游业高度融合发展,不断提升旅游供给效率。培育旅游业发展新动能,丰富旅游业产品供给,促进旅游业高质量发展,实现旅游效益最大化。"文化+旅游":充分挖掘儒家文化、泰山文化、齐文化、运河文化、黄河文化、红色文化等齐鲁文化特色,进行创造性转化、创新性发展,实现齐鲁文化与旅游产品的有机融合,充分激发齐鲁文化的生命力、影响力、创造力。"农业+旅游":推动旅游与城乡一体化融合发展,培育乡村旅游集群片区、乡村旅游园区、田园综合体、特色小镇、精品旅游特色村、乡村旅游后备箱工程示范基地、精品民宿等乡村旅游精品,打造乡村旅游的"齐鲁样板"。"工业+旅游":大力推进旅游与现代科技、高端制造业、特色工业等融合发展,挖掘山东工匠精神,讲好山东工业故事,打造国际知名的工业旅游品牌,培育国内外知名的工业旅游目的地。"科技+旅游":依靠5G等现代科学科技改造传统旅游产业,大力开发以科学技术为主题的旅游产品,培育一批旅游科技场馆、旅游科普基地等精品旅游产品。"体育+旅游":大力发展房车露营、帆船旅游、山地户外运动、冰雪运动、马术等体育旅游业态,加快国家体育旅游示范基地建设,举办一批高水平、高质量的运动主题赛事活动。"康养+旅游":依托全省优质森林氧吧、温泉、中药材种植基地和疗养基地等资源优势,以及崂山、昆嵛山、蓬莱阁等道教养生文化,以康养拉动旅游全产业链发展,重点发展森林康养、温泉浴养、中医药康养、研修康养等健康旅游业态,建设国际健康旅游服务综合体。

(四)打造一批世界级旅游景区和国家级旅游度假区

依托山东旅游资源优势,有效整合各地文化特色,打造一批世界级旅游景区、国家级旅游度假区。充分挖掘济南泉城泉水、黄河入海口等自然人文资源，积极推进世界遗产申报。大力发展海滨度假、山地度假、乡村度假、滑雪度假、温泉度假等精品旅游度假区，提升国家级旅游度假区的旅游服务品质，完善高标准度假旅游设施，培育国际知名的温带海滨度假连绵带，推动创建山海天、长岛、好运角等国家级旅游度假区。实施旅游区管理与服务精品化建设工程，依照国际前沿标准，制定"好客山东"精品旅游区管理与服务规范，统筹推进智慧度假区、景观小品、游览标识等配套建设，全面提升旅游区的管理、服务质量与运营水平。

（五）高水平建设精品旅游酒店

高水平建设一批布局合理、类型多样、主题鲜明、特色突出的精品酒店，差异化引导精品民宿、高星级酒店、高品质度假酒店、文化主题酒店、乡村精品客栈发展。支持省内品牌旅游饭店集团化发展，依托精品旅游度假区，引进国际顶尖连锁休闲度假饭店，高标准打造一批特色鲜明的高端旅游酒店，进一步推动全省旅游酒店业的国际化发展。依托山东自然与文化资源，充分利用古城、古镇、古村、海草房等特色建筑，规划建设一批具有地域特色的精品乡村民宿。打造湖泊型、山地型、森林型、海岛型、温泉型、运动型、养生型、综合娱乐型度假酒店集群。实施智慧酒店推进工程，利用现代信息技术提高精品酒店服务水平与管理效率。

（六）实施鲁菜传承与创新发展工程

深入挖掘各地旅游餐饮资源，打造"好客山东"精品鲁菜品牌，完善孔府菜、济南菜、胶东菜、运河菜、博山菜标准，严格规范准入制度，实施"好客山东"精品鲁菜品牌连锁经营，推动鲁菜国际化。实施"鲁菜大师"培育工程，构建鲁菜人才培育体系，培育一批鲁菜传承人。规划建设一批特色美食街区、鲁菜特色餐饮企业与传统名吃品牌店，实现精品鲁菜品牌标准化运作。创新精品鲁菜产品，提高传统鲁菜吸引力，不断满足游客的消费层次和消费习惯。开展"金牌小吃评选"活动，提高鲁菜影响力，打造齐鲁旅游美食品牌。

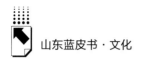

（七）打造"好礼山东"精品旅游购物品牌

丰富精品旅游购物品种与数量，持续提升旅游购物消费在旅游消费中的比重。加强老字号、特色农产品、地理标志商品注册保护力度，持续扩大青岛啤酒、张裕葡萄酒、东阿阿胶、胶东刺参、德州扒鸡、乐陵小枣、日照绿茶、日照黑陶、周村烧饼、淄博陶瓷琉璃、潍坊杨家埠年画等地理标志产品品牌影响力，大力开发海洋保健品、化妆品、生物医药等海洋旅游产品。推进乡村旅游后备箱工程示范基地建设，加大产品研发力度，鼓励做精产品、做强品牌、做大企业，提高当地农副土特产品和地方特色旅游纪念品竞争力。依托现代信息技术，搭建山东旅游商品线上集散平台，推动旅游商品精品化、规范化发展。

（八）创新精品旅游娱乐演艺产品

依托全省红色文化、历史故事、圣贤名言、民歌曲艺、民间传说等资源，推出一批精品旅游娱乐演艺品牌，发展壮大济南明湖秀、青岛沿海灯光秀、菩提东行等旅游演艺娱乐产品。开展讲山东故事、说山东历史、唱山东民歌、听山东书会等精品旅游活动，培育一批地方戏剧经典项目。扩大济南国际泉水节、青岛国际啤酒节等一批特色节庆活动的国际影响力。在主要旅游城市、5A级景区、国家级旅游度假区打造"景区+游乐""景区+剧场""景区+演艺"精品文化旅游演艺项目，创建精品旅游娱乐演艺产品体系。

（九）丰富精品旅游产品体系

培育齐鲁优秀文化旅游产品，增强文化旅游发展的新动能。培育高端海洋旅游产品，加快建设长岛国际旅游休闲度假岛，建设温带海滨型国家级旅游度假区集群。支持烟台实施旅游向海突破工程，日照实施"阳光海岸"品质提升和综合管理工程，助力经略海洋。实施城市精品旅游工程，推进泉城济南打造国际泉水城，推进青岛打造国际海洋城，推进东营打造黄河旅游名城，推进济宁打造运河文化名城。在城市中央商务区、特色历史街区、历史遗址建筑、城市现代风貌区打造核心吸引物。打造优质乡村旅游产品，加快打造黄河、运河、齐长城、滨海、沂蒙五大精品乡村旅游产品带和一批精品乡村旅游集群，构建大城市近郊乡村旅游圈。发展红色旅游精品项目，依托革命遗址、遗迹、展馆、博物馆、红色名人故居资源，打造红色旅游与爱国主义、革命传统教育相结合的旅游产品，争创全国红色品牌。打造康养旅游新格局，推动医养健康产业与旅游产业深度融合发展，以济南为龙头，以济南国际医学科学中心为主体依托，充分发挥长寿文化、温泉资源、医药产业等资源优势，打造国家康养旅游产业发展新高地。持续推动支持日照创建国家中医药健康旅游示范区。培育生态旅游精品项目，打造"黄河入海流""山东大运河""黄金海岸线"三大精品生态旅游带，开发生态观光、生态度假和生态专项精品生态旅游产品。支持东营实施黄河口生态旅游区核心吸引物培育工程。培育低空旅游业态，打造精品化、综合型低空旅游产业体系，重点培育个性化的低空旅游项目和体验式的低空旅游产品。培育温泉滑雪业态。打造集滑雪、温泉、餐饮、探险等于一体的冬季度假综合体，开发"看雪、玩雪、泡温泉"旅游项目。推广研学旅游业态，重点打造"国学经典研学游""跟着孔子去游学""时尚青岛·活力研学"等研学旅游品牌，培育"尼山圣境""稷下学宫""蒙山沂水"精品研学项目建设，构建研学旅游导师体系、活动体系、课程体系、保障体系等。培育邮轮旅游业态，积极开发邮轮航线产品，研究建立支撑邮轮产业发展的金融服务体系，着力打造中国北方著名邮轮旅游集散地。大力发展夜间旅游业态，建设一批夜间文旅消费聚集区，开展多种形式的夜游主题活动，培育多元夜间消费市场。鼓励开发夜游曲艺演出、文艺演出等夜间旅游项目，打造夜间消费文化 IP。不断开拓淡季旅游产品，推动消费惠民政策，鼓励实施景区门票减免、淡季免费开放、演出门票打折等政策；依托各类民俗节庆文化资源，举办民俗庙会、地方民俗节庆、文化演艺、美食节庆等主题性旅游活动。

（十）打造"好客山东"精品旅游品牌体系

持续放大"好客山东"旅游目的地品牌的国际影响力，打造世界著名文化旅游目的地品牌。不断提升十大文化旅游目的地品牌特色，建成国内外具有较高知名度和美誉度的文化旅游目的地集群。打造一批精品旅游产品品牌，挖掘旅游目的地特殊文化资源，提高旅游目的地知名度和信心旅游吸引力。打造"好礼山东"高端旅游购物品牌，加大对老字号、特色农副产品、地理标志等的保护力度，持续扩大精品旅游购物品牌的影响力和市场竞争力。丰富旅游节庆活动，提升中国（曲阜）国际孔子文化节、济南国际泉水节等一批特色节庆活动的品牌影响力。积极提升文化旅游产品质量，强化文化旅游服务质量保障体系和监督管理体系建设，引导文化旅游市场健康发展。

（十一）加快精品景区基础设施建设

完善配套设施。扎实推进《全国旅游厕所建设管理新三年行动计划》（2018—2020），力争实现全省景区内环保型旅游厕所"数量充足、干净无味、实用免费、管理有效"的目标，运用科技手段解决游客"找厕难"的问题。创新旅游厕所运营新模式，以政企合作、企业认养、委托管养、开放共享等模式有效提升厕所的建设质量和服务品质。完善精品景区游客中心建设，提高景区游客中心接待、售票、集散、投诉、咨询、医务等服务功能，加强对游客中心工作人员的培训，在为游客提供优质服务的同时，也为景区的接待服务工作做好了人才储备和智力支持。适应大众旅游时代自驾游游客的出行需求，合理规划建设景区生态停车场，积极引进智慧化停车系统，利用线上线下智慧旅游信息平台，实时发布景区停车场车辆及车位数据，4A级及以上旅游景区要设立电动汽车专用充电区域，保障景区停车场科学规划，有序运行。规范完善精品景区标识系统，推动4A级及以上旅游景区全部实现旅游标识标准化，为游客提供多语种标识和解说服务。

优化景区环境。贯彻落实"绿水青山就是金山银山"理念，坚持保护优先，对景区地质地貌、水质等进行科学开发。打造生态环境保护与景观建设、旅游产品空间布局有机结合的齐鲁风景道，积极开展主要旅游线路沿线风貌集中整治，开展净化、绿化、美化行动，提高整体生态景观形象。

推进绿色"零排放"景区建设，建立健全绿色低碳循环发展的经济体系，逐步淘汰景区内传统燃煤、燃油设施设备，通过电能替代模式推进电动汽车充电桩、全电厨房的普及，逐步升级为电锅炉、电炊具、电动车、绿色照明等设备，在发展旅游的同时保护生态环境。

参考文献

济南市人民政府网：《全省 A 级旅游景区达 1200 余家》，http：//www. jinan. gov. cn/art/2020/12/9/art_ 1812_ 4764167. html，2020－12－09。

数据来源：World Heritage Convention，中华人民共和国文化和旅游部、中华人民共和国国务院、国家文物局。

习近平：《在统筹推进新冠肺炎疫情防控和经济社会发展工作部署会议上的讲话》，新华社，http：//cpc. people. com. cn/n1/2020/0223/c64094－31600380. html。

王双：《供给侧结构性改革背景下旅游业提升路径研究——以山东省为例》，《开发性金融研究》第 2018 年第 6 期。

B.7
2020年山东动漫产业发展报告

杨　梅*

摘　要：　2020年，新冠肺炎疫情突如其来，大规模的动漫集会无法举办，线上抗疫动漫空前活跃。动漫工作者潜心原创。山东电视动画片发展迅猛。截至2020年10月，山东省在国家广播电视总局备案的电视动画片总时长突破1万分钟，跃居全国第五位，实现历史性突破。入选"原动力"中国原创动漫出版扶持计划的作品由2019年的1部增至2020年的6部。但山东动漫产业仍存在动漫品牌少、动漫企业规模小、动漫园区推进力度不大等问题。推进山东动漫产业高质量发展应坚持内容为王，提高原创能力；促进产业集聚，完善营利模式；适应媒体变革，发展网络动漫；发挥文化优势，打造动漫品牌。

关键词：　动漫文化　动漫产业　抗疫动漫

2020年初，一场突如其来的新冠肺炎疫情极大地改变了人们的生活，大规模的动漫集会活动基本无法举办，线上动漫特别是抗疫动漫空前活跃。上半年，为有效防控疫情，提倡居家办公，减少外出，为动漫工作者潜心原创提供了有利条件；下半年，随着我国疫情防控取得阶段性胜利，各类动漫活动恢复举行。

---

* 杨梅，山东社会科学院科研组织处研究员，主要研究方向为文化建设、动漫产业。

一 山东动漫产业实现突破

（一）线上抗疫动漫空前活跃

2020年初，以习近平同志为核心的党中央面对突如其来的新冠肺炎疫情勇敢担当，果断决策，带领全国人民迅速打响疫情防控的人民战争、总体战、阻击战，并取得阶段性胜利，动漫行业也用自己的方式为疫情防控做出了贡献。一方面，政府部门、社区、医院等大量运用动漫向广大民众宣传防疫抗疫知识；另一方面，广大动漫人员和动漫机构主动作为，以动漫形式投身抗疫斗争。中国美术家协会漫画艺委会于2020年1月26发出倡议书《漫画作枪，抗击疫情》。1月31日，中国美术家协会正式发布以防控抗击新冠肺炎疫情为主题的"众志成城、抗击疫情——美术家在行动"征稿通知，得到了全国美术工作者的热烈响应，各省美协也陆续开展相关征稿、网上展示活动。截至2月15日截稿时，收到包括漫画、中国画、油画等形式的作品约36000件。北京动漫游戏产业协会、上海市动漫行业协会联合发出"战疫正能量作品征集令"，组织"抗击疫情，众志成城，为中国加油！"活动，得到全国各地动漫创作者的积极响应，2月3~28日，收到漫画作品4671件（组），视频作品460件。7月2日，"向光而行·京沪联合——全球抗疫动漫作品大展"在中共四大纪念馆海派文化中心开幕，现场展示了上百幅动漫作品，数百位国内外艺术家参与这次活动。罗计坤等用中国传统长卷式的构图创作了一幅长10多米的漫画《中国抗疫图鉴》，全景式展现了中国战疫英雄和平凡人的伟大故事，在人民日报官微首发后，又被共青团中央、中国新闻网、科普中国等2000多家媒体转载，引发网友强烈共鸣，全网阅读量突破10亿人次。"六一"国际儿童节期间，湖北教育出版社出版了防疫科普漫画书《加油鸭抗疫记》，中文版和阿文版在武汉和开罗同步首发。三秦出版社依托西北首家动漫游戏出版资质，推出了动漫抗疫作品《我们一定赢——动漫版抗疫读本》（网络版）。广东省卫生健康委委托广州美术学院团队设计制作了广东抗疫英雄动漫形象（防护服版），并决定将两位广东抗疫英雄动漫人物分别命名为"希希""康康"。各大平台及动漫制作公司制作了大量抗疫题材作品，如哔哩哔哩漫画平台推出了《漫画战"疫"》、豆神动漫推出了抗疫系列原创动画等。

山东动漫界也迅速行动。2020年2月，中共山东省委网信办联合山东省漫画家协会、山东省动漫行业协会、山东世博动漫集团，开展"山东战疫 众志成城"网络动漫作品征集公益活动，创作了一批反映医务工作者"最美逆行"、科研工作者"加紧攻关"、广大齐鲁儿女无私奉献的漫画形象，用漫画、动画的形式解读国家政策，科学普及健康卫生常识，展现齐鲁儿女万众一心、众志成城抗击疫情的生动画卷。所有动漫作品均为电子版，便于网络宣传。其中的优秀作品在山东网络正能量传播体系集中展播，通过抖音、快手、腾讯、微博、新浪、知乎、今日头条等广泛推送。

山东世博华创动漫传媒有限公司发挥动漫创作专业特长，成立"动漫抗疫宣传突击队"，以疫情防控为主题，根据防控各阶段各节点需要，创作了200多个作品，涉及动画、漫画、短视频等多种类别，无偿开放所有作品版权，并通过抖音、快手、腾讯、微博、新浪、知乎、今日头条等广泛推送，网络点击量突破千万，多篇作品被央视网、《学习强国》山东学习平台采用、转发。

山东美猴文化创意集团利用公司制作动漫的优势，迅速组织成立了有策划、导演、音效、配音及合成的制作团队，结合国家卫生健康委员会公布的《新型冠状病毒感染肺炎防治指南》第一版，分别针对老年人、儿童等特殊人员防控以及幼儿园、学校、养老院、办公场所、交通工具、公共场所、居家隔离等特定场所防控所做出的规定，制作宣传资料，广泛传播推介，得到广泛好评。

德州武城一位护师王丽杰手绘"八戒"系列"抗疫"漫画："宁可长一身膘，也不能出去飘"，希望大家在家蹲着宁可长肉，也不能出去到处溜达；德州20岁的漫画家王晓蕊为致敬献血者，创作出立体书漫画《血脉相连》；聊城东昌完全中学举办了"'战疫'手抄报作品展"等。

（二）各类动漫活动稳步复苏

在以习近平同志为核心的党中央坚强领导下，我国疫情防控迅速取得重大战略成果。2020年下半年，在疫情防控常态化的新形势下，动漫活动也逐步恢复正常。如2020年5月，中国美术家协会漫画艺术委员会、海盐县人民政府、上海三毛形象发展有限公司决定联合举办第六届"三毛杯"（2020）中国漫画大展。

青岛市动漫创意产业协会、爱奇艺、青岛幻梦文化传播有限公司于8月举办了"胶东经济圈青岛动漫节暨爱奇艺DC22幻梦动漫游戏嘉年华"。活动贯穿音乐LIVE SHOW、Lolita走秀、动漫游戏文创IP、多人随机宅舞等一系列时尚活动，邀请国内外知名动漫游戏IP《碧蓝航线》《战舰少女R》《偶像梦幻祭2》《全职高手》《大理寺日志》《元尊》等。还邀请知名配音演员糖醋排骨、知名唱见诺言、知名Coser凤凰言生和枣糕到现场与岛城粉丝互动，促进了胶东五市等半岛城市间时尚动漫游戏一体化融合发展。自2012年至2020年，DC幻梦动漫游戏嘉年华已经成功举办了20余届，每届都以青岛为中心，辐射山东和华东北地区，目标是创造本地区最大的二次元动漫游戏市场。该活动在2018年获得"青岛动漫节"主办权。

为响应中央政法委号召，山东省委政法委于5月决定举办全省第三届"平安山东""法治山东"微电影微视频微动漫比赛暨优秀政法文化作品征集评选活动。活动以"聚焦扫黑除恶，共筑平安山东"为主题，作品形式包括微动漫、微电影、微视频等。2020年9月起，省委政法委通过新媒体平台对优秀入围作品开展宣传展播。2020年11月后，评选出最后获奖作品，并选取部分作品作为全国第五届平安中国微电影微视频微动漫比赛暨优秀政法文化作品征集评选活动参赛作品报送中央政法委。烟台市等也开展了政法系统"三微"比赛活动。

10月21日，由国家互联网信息办公室指导，中国互联网发展基金会主办，人民网、光明网、中国青年网、中国新闻网、环球网承办的第五届"五个一百"网络正能量精品评选活动结果正式发布，山东有26项作品入选。本次活动以"网聚正能量 奋进新时代"为主题，经过征集申报、评委初评、网络投票展示和评委终评等多个环节，最终评选出100名网络正能量榜样、100篇网络正能量文字作品、100部网络正能量动漫音视频作品、100幅网络正能量图片、100项网络正能量专题活动。山东入选的有动漫作品《每一个你我都不容小觑，因为爱国!》《血脉相连"浆"爱进行到底》等，前者以漫画的形式致敬香港警察，后者以漫画的形式礼赞抗疫献血者。

（三）动漫园区建设又有新进展

2020年7月，由山东世博华创动漫传媒有限公司与青岛市即墨区城市旅游开发投资有限公司共同投资打造的"世博华创产教融合园"项目正式签约，计划于2021年5月1日前后正式投入运营。该项目集数字创意、影视动漫人才培养、制作研发、版权交易、众创空间、文化旅游等于一体，将建设一所影视传媒职业学院，一个产业基地，一个版权交易平台，一个产业研发中心，一个公共服务平台，形成以产业为引导、以人才为支撑、以产业促教育、以教育促产业的循环生态圈，创建"宜产、宜学、宜创、宜游、宜居"的开放性、产城一体的社会化园区。这是山东世博华创动漫传媒有限公司继2019年3月在济南新旧动能转换先行区签约建设世博动漫产教融合园项目之后的又一重大举措。

山东世博华创动漫传媒公司是国家动漫企业、国家高新技术企业、山东省重点文化企业，在校企合作、产教融合方面进行了近十年的探索，先后与山东轻工职业学院、江苏商贸职业学院、山东财经大学东方学院深度校企合作，共建了世博动漫学院、世博艺术与传媒学院、东方世博数字创意学院。经山东省教育厅批准，又和山东艺术学院共建了研究生联合培养基地，成为山东省校企合作、产教融合的典范和教育部典型案例。

（四）电视动画片创作突飞猛进

近年来，山东电视动画片创作一直处于全国中下游，与山东经济文化大省的地位很不相称。根据国家新闻出版广电总局《国产电视动画片备案公示剧目》，2017年山东电视动画片备案仅2部，时长412分钟，名列全国第

23；2018 年（截至 10 月），山东电视动画片备案 9 部，共 2406 分钟，在全国的位次上升至第 15 位；2019 年（截至 10 月），山东电视动画片备案 5 部，共 1374 分钟，仍位列全国第 15。

这种现象在 2020 年得到了根本改变。根据国家新闻出版广电总局《国产电视动画片备案公示剧目》，2020 年（截至 10 月）全国共有 26 个省（区市）以及中直有关单位制作了国产电视动画片，广东、浙江遥遥领先，总时长均在 2 万分钟以上，其后是安徽、北京、山东、江苏，总时长均在 1 万分钟以上。其中山东的进步尤其突出。山东备案公示的电视动画片有 28 部，总时长 11216.2 分钟，总时长居全国第 5 位。山东无论是总时长还是在全国的位次，都有大幅度提升，创历史新高，可谓突飞猛进（见表 1）。

表 1　2020 年全国各省（区市）中直单位在国家广电总局备案的国产电视动画片（1~10 月）

排序	省（区市）	集数	分钟数	排序	省（区市）	集数	分钟数
1	广东省	2419	25032	15	中直	74	1441
2	浙江省	2759	22966.5	16	湖北省	184	1404
3	安徽省	890	14059	17	河北省	52	910
4	北京市	1893	13507	18	天津市	78	832
5	山东省	1223	11216.2	19	江西省	62	798
6	江苏省	1082	10172.5	20	四川省	73	741
7	辽宁省	1489	8282.1	21	吉林省	52	572
8	福建省	1120	7752	22	黑龙江	52	520
9	上海市	1325	7366.5	23	云南省	40	516
10	重庆市	575	7269	24	湖南省	34	494
11	河南省	572	6318	25	山西省	72	257
12	陕西省	645	4780	26	西藏自治区	10	100
13	广西壮族自治区	291	3695	27	内蒙古自治区	12	66
14	甘肃省	117	1557				

说明：根据国家广电总局 2020 年 1~10 月全国国产电视动画片制作备案公示通知的数据整理。

这些备案的动画片如《地球护卫队》，52 集，每集 23 分钟，共 1196 分钟；《中华上下五千年之成语故事篇第二季》，75 集，每集 13.5 分钟，共 1012.5 分钟；《快乐的小熊尼尼》，75 集，每集 13.5 分钟，共 1012.5 分钟。这些作品内容丰富，涵盖教育、童话、科幻、现实等多种题材（见表 2）。

表2　2020年山东省在国家广电总局备案的国产电视动画片（1～10月）

序号	片名	集数	每集时长（分钟）	总时长（分钟）	题材	报备机构/联合制作
1	夺宝一家人番外剧多宝的日常	60	1	60	现实	山东豆神动漫有限公司
2	地球护卫队	52	23	1196	科幻	青岛一点十分影视传媒有限公司
3	网球世界	12	15	180	科幻	日照安泰影视有限公司
4	神奇礼盒	50	11	550	童话	青岛一点十分影视传媒有限公司
5	神奇礼盒之趣味百科	26	8	208	教育	青岛一点十分影视传媒有限公司
6	贝贝熊安全知识大讲堂（一）	150	6	900	教育	山东定格时光影视文化传媒有限公司
7	乌云国历险记	50	13	650	童话	山东定格时光影视文化传媒有限公司
8	外星来客小紫龙（第一季）	100	7	700	教育	山东定格时光影视文化传媒有限公司
9	精灵归来	52	16	832	童话	山东定格时光影视文化传媒有限公司
10	恩授趣味知识天地第一季	16	13	208	教育	山东锋范影视文化传媒有限公司
11	儿童欢唱天地（一）	115	7	805	教育	山东定格时光影视文化传媒有限公司
12	小猫咪学古诗	26	10	260	教育	山东定格时光影视文化传媒有限公司
13	中华上下五千年之成语故事篇第一季	40	13.5	540	教育	青岛新空影画文化传媒有限公司
14	中华上下五千年之成语故事篇第二季	75	13.5	1012.5	教育	青岛新空影画文化传媒有限公司
15	快乐的小熊尼尼	75	13.5	1012.5	童话	青岛新空影画文化传媒有限公司
16	聪明的果果	75	13.5	1012.5	现实	青岛新空影画文化传媒有限公司
17	赛博星大作战	10	15	150	科幻	雨清(山东)影视传媒有限公司
18	儒家经典故事	26	10	260	教育	济南漫博通动画制作有限公司
19	漫说大百科之昆虫世界	20	4	80	教育	山东锋范影视文化传媒有限公司
20	漫说大百科之动物世界	30	4	120	教育	山东锋范影视文化传媒有限公司
21	五色奇玉记之灵云代码	10	13	130	科幻	山东广电传媒集团有限公司
22	小恐龙文明礼仪小分队	60	6.5	390	童话	青岛华之彩影视传播有限公司
23	环保超战队	20	13	260	科幻	青岛华之彩影视传播有限公司
24	好习惯早知道	15	6	90	教育	雨清(山东)影视传媒有限公司
25	绿色环保联盟第一季	26	10.5	273	教育	山东锋范影视文化传媒有限公司
26	环球寻宝队	9	15	135	科幻	山东锋范影视文化传媒有限公司
27	成语动画集	10	8	80	教育	雨清(山东)影视传媒有限公司
28	海风墨雅	13	1.67	21.71	教育	济南海水科技有限公司

说明：根据国家广电总局2020年1～10月全国国产电视动画片制作备案公示通知的数据整理。

"原动力"中国原创动漫出版扶持计划立足于支持引导国产优秀原创动漫创作生产,推动动漫出版产业繁荣发展,现已成为国内动漫出版产业发展的重要平台和知名品牌。该计划2012年启动,至2020年已评选了9届。2019年,淄博海联动漫有限公司的《新牛郎织女》动画电影入选2019年"原动力"中国原创动漫出版扶持计划,是山东省唯一入选项目。2020年10月,"原动力"中国原创动漫出版扶持计划拟入选作品公示,山东省入选6部,分别是:《流浪地球》(山东文艺出版社有限公司)、《小熊,快跑》(明天出版社有限公司)、《看我巾帼战"疫"七十二变》(山东人民出版社有限公司)、《最珍贵的礼物》(青岛东唐欢乐影业有限公司)、《柳毅传奇》(山东笃乐贝影视传媒有限公司)、《读者笔记》(泰安无二动漫有限公司)。比2019年有大幅度增长。

二　山东动漫产业存在的问题

(一)动漫品牌少

　　山东动漫在2020年虽然获得重大发展,但与广东、浙江等动漫强省相比仍有较大差距,总时长只有这两省的一半,更重要的是山东缺少全国知名的动漫品牌。山东动漫创新创意能力不足,传统题材多,现代题材、科幻题材少,缺乏天马行空、想象瑰丽、情节曲折、内涵丰富的大制作。从播出的优秀国产动画片情况看,近三年来,经国家广电总局组织动画机构、专家和观众代表评议推荐并向社会公示的优秀国产电视动画片,山东一直无作品入选。2020年度一、二季度已推荐22部,山东仍无作品入选(见表3)。

表3　2020年度一、二季度广电总局推荐播出优秀国产动画片

省市	广东	浙江	央视	北京	天津	湖南	安徽	福建	山东
部数	5	5	4	2	2	2	1	1	0

说明:根据广电总局2020年度一、二季度推荐播出优秀国产动画片的数据整理。

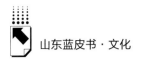

（二）企业小而散

山东虽然出现了个别有一定规模和影响力企业，但总体说来，山东动漫产业存在的主要问题仍然是企业小而散，缺少龙头企业，难以完成大制作，带动力不强；产业链不够完整，衍生产品开发滞后，营利模式单一；动漫人才不足，且流失严重。

（三）动漫园区建设推进不力

建设动漫园区集是聚集动漫产业、整合动漫资源、实现协同发展的有效途径。山东早在十多年前便建立了几个动漫产业园区，但受整个动漫业态大环境的影响，有的动漫园区在签约、揭牌后便难以为继，与动漫产业渐行渐远，改行为其他产业。如淄博市周村区海联动漫产业园作为 2019 年淄博市重大项目，原本规划有动漫创作中心、动漫科技馆、VR 体验馆等项目。因为创作周期长、项目推进较为缓慢、资金链出现问题，且受市场、疫情等影响，从而引进了与动漫产业关联度极低的烧烤、地摊餐饮等业态。海联动漫产业园原本计划投资 1.9 亿元，现只完成投资 3100 万元，项目投资未能持续，2020 年退出了淄博市重大项目名单。有关领导虽严令立即整改，确保园区业态规范，但要真正将动漫园区做大做强，谈何容易！

三　加快山东动漫产业发展的对策

2021 年是我国"十四五"规划开局之年，也是开启社会主义现代化国家建设的开局之年，我国将以推动高质量发展为主题，以深化供给侧结构性改革为主线，以改革创新为根本动力，加快构建新发展格局。山东也将深入实施创新驱动发展战略，积极培育壮大内需市场，扎实推进文化强省建设，推动实体经济、数字经济、服务经济融合发展。文化和旅游部 2020 年 11 月发布《关于推动数字文化产业高质量发展的意见》，提出到 2025 年我国数字文化产业的发展目标，为动漫产业的高质量发展指明了方向。山东动漫产业必须乘势而上，坚持高质量发展，为新时代现代化强省建设做出应有的贡献。

（一）坚持内容为王，提高原创能力

经过十几年的快速发展，我国早已成为名副其实的动漫大国，动漫产量已稳居世界前列。山东 2020 年的动漫产量也跃居全国前 5。但山东仍没有产生在全国有重大影响的动漫作品。山东人朴实敦厚，作品中规中矩，在现实题材创作中有其特色和优势，但难以满足动漫创作的需要。从动漫发展历史来看，动漫作品先天侧重想象力和创造力，讲究"无中生有"、天马行空、离奇曲折又合乎情理，美国和日本的动漫大片无不如此。所谓动漫文化、"二次元文化"，最突出的特点就是其幻想性、梦幻性、魔幻性。纵观历史，山东不乏优秀原创作品，前有《海上蓬莱》《神仙方术之传说》，后有清代的志怪杰作《聊斋志异》，我们应该很好地继承和弘扬这一传统，在动漫创作中加强内容建设，加强原创能力建设，讲好中国式的梦幻故事，创造更多既能开拓人民的想象空间，又能增强人民精神力量的动漫作品。

（二）促进产业集聚，完善营利模式

动漫产业是典型的服务产业、信息产业、数字产业，是山东重点发展的十强产业的重要组成部分。山东应结合新旧动能转换示范区建设，科学布局动漫产园区建设，使各类动漫企业能相对聚集，优势互补，资源共享，协同发展。应支持有能力有意愿的动漫企业整合资源，联合发展，完善产业链和营利模式，从而做大做强，形成龙头企业，发挥带动和引领作用。要树立"动漫＋"的理念，抓住机遇，瞄准目标，让动漫与其他一切可能的产业和业态相对接、相融合，多维度延长动漫产业链，实现动漫价值的最大化。

（三）适应媒体变革，发展网络动漫

虽然我国的疫情防控取得重大战略成果，但从世界范围看，疫情仍在蔓延。目前，我国已进入常态化疫情防控阶段。疫情防控的常态化必然会在某

种程度上限制人员的流动和聚集，这在客观上为线上服务的发展提供了大好的机遇。2020 年上半年，线上会议、线上课堂、线上交易空前活跃。动漫界应主动适应常态化疫情防控要求，适应以互联网为核心的媒体融合要求，大力研发动漫软件，发展网络动漫，将动漫内容与 VR（虚拟现实）、AR（加强现实）、人工智能、大数据和互联网紧密结合，在线上服务中培育动漫产业新的增长点。建立网络动漫评价、反馈机制，引导网络动漫健康有序发展，实现社会效益和经济效益的有机统一。

（四）发挥文化优势，打造动漫品牌

山东是文化大省，是中华文化的重要发祥地，有丰厚的文化资源。山东有源远流长的齐鲁文化，有丰富的现代革命文化、社会主义先进文化，还有独特的黄河文化、泰山文化、运河文化、水浒文化、海洋文化；作为沿海省份，又站在改革开放的前沿。这一切都为山东动漫创作提供了坚实的基础。我们要以深化动漫产业的供给侧结构性改革为主线，充分发掘利用优秀文化资源，运用动漫这一为广大青少年所喜闻乐见的艺术形式，讲好中国故事，传播中国精神，表达文化自信，培育和塑造一批具有鲜明齐鲁风采和中国特色的原创 IP，大力加强 IP 的开发和转化，打造山东动漫文化、齐鲁文化和中国文化的靓丽名片，用动漫塑造和传播国家文化形象，推动中华优秀传统文化的创造性转化和创新性发展，实现我国文化产业转型升级，为新时代现代化强省建设和中华文化走向世界做出应有的贡献。

参考文献

山东省人大代表王振华：《推动动漫产业提质增效 打造全省文化产业转型升级的重要增长极》，http：//news. sdchina. com/show/4392524. html。

《国产动漫"崛起"仍在进行时》，http：//news. gmw. cn/2019 - 10/17/content_33239195. htm。

《针对〈问政山东〉曝光问题 淄博各区县迅速展开整改》，http：//news.lznews.cn/luzhong/zibo/202007/t20200720_ 11607551. html。

《众志成城、抗击疫情——美术家在行动之综合篇》，http：//www.xinhuanet.com/shuhua/2020 - 03/05/c_ 1125665697. htm。

宋磊：《中国动漫产业评论》，中国旅游出版社，2020。

B.8
2020年山东博物馆业发展报告

闫　娜*

摘　要：　山东博物馆业快速发展，博物馆逐渐成为城市文化和城市文明的空间载体与标志，以及人民群众日常文化活动的重要场所，博物馆数量和博物馆接待游客数量持续增长。山东注重博物馆业的发展，挖掘博物馆文化传承和城市文脉延续等方面的功能作用，培育形成富有山东特色的博物馆体系，博物馆业成为新时代山东文化强省建设的重要力量。

关键词：　博物馆业　城市文化空间　公共文化服务　博物馆体系

　　文化遗产观念出现于20世纪后半期，文化遗产的确立标志着其承载的文化价值由原生主体转移到当代社会，博物馆是这一转化得以实现的重要场所，是"人类文明的王冠"传承延续发展的物质载体。博物馆作为收藏、研究、展示和保存文化遗产实物的机构，其文化传播和教育认同等功能日渐凸显。博物馆已经成为都市文化经济的催化剂：作为集体记忆的保存者和高级文化的象征，博物馆通过文化与象征资产为城市建立起强烈而鲜明的地方性，唤起受众对一个地方的积极联想。[1] 当下越来越多的国人走进博物馆，读中国历史，品中国文化，参观博物馆日渐成为一种生活方式。大型文博探索类节目《国家宝藏》《我在故宫修文物》的火爆，让"正经到骨子里"的博物馆成为"网红"。

---

　　* 闫娜，山东社会科学院文化研究所副研究员，研究方向为城市文化、文化旅游、文化治理。
　　① 刘永孜：《当代西方博物馆的资本与权力更新》，《贵州大学学报》（艺术版）2015年第6期。

一 新时代山东博物馆业发展的重大意义

党的十八大确立了中国特色社会主义经济建设、政治建设、文化建设、社会建设、生态文明建设的"五位一体"总体布局，历史和传统文化在国家治理中的地位和作用日益突出。发展高质量的博物馆业，对于新时代山东文化强省建设具有重要的战略意义。一方面，博物馆是保护和传承宝贵遗产的场所，盘活博物馆的文化资源，让躺在展列柜的文物"活"起来，让更多人触摸到历史，感受到中华民族优秀历史文化根脉，增强大众的民族自豪感和文化自信。另一方面，博物馆是大众文化消费的重要空间场所之一，对实现人民对美好生活的追求和满足人民的文化消费需求具有重要价值。博物馆的文化教育功能、休闲游憩功能日渐突出，作为社区和城市的一部分，博物馆与社区文化、城市遗产遗址的结合可以有效地带动旅游发展，从而推动社会经济发展。

二 2020年山东博物馆业发展概况

新中国成立后，博物馆事业迅速发展，国家文物局《博物馆藏品保管试行办法》和《博物馆一级藏品鉴选标准（试行）》颁布实施，推动博物馆在场馆数量和展览质量上实现突破。2008 年中宣部、文化部等 4 部门联合发布《关于全国博物馆、纪念馆免费开放的通知》，激发博物馆的教育和社会服务功能，博物馆的社会价值和公共服务能力不断加强。山东科学规划博物馆发展战略，整合优势资源、优化空间布局，形成了以综合类、自然科技类、历史类、遗址类、纪念类、艺术类等国有博物馆为主体，非国有博物馆为补充，主体多元、门类齐全，充满生机活力、富有山东特色的博物馆体系。①

---

① 山东省文化和旅游厅：《山东省博物馆事业发展"十三五"成果及"十四五"展望》，《中国文物报》2021 年 2 月 9 日。

1. 博物馆门类齐全，数量居全国第一

山东的博物馆展品资源丰富，展览门类齐全，涵盖历史类博物馆、艺术类博物馆、纪念类博物馆、遗址类博物馆、自然科技类博物馆、综合类博物馆六大类别。"十三五"期间，山东注册的各级各类各所有制博物馆从352家增长到603家，其中国有博物馆从225家增长到242家，非国有博物馆从135家增长到361家。全省一、二、三级博物馆从42家增长到127家，山东的博物馆总量、一级博物馆数量、二级博物馆数量、三级博物馆数量、非国有博物馆数量、新晋级革命类博物馆数量6个指标均位居全国各省区市第一。[①]

2. 馆藏资源丰富，展览形式多样

山东的博物馆馆藏资源丰富，既有展示史前文明的东夷文化博物馆，也有反映近代革命进程的刘公岛甲午战争纪念遗址及博物馆；既有再现运河文明的中国运河文化博物馆，也有展示海洋文化的青岛贝壳博物馆和传递革命精神的红嫂文化博物馆。不计其数的优秀藏品和历史文物，展示了齐鲁大地悠久的历史文化，传递着生生不息的传统文化。山东的博物馆在传统馆藏资源的基础上，利用数字技术积极拓展博物馆公共文化服务，在全国率先建设"山东数字化博物馆"，完成2000余件珍贵文物的数字化采集，运用互联网等网络新媒体手段，实现馆藏珍贵文物的网上共享和展示，打造出汇集全省精品文物资源的"没有围墙的博物馆"。山东博物馆与新华网共建"5G富媒体＋文博联合实验室"[②]，与国家文物局官网合作，优化"文物山东——山东省博物馆网上展览服务平台"，为广大人民群众打造网上畅览山东的博物馆。

3. 重视公益传播，教育功能显著

山东坚持博物馆发展的公益属性，山东各地博物馆主动对接青少年需求，梳理博物馆资源，利用自身优势为学生开辟"第二课堂"，凸显博物馆的社会教育功能。2019年全国免费开放博物馆的数量为4929家，其中山东有521家博物馆免费开放，是全国免费开放博物馆数量最多的省份。"十三

① 赵秋丽等：《山东实现博物馆事业蓬勃发展》，《光明日报》2021年1月18日。
② 苏锐：《山东：博物馆变"文化自信课堂"》，《中国文化报》2021年1月20日。

五"期间，山东博物馆年均举办教育活动 3 万余次，与"十二五"时期相比翻了一番。为了进一步发掘博物馆对青少年的文化科普教育功能，山东省博物馆和济南、青岛等市的博物馆广泛与中小学建立馆校合作机制，纷纷建设博物馆教育网络课堂，共同推动全省博物馆青少年教育体验活动项目库的建设与完善。山东博物馆建设重视资源下沉，省博物馆和很多基层博物馆踊跃开展"三下乡"活动，向农村和社区推出形式活泼、参与性强的展览和文物知识普及活动，丰富了人民群众的业余生活。

4. 非国有博物馆异军突起

非国有博物馆的迅速发展极大地丰富了山东博物馆业的种类和展览内容。2020 年，山东非国有博物馆场馆的数量达到 311 家，位居全国首位。目前，山东非国有博物馆在数量上已经超过国有博物馆，占全省博物馆总量的 57%，形成对国有博物馆的有益补充。非国有公共文化场馆（包括非国有博物馆与非国有艺术馆、美术馆等场馆），已经成为山东公共文化服务体系以及山东文化惠民工程的重要载体之一，是山东新时代文化强省建设的宝贵资源。山东非国有博物馆的创办者主要有企业、高校和个人收藏爱好者等，非国有博物馆馆藏内容种类丰富多样，涉及历史、艺术、民俗等多个方面。非国有博物馆在社会上的影响力逐渐增强，一方面，随着山东省非国有博物馆数量的增加，非国有博物馆的文化辐射圈不断扩大。许多非国有博物馆与景区相结合，方便游客在游玩的同时进行参观，有力地发挥了非国有博物馆的休闲娱乐、社会教育等作用。另一方面，山东省非国有博物馆积极参加社会活动，使其在社会上的知名度、影响力不断增强。①

三 山东博物馆业发展的经验做法

1. 创新发展模式，提升服务能力

博物馆以传统节庆和山东文化惠民消费季为契机，举办特色展览，开发

———————

① 孟宝华：《山东省非国有博物馆现状及发展探究》，《大众文艺》2016 年第 8 期。

相关文创产品，创新提高服务质量。通过举办"国际文物保护装备博览会"等，参与国际博物馆业交流。通过与国家文物局和知名文博机构开展项目合作，培养本土人才，山东在金属器、漆木器彩绘保护和大型木构件、纺织品、青铜器等保护修复方面形成专业优势。[①] 寻找博物馆和旅游、会展等行业融合发展的连接点，打造出尼山圣境、齐河博物馆群等一批博物馆旅游精品，吸引更多博物馆加入打造博物馆研学旅游线路，《金声玉振》《神游传奇》等一大批博物馆旅游演艺产品产生较大影响。多数博物馆依托馆藏资源积极开发博物馆文创，设计文创产品共计5600余款。

2. 策划主题展览，提高展陈质量

围绕让文物"活"起来，大力推进博物馆展陈形式的创新。策划于希宁艺术展、刘国松现代水墨艺术展、汉画像石拓片展、烟台市博物馆藏金属胎珐琅器精品展、汉画孔子——画像石拓片展等巡回展出51场。全省有超过100家博物馆加入博物馆"五进"活动，以"流动展览"、大篷车等形式开展"三下乡""常下乡"活动，直接服务人民群众。与德国、美国等国家或地区合作，在济南举办"中德艺术交流展"，配合国家文物局在美国纽约大都会艺术博物馆举办"秦汉文明"特展，通过国际合作丰富展陈内容，提升办展能力。

3. 打造合作平台，整合发展资源

山东博物馆联合济南市博物馆等省内16市博物馆以及孔子博物馆、山东大学博物馆、中国甲午战争博物院、青州博物馆，成立"山东省博物馆联盟"，推进山东博物馆资源整合；制定《山东省博物馆联盟章程》，决定以山东博物馆为主任单位，济南市博物馆等20家博物馆为副主任单位，初步确定了各地会员单位名单；山东省博物馆联盟大会的召开采用轮值主席制。山东省博物馆联盟打造馆际交流合作的全新平台，加强展览交流、人员培训、文创开发、智慧博物馆建设等全方位的合作，凝聚全省文博单

---

① 《"十三五"山东博物馆数量增长71% 初步建成特色博物馆体系》，中国新闻网，http：//www.chinanews.com/cul/2020/12-30/9375292.shtml。

位的力量，共同开创山东省博物馆事业发展的崭新格局。

4. 博物馆融入城市发展

博物馆基础设施建设也是城市建设的重要内容和任务。山东的许多城市把博物馆建设与城市规划、旧城改造及景区建设相结合，以博物馆为媒介，推动城市与人文的结合，通过融入文化、旅游、文创、新媒体等元素，形成博物馆与城市融合发展的新路径。滕州拥有墨子、鲁班、奚仲、毛遂、孟尝君等名人文化和距今约 7500 年的"北辛文化"，在此基础上，滕州积极转换城市发展思路，投入 10 亿多元先后建成龙泉塔（全国重点文物保护单位）、滕州博物馆、滕州汉画像石馆、墨子纪念馆、鲁班纪念馆、墨砚馆，在城市中心逐渐形成"一塔六馆"博物馆集群。博物馆不但提升了城市文化形象，更成为城市新的文化经济增长点。①

四 山东博物馆业发展存在的问题

1. 博物馆有高原无高峰

山东的博物馆虽然目前在数量上排在全国第一位，但是高质量发展不够，与国内先进省份相比，山东省非国有博物馆中没有国家一、二、三级馆，打造精品展览的能力偏弱。山东省各地区博物馆发展不平衡，许多县级地区还没有建起博物馆。山东省非国有博物馆发展不平衡不充分，全省将近一半的场馆集中在青岛、济南、淄博、潍坊等市（见图1）。

2. 博物馆服务社会和大众的能力有待提高

当前博物馆运营主要以政府力量为主，对社会力量和大众参与重视不够。大众缺乏主体意识和保护责任感，对博物馆资源的保护利用意识比较落后。博物馆的利用形式比较单一，博物馆文创、博物馆旅游等研发经营整体水平不高，缺少根据自己的馆藏产品进行的 IP 开发，博物馆服务社会和大众的能力有待提高。故宫博物院文创已经成为现象级的文化产品，文创产品

---

① 赵秋丽等：《山东实现博物馆事业蓬勃发展》，《光明日报》2021 年 1 月 18 日。

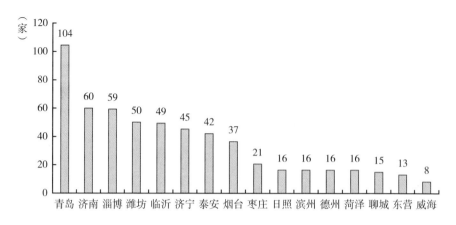

图1　2019年山东博物馆的城市分布情况

资料来源：《2019年度全国博物馆名录》。

不但"飞入寻常百姓家"，更是作为国礼迈出国门，传递着中国文化。山东的博物馆在产业运行方面还比较落后，有些地方博物馆还没有自己的文创产品；在与旅游结合方面，缺乏整体线路和产品规划，没有形成叫得响的博物馆旅游品牌。

3.民营博物馆发展后劲不足

山东许多民营博物馆的发展源于20世纪八九十年代的民间收藏热，民营博物馆起步晚、规模小、藏品单一、受众少。除了先天基础薄弱，民营博物馆还存在一系列的发展困境，因其私人所有性质，收藏内容与管理模式保持着个人色彩，如何将个人行为转换为社会行为也是民营博物馆面临的一大问题。山东有的市、区曾经出台过一些推动非国有博物馆发展的政策措施，但由于省级政策不明朗，各地政策措施的力度普遍偏弱，单一措施无法形成合力。此外，缺少雄厚的财力支撑和技术支持，缺乏市场开发、业务运营等较完善的管理体系都严重制约了民营博物馆的发展和质量的提升。

五　山东博物馆业创新发展对策

习近平总书记对文化建设、旅游发展、文化遗产保护和推动文化旅游融合发展等做出一系列重要论述和重要指示，特别是对山东优秀传统文化传承发展、红色基因传承弘扬等做出重要指示批示，为山东博物馆业创新发展提供了发展方向。"十四五"时期，山东博物馆业发展应该在完善优化博物馆体系、提升博物馆公共服务效能、提高文物保护水平、推进智慧博物馆建设等方面着力。

（一）坚定方向，明确行业发展目标

山东各级党委和政府进一步提高对博物馆业的认识，发挥博物馆对社会、经济、文化发展的促进作用，开发博物馆对城市发展的审美功能，使博物馆成为文化创意实践的新空间。科学谋划博物馆的定位与功能，处理好博物馆与地方政府、资本与社会力量的关系，促进博物馆的良好运行。树立保护文物也是发展的科学理念，统筹好文物保护与地方经济社会发展的关系，重视博物馆建设，广泛动员社会力量参与，努力走出有山东特色的博物馆发展之路。

（二）完善基础设施建设

协调博物馆区域分布，扶持社区、街道等群众身边的博物馆建设，重点向公共文化设施薄弱的区域倾斜，加大对市、县、乡博物馆建设的投入，实现县级博物馆全覆盖，鼓励并支持县域博物馆、纪念馆和文化综合体建设，促进公共文化服务设施建设均等化。提高政府财政对历史类博物馆的提升改造支持，推进重点博物馆建设，提升专题特色博物馆和行业博物馆的展览水平，培育若干有一定影响和特色的非国有示范博物馆。

（三）落实政策，鼓励民营博物馆发展

博物馆提供的公共服务产品具有很强的公益性，政策和财政扶持对博物馆发展起着举足轻重的作用。山东应该出台相关政策及实施细则，加强对国家已有政策的执行落实。借鉴外省经验，设立省、市、区三级财政专项资金，对免费开放的非国有博物馆根据参观人数、规模、开放时间等指标要素给予政策补助。

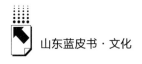

（四）完善博物馆公共服务功能

整合山东省内的馆藏文物资源，打通博物馆地域和级别壁垒，通过联合办展、流动巡回展览等形式，实施"博物馆活态展示工程"，打造山东特色的博物馆服务模式。充分利用大数据、云计算、物联网等新技术推动博物馆数字化，打造"云展览"体系，形成智能共享的博物馆新形态。加强对非国有博物馆建设的引导，避免主题雷同、重复建设。

（五）创新工作机制，促进博物馆事业健康发展

实施山东省非国有博物馆规范化建设工程，以淘汰与激励并举的运作机制，在综合扶持措施上不"撒芝麻盐"，重点扶持两三家品牌博物馆，形成政策引领、龙头带动的示范效应。以市为单位，借鉴高质量发展服务队方式，建立"博物馆特派员"制度，针对创建国家一、二、三级博物馆对馆员数量、科研人员数量、科研成果数量等方面的硬性规定，选派国有博物馆专业技术人员进驻到有需求的非国有博物馆进行定向、对口帮扶。

（六）打造山东博物馆名片

打造"博物馆之都""博物馆特色小镇"等城市文化新名片，培育文博文化产业新亮点，形成儒家文化博物馆、齐文化博物馆、运河文化博物馆、黄河文化博物馆等山东特色博物馆群。以新组建的文旅部门为主体，统筹协调研学游等优质资源，探索文博产业与旅游产业的深度融合，鼓励青岛、淄博打造"博物馆之都""博物馆特色小镇"等城市品牌，将博物馆培育成公共文化事业的重要支柱和文化产业发展的新动能。

参考文献

赵秋丽等：《山东实现博物馆事业蓬勃发展》，《光明日报》2021年1月18日。

刘永孜：《当代西方博物馆的资本与权力更新》，《贵州大学学报》（艺术版）2015年第6期。

《"十三五"山东博物馆数量增长71%　初步建成特色博物馆体系》，中国新闻网，http：//www.chinanews.com/cul/2020/12－30/9375292.shtml。

张依盟：《全省博物馆总量居全国第一》，《大众日报》2021年1月2日。

苏锐：《山东：博物馆变"文化自信课堂"》，《中国文化报》2021年1月20日。

孟宝华：《山东省非国有博物馆现状及发展探究》，《大众文艺》2016年第8期。

B.9
我国公共图书馆文创产品开发现状研究及发展思考

——以山东省图书馆为例

张　茜*

摘　要： 在政策支持的大背景下，国内文创产业呈现蓬勃发展的态势。本文分析了山东省图书馆文创工作新模式，探讨了我国公共图书馆文创产品开发现状和发展过程中存在的问题，并提出发展思路，以期为公共图书馆文创工作提供参考。

关键词： 文创产品　公共图书馆　山东省图书馆

十八大以来，我国政府将加快文化创意产业发展上升为国家重要发展战略，国家对于文创产业发展大力支持，出台了国家层面以及地方政府相关政策、意见及规划。2016年5月，《国务院办公厅转发文化部等部门关于推动文化文物单位文化创意产品开发的若干意见的通知》，明确提出积极稳妥推进文化创意产品开发，开展开办试点单位，试点先行，逐步推进。2017年1月，《文化部办公厅　国家文物局办公室关于开展〈关于推动文化文物单位文化创意产品开发的若干意见〉落实情况阶段性总结的通知》中强调，要将文创产品开发工作纳入试点单位评估定级标准和绩效考核范围，以引起各级部门对文创开发工作的重视。2018年5

---

* 张茜，山东省图书馆馆员，中文图书外借部副主任。

月，山东省文化厅（现山东省文化和旅游厅）《关于推动文化文物单位文化创意产品开发的若干意见》中明确指出，要促进文化创意产业发展，深入发掘文化文物单位馆藏文化资源的价值内涵和文化元素，打造一批叫得响、拿得出的文化文物单位文化创意产品品牌。这些政策文件从顶层设计、全局角度表达了对文创产业这一历史发展新机遇的把握态度，也从局部、地方实践等方面给出了具体的发展措施。

国外图书馆文创产业起步早，经过几十年的发展，在产品创意、生产、营销等方面有丰富经验和成功案例，文创产品收入成为欧美图书馆主要收入来源，已经形成产业链。近年来，国内文创产业兴起，发展最好的文化文物单位当属故宫博物院，从集合百万粉丝、经常卖断货的线上平台，到火遍自媒体的文创产品文案、电视节目，故宫博物院的文创产业迅速发展，2019年全年销售额达到15亿元，并且带动了我国整个博物馆文创产业快速发展。国家战略规划和政策的支持、国外图书馆文创产业的成功、国内博物馆文创产业的蓬勃发展，以及社会大众对文创产品强烈的购买需求，都促使国内公共图书馆加快探索图书馆文创产品开发的步伐。

一　图书馆文创产品的基本概念

笔者在 CNKI 知网数据库中，以主题 = "文化创意产品" AND "图书馆"为检索主题词进行检索（检索时间为 2020 年 8 月 1 日），文献出版限定时间截至 2019 年末，检索的学术研究成果，经筛选共计检索到相关文献206 篇。其中的主要观点集中在政策法规、制度设计、开发模式、资源挖掘、产品设计、推广营销等方面，国内图书馆界就图书馆和文化创意产品两者间的关系展开充分研究，认为图书馆开发文创产品是图书馆创新服务的新举措，是顺应时代的必然结果。

（一）文创产品

文创产品即文化创意产品，指的是依据开发设计者的知识、技能、天赋

和文化积淀，通过现代科学技术，对文化资源进行整合、创新与提升，并通过开发和运用知识产权，产出的高附加值产品。图书馆文创产品依托图书馆特定文化背景和馆藏资源，在融合开发者的知识、智慧、创造力及想象力后，设计、生产出的符合用户需求的商品。

（二）公共图书馆文创产品类型

公共图书馆文创产品，按照用途可分为日常用品类产品、服饰类产品、复制收藏品类产品等；按照产品的载体形态可分为实物产品和虚拟体验产品，也可以称为"硬文创产品"和"软文创产品"；按照图书馆文化元素可分为建筑标志类产品、馆藏特色类产品、人文景观类产品等。

（三）公共图书馆文创产品特点

图书馆深度挖掘自身的馆藏资源和文化特点，利用现代科学技术，结合时代元素，将馆藏特色、历史文化、地方特色等文化元素融入文创产品，推陈出新，开发设计文创产品。图书馆文创产品有以下几个特点：一是时代性，新形势、新载体赋予馆藏资源新的时代特色，图书馆文创把历史文化元素和产品结合起来，把文化内核与大众兴趣统一起来。二是创新性，文创产品的文化附加值越高，创新性越强，在市场上越受追捧。图书馆文创开发依托自身特色文化元素，区别于其他行业领域的文创产品，更能够引起图书馆用户的情感共鸣。三是品牌性，图书馆文创产品是图书馆文化价值的符号，符合品牌的特有性、价值性、长期性、认知性等特征，对图书馆文创产品品牌进行标识和宣传，有利于提升产品价值和受众认可度，形成良好品牌效应，提高图书馆文创产品竞争力。

二 公共图书馆文创产品开发现状

目前，国内图书馆界的文化创意开发工作整体上仍处于起步阶段，国家图书馆是国内最早开展文创产品开发的公共图书馆，大多数省级图书馆紧跟国家政策和形势，纷纷开展文创产品开发业务，图书馆文创领域发展呈现良好的发展态势。

（一）图书馆文创产品的设计方式

一般来说，图书馆文创产品开发的主要设计方法，是从阅读元素、馆藏特色、图书馆主题、地方文化特色、新兴科技等几个方面考虑。

第一，阅读元素类文创产品。深度挖掘图书中的文化内涵，将经典图书中那些深入人心、识别度高的人物形象、故事内容融入文创产品中，引起大众共鸣。例如：费城自由图书馆文创产品中的一款马克杯，就是以《爱丽丝梦游仙境》中的"柴郡猫"为灵感创作的；美国国会图书馆将《麦田里的守望者》等200多张初版书籍全彩封面配以木质盒，编制成卡片目录套装；国家图书馆以状元、公主、哪吒等形象为原型，衍生出公家卡、书签等数十类文化创意产品。

第二，馆藏特色是图书馆文创产品开发的重要设计元素来源，一向被各图书馆视为珍宝的古籍善本兼具文化价值与收藏价值，把典籍里的精髓通过创意设计形式展现出来，是传播中国优秀传统文化的一个重要形式。如国家图书馆制作出版的《国图日历·2017·本草养年》，取材自馆藏明代彩绘孤本《食物本草》；开发的"知行笔记"系列产品，取材自馆藏明代思想家王阳明的《传习录》。

山东省图书馆（下文简称"鲁图"）藏书规模日益丰富，现有馆藏文献670余万件，形成了特色鲜明的藏书体系，其中的海源阁专藏、易经专藏、山东地方志等馆藏为海内翘楚。鲁图以《木兰秋狝图》《十美图》《翎毛画册》等珍贵馆藏古籍文献为设计元素，开发文创产品，发行了限量版影印图书《十美图》《圣谕像解》《齐鲁儒学文献珍本丛刊》等；创作了花容木镜、活字印刷魔方、鲁班锁等蕴含丰富传统文化元素的文创产品。

第三，"图书馆主题"文创产品。对图书馆主题的文化元素进行挖掘、整合与提取，将图书馆的建筑、标志、馆史故事、人物等元素与日常用品结合，转化为满足大众购买需求和精神需求的文创产品。如山东省图书馆以本馆建筑元素"尼山书院"、"奎虚书藏"或"馆藏印章"、"瓦当"、"织锦图案"等器物为创作主题，创作了文具、雕刻以及部分生活用品等具有鲁图特色的产品；作为建馆百余年的鲁图，有着历经沉浮的厚重历史，现有的馆藏文献是几代人冒着炮火、呕心沥血、辛勤访问保存下来的珍贵宝藏，这也成为鲁图人引以为豪的资本。研发人员可将鲁图发展史上的传奇故事经过艺术设计加工，融入文创产品中，把鲁图设定为一个魅力的文化形象推向大众。

第四，"地方文化特色"文创产品。公共图书馆从地方文化中挖掘创意元素，开发具有地域性、传承性、特色性的文创产品，充分发挥其传承传播地方文化的职能。如四川省图书馆开发的文创产品"杜甫与熊猫"，软萌可爱，一经推出就备受关注和好评，是文创产品融合地域特色文化较好的案例。

第五，新兴科技类"软文创产品"。"软文创产品"指的是没有实物载体的高科技虚拟体验文创产品。在"互联网 +"的时代背景下，人们的生活、工作大多要通过互联网、电子产品实现。利用现代科学技术，开发线上文创产品，是适应时代发展的必然趋势。可以开发图书馆线上产品以推广馆藏文献、介绍馆藏古籍善本、科普知识，让民众足不出户，通过手机就可浏览了解图书馆、使用图书馆。

（二）图书馆文创产品的开发模式

文创产品主要开发模式有自主开发、合作开发、授权开发三种。

第一，自主开发模式。图书馆自主开发是指文创产品的设计、生产、营销、销售，从投入到产出，各个环节主要依靠自身人力资源，自负盈亏。由于所涉的环节众多，图书馆往往需要成立隶属于图书馆的企业、专门的部门或者工作小组，进行文创产品开发。由于国内多数公共图书馆属于公益事业单位，经费投入由政府支持，所得收入依法上缴国库，实行"收支两条线"的管理方式，国内只有少数公共图书馆可以成立隶属企业进行文创产品开发，如国家图书馆成立了北京北图文化发展中心、北京国图创新文化服务有限公司，金陵图书馆成立了南京图策文化创意有限公司。

第二，合作开发模式。图书馆利用知识产权作价入股、投资设立企业等多种方式，采取合作制、项目制等工作模式，与社会力量合作开发文创产品，即由图书馆与合作方共同开发产品，研发人员与专家研究提出文创产品的设计要求，图书馆提供学术支持，合作方提供技术支持，由合作方完成产品的设计、制作、生产、营销等环节。

山东省图书馆从当地政府政策和本馆实际出发，积极推动与高校、企业等社会力量合作，探索构建科学全面的文创产品开发运营模式。2019年7月，山东省图书馆与社会力量合作创建"文创空间"，设置了文创产品展示平台和读者创意体验平台，其功能主要包括创意研发、产品展示和文创体验。山东省图书馆积极探索"图书馆＋高校"的文创开发合作模式，与山东艺术学院、齐鲁工业大学等7所专业院校进行合作，联合举办文创设计大赛，征集设计作品，并将优秀获奖作品进行生产、销售。文创大赛依托本馆资源，深入挖掘文化内涵，兼顾点面结合的产品开发思路，既进行集中性的特色开发，又进行系统性的全面发展，将百年鲁图与现代人的生活接轨，让大众文化消费者更广泛地体会文献的魅力。

第三，授权开发模式。图书馆文创产品授权是指将图书馆的文献、品牌等授权给被授权方，由其进行文创产品设计、生产、营销等，并支付给图书馆相关报酬，可以分为直接授权、委托授权和综合授权等模式。如2018年，"全国图书馆文化创意产品开发联盟"以授权的模式与上海自贸区国际艺术品交易中心合作，打造销售平台。

（三）图书馆文创产品的营销模式

第一，线下营销模式。图书馆文创产品线下营销以文创空间、文化场所、旅游景点、商业街实体店等作为实体销售的主要渠道，同时通过举办主题展览，开发展览的衍生品等方式进行营销。

第二，线上营销模式。一是图书馆文创产品利用网络销售平台进行销售，如国家图书馆"国图旺店"淘宝店于2017年"上线"，商品总数近700种，还有12种电子产品，一年的经营收入达5900多万元，已经实现盈利，处于行业前沿。二是图书馆利用官方微信公众号、官方微博、短视频及网络直播等新媒体对文创产品进行营销推广。近几年，公共图书馆广泛利用新媒体进行宣传推广工作，但是很少利用新媒体进行图书馆文创推广营销。与线下营销方式相比，成功的线上营销方案更能吸引年轻消费群体，为图书馆文创产品吸引客户流量。博物馆界的"故宫猫""故宫口红"等成功的网络营销案例，为图书馆行业文创产品营销提供了很好的经验。

（四）图书馆文创产品的联盟模式

2017年，国家图书馆联合多家省级公共图书馆，成立了"全国图书馆文化创意产品开发联盟"。截至2019年1月，成员馆达到116家，共同打造了图书馆文创产品"开发一体化平台"和"联盟天猫旗舰店"。由国家图书馆生产销售的同一款产品，如芥子园画传记事本，在联盟天猫旗舰店的销量是国图天猫旗舰店销量的10倍，凸显协同发展的作用。该联盟为图书馆界文创起步晚、规模小等问题研究解决方案，并且致力于图书馆文创走向产业化。

（五）图书馆文创产品的大赛模式

国内大多数省级公共图书馆通过参与或独自举办文创产品设计大赛的形式，作为开启本馆文化创意产品开发工作的切入点，如中国图书馆学会与国家古籍保护中心共同主办的"我与中华古籍"创客大赛、国家图书馆"北图杯"设计大赛、广西壮族自治区图书馆首届文创产品设计大赛、晋中市首届非遗文化旅游创意作品大赛等。

2018年8月，山东省图书馆举办首届文创设计大赛，面向全社会公开征集文化创意产品设计，最终接收投稿达1451余件。鲁图为此次设计大赛提供创意资源和学术支持，将馆藏文献资源进行数字化分类整理，特别是提供了《十美图》《木兰秋狝图》等馆藏珍贵古籍的影像资料，帮助设计者们更好地了解大赛主旨，将馆藏资源进行创意转化。大赛的评审委员会由省内高校和图书馆界专家组成，评审过程分为形式审查、创意评估、开发前景三个阶段，结合参赛作品的特色性、艺术性、实用性，最终评选出二等奖5个，三等奖10个，优秀奖30个及入围奖100个，一等奖空缺。大赛举办了为期两个月的巡展，并在展览期间进行了网络投票和现场问卷调查。依据投票和问卷数据的统计分析结果和专业市场前景评估，决定将获奖名次最高的"木兰秋狝"文创作品重新包装后投入生产，最终推向市场。

三 公共图书馆文创产品发展的制约因素

（一）政策法规不完善

大部分公共图书馆如山东省图书馆属于财政全额拨款的公益事业单位，其创收效益全额上缴政府财政，不能成立馆属企业。目前，仅有国家图书馆等少数图书馆可以建立隶属企业。国家和地方政府虽然出台了一系列的政策支持图书馆文创开发，但是真正落地的地方性扶持政策并不完善。

（二）资金不足

大部分图书馆开发文创产品的专项资金不足，文创产业创收后的资金使用问题也没有明确详细的政策法规。地方性政策的缺乏和管理体制的弊端，使很多公共图书馆文创产品开发工作不能顺畅开展。

（三）产品创意不足

文创产品创意不足、品质不高、设计"平面化"以及缺乏新兴科技产品是文创开发领域普遍面临的问题。现代社会，人们在生活、工作学习的方方面面越来越依赖网络和移动终端，高新科技正在改变着人们的生活方式。图书馆文创产品中，科技产品占比很少。很多文创产品只是单纯地将馆藏元

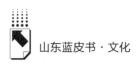

素印在挎包等物品上，或者只是馆藏资源的复制品、衍生品，缺乏创新力、表现力和吸引力，这些问题使产品缺乏市场竞争力，也是造成图书馆文创产品开发瓶颈现象的主要原因。

（四）重产不重销

目前大部分图书馆纷纷拿出自己的文创产品，但是除了国家图书馆等少数图书馆的文创产品销售良好，国内多数图书馆的文创产品经营情况不理想，销售渠道不顺畅，处于不盈利或者亏损状态，且销售大多局限于线下实体店，销售对象仍以本馆读者为主。文创产品作为旅游产品的属性很少被挖掘，而游客对文创产品更具有购买兴趣，却无法广泛接触到这种特色文化产品。这种需求和供给的不平衡直接造成了图书馆文创产品的滞销和浪费。由于销售不理想，很多图书馆的文创产品多被图书馆用来作为非营利性质的纪念品或者礼品。

结　语

国内大多数公共图书馆已经开展文创产品开发工作，并纷纷拿出自己的产品，但是大众对图书馆文创产品的反映不温不火。品质不高、特征不足、产销不顺畅，是当下图书馆文创领域普遍存在的问题。图书馆文创产品开发仍然处于起步摸索阶段。图书馆界针对文创产品开发中的机制、设计、营销等方面出现的问题，积极研究和探索解决的方法和途径，相信经过前期的摸索实践，公共图书馆文创产品开发会逐渐走向良性发展。

参考文献

中国人大网：《中华人民共和国公共图书馆法》，（2018 年 11 月 5 日），http：//www. npc. gov. cn/npc/c12435/201811/3885276ceafc4ed788695 e8c45c55dcc. shtml。

中央人民政府网：《关于推动文化文物单位文化创意产品开发的若干意见》，（2016年5月6日），http：//www. gov. cn/xinwen/2016 –05/16/content_ 5073762. htm。

山东省文化和旅游厅网：《关于推动文化文物单位文化创意产品开发的若干意见》，（2018 年 6 月 1 日），http：//whhly. shandong. gov. cn/art/2018/6/1/art _ 100579 _ 7257749. html。

莫晓霞：《图书馆文化创意产品开发探讨》，《图书馆建设》2016 年第 10 期。

马祥涛：《关于图书馆与文创产业发展、文创产品开发的思考》，《山东省图书馆学刊》2017 年第 1 期。

山东省图书馆网：《鲁图概况》，（2017 年 5 月 29 日），http：//www. sdlib. com。

李平：《英国图书馆文化创意产品开发实践研究》，《图书馆学研究》2018 年第 16 期。

中国新闻网：《全国图书馆文化创意产品开发联盟成立》，（2017 年 9 月 12 日），http：//www. chinanews. com/cul/2017/09 –12/8328706. shtml。

山东省图书馆网：《首届山东省公共文化机构文创大赛启动》，（2020 年 7 月 20 日），http：//www. sdlib. com/articles/ch00086/202007/be8383ae – 6ec5 – 4301 – 8656 – 874d93ecdbbe. shtml。

典型案例篇
Typical Cases Section

B.10
济南马术业创新发展研究报告

蒋晓琼　刘俐敏*

摘　要：　马术运动作为唯一一个人与动物配合完成的奥运项目，在国内发展迅速。济南市马术运动在山东省马术发展中一直处于领先地位，无论是马术训练与教学、马术赛事、马术推广、骑手及学员数量，还是国际交流与合作等方面都有巨大的发展潜力。济南打造以时尚、休闲、健康生活为核心，以马术运动和马文化为元素，以酒庄、民宿为载体，以马术赛事嘉年华为亮点的休闲娱乐产业。济南马术协会以马术行业人才培养为基础和后盾，探索马术培训、马术赛事、酒庄和民宿等为一体的时尚健康休闲产业发展新路径。

关键词：　马术产业　马文化　休闲体育

---
* 蒋晓琼，山东爱马人马术俱乐部总经理，山东体育学院爱马人国际马术学院创始人副院长，济南马术协会副会长；刘俐敏，山东爱马人马术俱乐部课程研发部部长。

一 济南马术业发展现状

2008 年北京奥运会以来，马术运动在国内快速发展，截至 2019 年 8 月 31 日，中国马术俱乐部近三年的数量分别是 1452、1802、2160，年均增长近两成，尤其以华东地区发展最快。[①] 从马术俱乐部的区域分布来看，华东地区俱乐部数量占全国马术俱乐部总比例 32.48%,[②] 其中山东马术俱乐部数量达到 122 家，居于首位。济南市马术运动在山东马术行业发展中位置突出，无论在马术训练与教学、马术赛事、马术推广、骑手及学员数量方面，还是国际交流与合作等方面，济南马术运动都位居全省前列。

（一）区域性马术运动赛事品牌凸显

为促进济南市马术运动发展，推动各马术俱乐部之间合作协同发展，提高济南市马术运动水平，济南市于 2013 年成立济南市马术协会。在济南市体育局、济南市体育总会的支持下，济南市马术协会自 2016 年起，打造了"济南市马术锦标赛"和"济南市马术联赛"两项马术品牌赛事。自赛事启动以来，已经举办了四届济南市马术锦标赛，即 2016 年中国马术协会场地障碍项目通级考核暨济南市首届青少年马术锦标赛，2017 年中国马术协会场地障碍通级考核暨"体彩杯"济南市第二届青少年马术锦标赛，2018 年济南市第三届青少年锦标赛暨济南市青少年马术队、省运会济南马术代表队选拔赛，2019 年济南市第四届马术锦标赛暨山东省马术锦标赛济南代表队团体项目选拔赛。济南马术协会举办了两届 3 站济南市马术联赛，即 2019 年济南市马术联赛山东爱马人马术俱乐部站、2019 年济南市马术联赛山东省青少年宫常青营地站暨第二十届济南市少年儿童七项技能大赛马术项目、2020 年济南市马术联赛山东骏腾马术俱乐部站暨山东省第二十五届山东省

---

① 吴辉、沈世伟：《国内外马术休闲研究进展》，《特区经济》2020 年第 1 期，第 137 ～ 140 页。
② 《马术》杂志：《2019 年中国马术行业发展状况调查报告》，《马术》2019 年第 12 期。

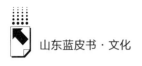

运动会马术项目济南选拔赛。

济南市马术锦标赛与济南市马术联赛的参赛人马组合总体呈现波动上升的趋势。自2016年济南市马术锦标赛的61对人马组合到2020年济南市马术联赛的近150对，增长了一倍多，表明济南市马术运动的参与者、骑手、爱好者逐年增多，参赛意识逐渐增强。济南市各俱乐部承办济南市本地马术赛事的积极性增强，从刚开始的一家马术俱乐部承办，进展到现在的4家马术俱乐部承办。人民群众对马术赛事的认可度逐渐提升，以山东爱马人马术俱乐部和山东骏腾马术俱乐部为例，这两个俱乐部参加济南市马术锦标赛和济南市马术联赛的人马组合逐年上升，山东爱马人马术俱乐部从2018年的28对人马组合升至2020年的40对，山东骏腾马术俱乐部从2018年的26对人马组合升至2020年的44对人马组合。马术赛事项目增多并趋于专业化，从2017年的最少1个大项（场地障碍）3个小项（地杆赛、30～50cm级别、70～90cm级别），发展到2019年最多2个大项（场地障碍与盛装舞步）7个小项（场地障碍：地杆、30cm级别、60cm级别、90cm级别。盛装舞步：中马协舞步初三级、初二级、中三级）。

（二）青少年马术运动深入推广

青少年是未来马术运动发展的基础。为使更多的青少年接触到马术运动，了解马术基础知识与文化，推广马术运动，自2017年起，济南马术协会先后进入外海实验学校、济南市龙奥学校、山东大学青少年国学班、济南市凤鸣小学、济南市胜利大街学校、济南市燕山学校以及天山外国语学校等7家中小学进行马术实践课、马术公开课、马术兴趣课堂等形式多样的马术进校园活动，并为外海实验学校和天山外国语学校成立了校园马术队，使更多的孩子可以持续性地接触到马术运动。

济南市青少年马术队的成立，为济南市青少年骑手技术切磋交流搭建了平台。2017年11月18日，济南马术协会在济南市第二届青少年马术锦标赛中，选取各项比赛的前三名，总计9名来自济南市各马术俱乐部的青少年骑手，正式成立济南市青少年马术队，作为济南市青少年马术的第一支队伍。2018 年 6 月 3 日，济南市青少年马术队补入 8 名队员，截至目前，济南市青少年马术队总计有队员 17 名，展现出济南市青少年马术爱好者的骑士风采。济南市青少年马术队成立以后，先后代表济南参加了山东省第二十四届运动会马术（表演）比赛、2018 年中日韩蒙青少年马术邀请赛和山东省首届马术锦标赛，并取得了较好的赛事成绩。

（三）本土化行业标准日渐规范

自 2008 年北京奥运会以来，马术运动在中国经过十余年的发展，逐渐走向大众，马术从业者、爱好者、骑手逐渐增多，对于马术运动各项标准的要求也在逐渐提高，但是目前国内马术运动的行业标准仍旧处于探索阶段。为了服务于济南市本地马术运动，促进济南市马术运动发展，填补国内马术行业标准的部分空白，结合济南市马术运动的实际发展情况，济南市马术协会经过 7 年的探索，结合德、法、英等国的骑手等级体系，根据国内马术运动发展初级阶段，组织聘请行业专家，研发、实践、修正，逐步形成并于 2017 年推出了《济南市马术协会骑手等级认证体系》，并在济南市 20 多所中小学进行推广。截至目前，全市范围内已经有 400 多名青少年学生经过学习、考核，获得了由济南市马术协会颁发的骑手等级证书。《济南市马术协会骑手等级认证体系》包含如下两大部分：一部分是《济南市青少年马术等级认证》，共有四个级别，适用于青少年骑手的初级学习阶段，有助于培养孩子的自信心。另一部分是《济南市骑手等级认证》，共有十个级别，为青少年骑手更加深入地马术学习而设定，同时也为成人骑手获得等级认证提供渠道。

（四）专业人才规模不断扩大

1. 校企合作模式推动马术从业人员素质水平提高

马术运动在国内已发展十余年，但是马术从业人员的技术水平和文化程度一直偏低，这在很大程度上制约了马术行业的发展。正是看到了这一问题，山东爱马人马术俱乐部与高校合作联合培养马术人才，与山东体育学院合作成立"山东体育学院爱马人国际马术学院"，这是国内首个开设马术专业的本科院校，为马术行业输送了大量的优秀人才。校企合作模式成为济南马术运动专业人才培养的有益尝试。

第一，初步探索。2013年在山东体育学院开设马术选修课程，通过马术选修课使院校内学生接触到马术、认识马术、了解马术行业。山东爱马人马术俱乐部协助山东体育学院学生成立全国第一个大学生马术社团——山东体育学院马术社团，使马术延伸到学生们的日常生活和兴趣爱好中，全校几千名学生共同认识并参与马术运动。2014年底，山东爱马人马术俱乐部正式挂牌"山东体育学院休闲体育专业教育实习基地"。2015年初，山东体育学院的6名毕业生经培训获得山东爱马人马术俱乐部马术专业结业证书，成为山东省首批获得马术专业结业证书的大学生，这是校企联合办学的一次重要尝试，也是高校开展马术教育的一次重要尝试。

第二，项目推动。2017年5月山东体育学院与山东爱马人马术俱乐部携手，与法国国家马术学院、法国索米尔市政府、烟台蓬莱市政府"五方协同"，共建山东体育学院爱马人国际马术学院，实现校企、校政、校校、国际新型合作组织形式，不断优化育人环境，积极构建国际化专业性马术人才培养平台。2018年由山东体育学院选送、山东体育学院爱马人国际马术学院老师指导、山东体育学院凌风马术社团管延玺等4位同学合作完成的作品《星空不孤单》在2018年"创青春"·海尔山东省大学生创业大赛中斩获公益创业赛铜奖。

第三，探索与磨合。山东体育学院爱马人国际马术学院于2018年9月份正式招生开班授课，计划每年招生40人。目前学院有2018级、2019级和2020级共120名学生，其中有5名国家二级马术运动员。作为全国第一个开设马术专业本科学历教育课程的体育类院校，山东体育学院爱马人国际马术学院肩负着更大的使命。学院成立以来，不断对接市场需求，了解学生动向和职业规划，不断完善人才培养及学历教育课程，不断提供实习实践机会，教育与实践相结合，做马术教育的先行者。2018年山东省体育总会、山东体育学院、山东爱马人马术俱乐部协同研究创作，以"对接需求协同创新聚集特色塑造中国休闲体育专业品牌"荣获山东省省级教学成果二等奖。

第四，明确目标定位。秉承"对接需求、协同创新、集聚特色"的发展理念，结合学校建设特色鲜明的应用型高水平专业体育院校的办学定位，依据国家和山东省经济与社会发展需要，以及马术运动相关行业对人才培养的现实需求，面向山东，辐射全国，培养具有职业素养、人文底蕴和社会责任感，马术基本理论知识和运动专项技能强的复合型人才，重点培养能够在俱乐部、赛事公司、协会组织、推广机构等马术运动相关领域中，从事马术运动教学指导、马术赛事策划与组织、马术俱乐部经营与管理、马术运动宣传与推广等方面的应用型人才。

2. 行业培训辐射范围广

院校高素质人才培养，与行业培训并重，有效提升现有行业从业人员马术技术知识水平。济南市马术协会一直致力于推动济南马术运动向前向好发展，自2015年开始进行马术裁判员教练员培训，2015年11月，开展济南市马术协会国家二级马术裁判员培训；2018年2月，济南市马术协会国家二级马术裁判员培训；2018年4月，济南市马术协会教练员公益培训；2019年8月，济南市马术协会教练员公益培训活动；2019年9月，中马协裁判员培训山东济南站，迄今已经完成500人次的培训。

（五）国际交流与合作成效显著

现代马术起源于英国，一直是西方世界的传统优势项目，发展时间长、技术先进、理念与体系完善，开展国际交流与合作是快速提升本土马术运动水平的关键。山东爱马人马术俱乐部在对外国际交流方面一直走在全省前列，是山东第一个聘请外籍教练的马术俱乐部。山东爱马人马术俱乐部先后5年聘请德国大师级马术教练骑手Rene先生在俱乐部从事马术教练员培训、马匹尤其是国产马调教训练、骑手训练等工作，为俱乐部培训出多批专业优秀的马术教练员、骑手和马匹。持续开展国际马术夏令营，如2016年法国马术夏令营、2018年黑骑士马术夏令营、2018年澳大利亚游学拓

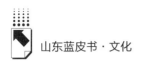

展营、2019 年比利时 SPITS 马术青训营、2019 年法国索米尔马术夏令营，为青少年接触国际马术运动创造条件。与法国国家马术学院合作成立山东体育学院爱马人国际马术学院，每年选拔一定比例的优秀学生交流至法国国家马术学院学习深造。推选俱乐部优秀青少年骑手参加国际马术赛事——中日韩蒙马术赛事，并取得了最佳团体奖和盛装舞步、70cm 障碍接力赛亚军的好成绩。

二 济南马术业发展的制约因素

（一）用地问题缺乏相关政策法规指导

土地问题是制约马术发展的障碍之一，场地建设审批难、门槛高，很多俱乐部因为选址及改建问题遇到发展瓶颈。自 2008 年北京奥运会之后，国内的马术运动蓬勃发展，新建了很多马术俱乐部。在所有已经列入奥运会的体育运动项目中，马术是唯一需要人与动物相互配合完成的运动项目依据 2012 年 1 月 1 日实施的《城市用地分类与规划建设用地标准》（GB50137 - 2011），马术运动的用地，属于建设用地，具体来说，属于建设用地其中的商业服务业设施用地（其中的）——娱乐康体用地（其中的）——康体用地（编码 B32），"适用于单独设置的高尔夫练习场、赛马场、溜冰场、跳伞场、摩托车场、射击场，以及水上运动的陆域部分等用地"，这一规定限制了马术俱乐部的场地建设，如果使用正规建设用地，成本太高，俱乐部很难承担，因此许多术俱乐部租用手续较为简便、成本较低的农地，用地方式不规范。即使建好俱乐部在办理营业执照方面也存在很大困难，营业执照经营范围中缺少"马术运动"这一类别。

（二）马术运动的群众基础薄弱

尽管我国马文化历史悠久内涵丰富且辉煌灿烂，且近些年国内马产业发展势头良好，但是对于马文化的开发和保护意识薄弱。一般民众对马文化、对马产生比较陌生感,仅有的对于马、马文化的认识,来自影视剧、书本或童年的印象。且自现代马术进入中国以来,就一直以"贵族运动"而被人众所认知,这使很多人产生了学习或参与马术运动价格昂贵的普遍印象,望而却步。现今,尽管国内已经有了非常多的马术俱乐部,但真正想学习马术,了解马文化的人很少。[①]

(三)高素质专业人才缺乏

从整体上看,从事马术运动的工作的人员素质水平不高。高素质的马术人才是推动马产业、马术向前发展的关键因素之一。钉蹄师、饲养人员、马工、马兽医、驯马师、马房管理人员等,都是需要扎实的专业知识和实践操作经验的,并且这些都是与"马"这一马产业核心因素息息相关的人员。目前这类人员在我国多数是以师傅传授徒弟的形式存在,在院校内系统专业教授的少之又少,尽管像武汉商学院、内蒙古农业大学、中国农业大学、青岛农业大学、山东体育学院等院校相继开设了马术相关的专业,但我国需要的专业马术人才大约十万,而每年培养的马术专业的学生只有约一万人[②],远远满足不了市场需求,这在很大程度上制约了我国马产业、马术的系统性和专业性。目前,济南市共有 8 家马术俱乐部,但只有一家有固定驻马场的钉蹄师,并且该钉蹄师服务于整个济南的马术俱乐部,也只有一家马术俱乐部的工作人员、教练员的学历水平能够达到 90%以上是本科,且是马术相关专业出身。济南的马术俱乐部均没有聘请固定的马兽医,而专业的驯马师更是没有,培养高素质的专业马术人才刻不容缓。

---

① 钱红军、沈震:《我国马术旅游发展现状与对策研究》,《休闲》2019 年第 4 期,第 45 ~ 45 页。

② 苏艳红、程程:《从中西方马术对比浅谈中国马术发展》,《湖北体育科技》2018 年第 37 (10)期,第 47 ~ 50 页。

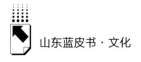

（四）俱乐部经营形式单一

马术俱乐部是马产业的核心部分，也是马术运动的主要载体。马术俱乐部有自身的产业链结构，包括文化、娱乐、体育以及畜牧业等，涉及销售、展览、赛事、养殖以及人才培养等内容，若能使该产业链得以构建，其带动的经济效益难以忽视。[①] 但是目前我国许多马术俱乐部在经营管理上具有很大的随意性和盲目性，没有找准自己的定位和发展方向，皆是参考借鉴其他俱乐部的发展模式，即在基础的经营模式中融入较多训练、培训、健身、商务、娱乐以及其他高档服务等内容。发展模式趋同，别人发展什么我们就发展什么，最终导致了大多数马术俱乐部都采用类似甚至一个模式，很大程度上失去了俱乐部自身的特色。俱乐部之间的同质化竞争，限制了济南马术运动的可持续发展。

（五）建设和运营成本高

马术俱乐部建设和运营成本高昂是制约马术运动发展的重要因素。与其他体育项目不同的是，马术运动是奥运项目中唯一一个人与动物配合完成的项目，所以马术运动会涉及俱乐部运营前期的选址、建设，运营过程中的马匹买卖，其中血统优良、竞赛水平高、教学能力强的马，价格尤为高；马匹繁育、饲养、日常护理，兽医、钉蹄师的聘请以及马具和骑乘用具采购等诸多环节的花费亦是不菲；还有持续上涨的人员、水电等费用。而且，马术运动受天气和季节影响十分明显，雨雪天和气温过高或低都会影响运营，大多数消费主要集中在天气晴朗的周末和节假日，平常的马术俱乐部的场地、设备、马匹的利用率很低，经常处于闲置或半闲置状态，因而收益大受影响。[②]

---

① 乔杨：《我国马术俱乐部发展现状分析及相关策略研究》，《现代商业》2016 年第 9 期，第 171～172 页。

② 鄢婷、沈世伟、涂若心：《中国马术俱乐部实证研究》，《湖州师范学院学报》2011 年第 2 期，第 95～100 页。

三 济南马术业创新发展对策

（一）探索马产业的休闲娱乐发展新模式

为实现马术竞赛表演、健身休闲与文化旅游等融合发展，济南计划打造以马为核心元素的休闲娱乐品牌，形成集马、马术训练、马术赛事、酒庄和民宿等于一体的健康休闲综合产业。以时尚、休闲、健康生活为核心，以马、马文化为元素，以酒庄、民宿为载体，以马术赛事嘉年华为亮点，带动产业发展，努力将其打造为济南甚至山东的一张靓丽名片。马术赛事与文化、美食、音乐、休闲运动、时尚品牌等的融合，推动"马术＋互联网＋赛事"的融合发展模式、马术嘉年华休闲体育模式，满足人们对马术运动了解的需求以及对高品质生活的需求，通过丰富多彩的项目推动马术运动，还原马术运动的群众基础。

（二）打造民众接受度高的马术赛事品牌

打造人民群众喜爱的赛事，拓展马术运动的群众基础，是济南马术业创新发展重要途径。首先，赛事项目的多样化。在保证马术赛事专业性的前提下，增多赛事项目，而不是仅仅局限于国际马联的赛事项目。例如，将马术赛事分为专业组、业余组与社会组。专业组即国际马联赛事项目，也是赛事的正式项目，针对的是济南市马术协会的正式注册骑手。针对非济南市马术协会注册骑手的基础马术学员开展业余组比赛项目，既包括国际马联项目，也包括一些趣味性较强的马术赛事。社会组赛事项目则是与马有关的趣味赛事、亲子赛事或异装赛事，目的是增加赛事的参与度。其次，赛事休闲娱乐化。赛事休闲娱乐化，即马术赛事将不仅仅只是马术赛事。在保证赛事专业性的前提下，将赛事休闲娱乐化，将会给赛事带来更多地参与人群、更高的效益，给人们一个休闲娱乐的去处，使更多的人接触到马术运动，喜爱马术运动，参与马术运动。将马术赛事融合游园会、异装秀、马车巡游、马术表演、马文化主题音乐节等元素，以赛带人，丰富人们的日常生活，满足人民群众对美好生活的需求。最后，赛事制度化、常态化。为了更好地发展济南市马术锦标赛与济南市马术联赛，需要将锦标赛与联赛的相关制度进行完善，例如举办和承办的规定、联赛在济南各俱乐部流转的制度等。马术赛事举办的常态化，使赛事品牌知名度进一步扩大。

（三）形成稳定高效的人才培养与输出模式

国内已有不少高校开设马术相关专业，培养专业马术人才。但是马术运动仍然很难被大多数学生所接受，主要原因是考虑到毕业后的就业问题，其不如传统专业稳定有保障，如工资待遇等方面。而德国每十个人中就有一个人从事着和马术有关的职业。[①] 尽管山东体育学院爱马人国际马术学院采取的是校企合作的培养模式，双主体办学教学，计划培养应用型的专业马术人才。有不少企业表示学院培养的学生毕业后可以到其企业就职，但是毕业后的去向最终由学生自身决定，且企业的就业待遇和保障难以确定，所以在未来的培养过程中，需要探索出一条能够给予学生就业选择、保证就业质量、实现人才培养目的的途径，稳定高效的人才培养与输出模式至关重要。

（四）培育俱乐部的核心竞争力、形成差异化优势

由于国内大多数马术俱乐部仍处于探索发展的阶段，对自身优势与发展定位不明确，不同层次俱乐部提供的服务相同，而消费上却存在很大差异，这使俱乐部缺乏竞争力。俱乐部应保持对外发现探索的同时，结合俱乐部自身地理位置、人员组成、周边资源等方面，向内寻找自身特色，将特色优势放大，形成自己的核心优势，从而确定发展目标，有利于俱乐部效益提升。以山东爱马人马术俱乐部为例，其地处济南市遥墙机场附近，距离市区较

---

① 苏艳红、程程：《从中西方马术对比浅谈中国马术发展》，《湖北体育科技》2018 年第 10 期，第 47 ~ 50 页。

远，来往上课并不便利；但是它周边环境较为安静且田园特色明显、空气清新，俱乐部任职工作人员、教练员整体学历水平及文化素养较高，接受过正规马术体系培训。如何挖掘自身的优势，形成差异化的竞争力，是未来马术俱乐部应该重点考虑的发展方向。

（五）探索马术运动的德育功能

人正方能驭马。济南马协与山东爱马人马术俱乐部研发青少年马术课程，把马术运动与国学融合，与课堂教学结合，马术理论课程与实践课程结合，自2013年开始推行"马术进课堂"，让更多的青少年通过了解马、认识马、照顾马、驾驭马，接触自然与动物，培养爱心与责任，锻炼胆量与思考能力，磨炼意志与心智，学会担当，成为正人驭马者。

（六）拓宽宣传渠道、提高宣传质量

《2018年中国马术行业发展状况调查报告》显示，虽然近年来随着线上自媒体的发展，媒体传播渠道有一定的拓展，但还是相对单一和分散，且内容质量参差不齐。马术行业发展既要注重赛事和俱乐部的商业化程度、人才培养，还要重视媒体的宣传推广，培养宣传团队，抓准宣传点，提高宣传质量，加大宣传力度，树立品牌形象，引起人们的关注和兴趣，使更多的人参与到马术运动中来，在提高经济效益的同时，推广马术运动。增加城市用地和配建比例，离市区近一点，是对马术运动最好的宣传方式。

参考文献

苏艳红、程程：《从中西方马术对比浅谈中国马术发展》，《湖北体育科技》第2018年第10期。

鄢婷、沈世伟、涂若心：《中国马术俱乐部实证研究》，《湖州师范学院学报》2011年2期。

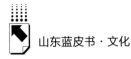

乔杨：《我国马术俱乐部发展现状分析及相关策略研究》，《现代商业》2016年第9期。

钱红军、沈震：《我国马术旅游发展现状与对策研究》，《休闲》2019年第4期，第45~45页。

李子欢：《如何解决马术运动的用地问题》，《马术》2019年第4期。

吴辉、沈世伟：《国内外马术休闲研究进展》，《特区经济》2020年第1期。

B.11
助力社区文化建设，创建社区
文化服务新模板

——以济南市国际合唱节为例

杜玉梅*

摘　要：　济南市国际合唱节是由济南市委宣传部、市文联等多部门联合主办的群众性文化活动，是济南市重点打造的知名文化品牌。7年来，在深入社区推广合唱艺术的过程中，济南市国际合唱节以基层党建为引领，以艺术提升为抓手，以志愿服务为载体，紧紧依靠组织和阵地建设，通过培养社区文艺骨干、培育群众艺术审美，切实把文化节会与"寓乐于民"结合起来，把文化惠民落到实处。涵养社区特色文化、营造社区和谐氛围，济南市国际合唱节走出一条文化品牌助力社区文化建设的新路子，探索出一套可借鉴、可复制、可推广的社区文化建设新模式。

关键词：　城市文化品牌　社区文化建设　济南市国际合唱节

济南市国际合唱节是由济南市委宣传部、市文联等部门联合主办的群众性文化活动。7年来，吸引了来自国内外1000余支合唱团、3万余名合唱爱好者参与展演，多次被评为"影响济南年度文化事件"，成为展示济南美好

＊　杜玉梅，山东社会科学院文化研究所副研究员，研究方向为地域文化与文学、城市文化。

城市形象的文化品牌。在深入社区推广合唱艺术的过程中，济南市国际合唱节走出了一条品牌文化助力社区文化建设的新路子，探索出一套可借鉴、可复制、可推广的社区文化建设新模式。

一 济南市国际合唱节社区文化服务的基本情况

合唱是一种健康向上、和谐生动的艺术形式，是大众喜闻乐见的文化活动，具有群众性、参与性、普及性的特点。社区是群众文化建设的主要阵地和基础平台。济南市国际合唱节创新社区文化服务模式，用合唱节文化品牌带动社区文化建设，与社区共享优秀文化资源，是社区公共文化服务多元化的成功实践，对于打造社区文化特色品牌，提高居民对社区文化生活的认同感和归属感具有很强的现实意义。

济南市国际合唱节迄今为止已举办6届，包括合唱比赛、合唱惠民展演、大师班及工作坊、中外文化交流进社区、中外合唱指挥研讨会、合唱博览会、国际合唱音乐会、开闭幕式音乐会等一系列大型活动。参与济南国际合唱节演出活动的合唱团超过1000个，其中社区合唱团占比达到60%。

社区文化服务到位是提高居民生活品质的重要保障。社区文化精准服务居民精神需求，不仅有利于丰富社区群众的业余文化生活、提升市民文化素养，而且有利于树立文化自信、提升居民的幸福指数。济南市国际合唱节按照行政区划，分区域、分板块开展文化进社区活动。目前已经在市辖12个区县设立音乐培训基础20余处，覆盖济南市近百个社区。作为济南市国际合唱节的重要组成部分，合唱辅导进社区、合唱惠民展演、中外名家进社区、中外文化交流进社区等服务形式与内容日臻成熟。连续多年开展"合唱大咖进社区"活动，组织合唱专家任宝平、吴灵芬、连芳贝等到社区进行辅导，让业余群众社团接受高水准专业指导。安排省内音乐专家定期到社区进行培训，组织合唱辅导进社区120余场次。邀请来自德国、美国、捷克、菲律宾、韩国、澳大利亚等国家著名合唱团以及国内知名高校合唱团与社区群众进行形式多样的文化交流。国际化、高水准的合唱展演为社区百姓带来家门口的"视听盛宴"。舜华社区、甸柳新城、北坦社区、二七铁二社区……济南市民不出社区就能体验到合唱艺术的经典魅力。

二 济南市国际合唱节服务社区文化建设的经验做法

（一）基层党建为引领

将支部建到合唱团是济南市国际合唱节服务社区文化的核心要素，"提高社区效能的关键是加强党的领导"。[①] 社区是一个城市社会的缩影，是提高社会综合治理能力的基础平台，是巩固和提高党的执政能力的坚强基石。合唱虽然在社区居民中深受欢迎，但是人员、场地流动性大，组织秩序欠缺，阵地利用不够，展示平台严重不足等问题比较突出。济南市国际合唱节充分发掘社区的平台和阵地优势，联合街道办事处、居民委员会将临时党支部建到了合唱团，并且在全市推广。成立于 2017 年的和谐之声合唱团，注册团员 60 余名，平均年龄为 66.5 岁。和谐之声合唱团充分发挥临时党支部的战斗堡垒作用，积极开展党建活动，例如主题党日、开设"音乐党课"。充分发挥合唱团中党员的先锋模范作用，每年组织公益演出有二三十场。其中既有在山东省会大剧院、山东剧院等的大型合唱演出，也有深入社区、学校、养老中心、农村的演出。

注重发挥社区文化的服务功能和辐射功能。以社会主义核心价值观为引领，通过品牌文化带动，创新社区文化服务模式，打造社区特色文化品牌。自 2020 年以来，重点打造历城、市中、莱芜、章丘四大典型区，仅历城区就规划在 81 个社区建立 81 个合唱团，建立 81 个临时党支部，为社区居民提供优秀的公共文化产品。

---

① http：//www. xinhuanet. com/politics/leaders/2020 – 07/24/c_ 1126279898. htm。

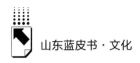

济南市国际合唱节对社区合唱团进行网格化管理，加强团队建设，健全社区文化服务平台。组织的完善和制度的建设，使社区合唱团的群众基础更加广泛，人心更加稳定，管理更加规范，组织更加稳固，推动了社区文化建设的有序开展。在学习传唱的过程中，注重大量采用群众接受度较高的红歌、爱党爱国爱家、爱岗敬业等正能量主旋律曲目，真正让群众主动学、愿意唱、喜欢唱，让社区合唱团成为传承红色基因的播种机，时刻宣传党的声音，让居民通过传唱主旋律感召时代精神，使社区文化焕发出蓬勃生机。

（二）以艺术提升为抓手

济南市国际合唱节扎根社区，以提升艺术水准为抓手，努力探索社区文化服务的新路径。

济南市国际合唱节先后举办了 70 多场培训班、30 多期大师班、40 多场高水平合唱音乐会，建立合唱艺术培训中心 10 余所，1200 多万人次参与线上线下各种活动。举办大师班、工作坊，邀请国内外合唱界的大师走进社区进行指导，拉近艺术家和大众的距离，让济南社区合唱团唱出了专业水准。合唱指挥培训班是济南国际合唱节举办的一项长期公益性音乐教学项目，旨在普及合唱艺术，提高济南市民的合唱水平，目前已为基层培训指挥人才和音乐爱好者 12000 余人次。经过系统的、连续的、专业的培训，济南市社区合唱团的艺术素养和演唱水平均得到明显提高，合唱表演开始有意识地由民间歌咏向艺术化的方向转型。这些措施极大地调动了居民参与社区文化活动的自觉性、主动性和积极性，从自发走向自觉，并形成自信。居民有效的文化参与感和获得感，为社区文化建设的持续健康发展奠定了良好基础。

二七田园合唱团是济南市民组建的一支本土社区合唱团。团队骨干多次参加大师班、工作坊等培训班。知名合唱专家现场教学，从音乐诠释、演唱技巧到指挥与团队的配合，深入浅出、通俗易懂，省市专家更是多次到社区亲自指导合唱排练。经过济南市国际合唱节的打造，二七田园合唱团迅速由社区居民自娱自乐的小团组成长为一支高水准的合唱团队，并多次在合唱比赛中获奖。

艺术滋润人心，文化涵养精神。合唱艺术夯实了社区的文化基调，以浓厚的艺术气息潜移默化地提升了济南的城市气质。

（三）以志愿服务为载体

济南市国际合唱节将参与社区文化服务制度化、常态化、专业化，以志愿服务为载体，把文化惠民落到实处，有效推进社区文化服务体系的建设和完善。

济南市国际合唱节一方面通过建立社区合唱团，采用送作品、送展演、送辅导、送文化交流等四种方式把文化"送进来"，给群众接触艺术的机会，提高他们的审美能力，营造良好的社区文化氛围；另一方面通过文艺创作和文化交流把社区民风习俗、好人好事、社区艺术等"带出去"，宣传推广社区文化建设的丰硕成果，充分展现当代济南的城市风尚。

组建文艺志愿服务联盟，把文艺志愿者基地建到社区。引导社区居民自觉参与社区文化建设，提升广大群众的服务意识。运用多种载体和手段宣传社区文化志愿服务，让更多的社区居民了解合唱艺术、感受合唱魅力，及时接受文化新讯息，并用自己的方式参与文化志愿服务。

济南市国际合唱节通过设立文艺志愿服务基地、举办艺术大师讲座、建立合唱艺术培训中心等形式对市民合唱骨干及全市音乐从业人员进行轮训、培训，有针对性地解决了艺术人才培养不到位、专业指导乏力等社区文化建设中存在的突出问题。

文艺演出进社区、合唱辅导进社区是文化志愿服务的常规性任务。经过多年努力，济南市国际合唱节在合唱组织和合唱艺术等方面培育了一大批具有专业水准的骨干团队和个人。这些个人和团队成为践行志愿服务的中坚力量，弥补了社区专业文艺力量不足的短板，在社区文化建设中群策群力，实现了社区合唱团由群众歌咏性活动向专业合唱艺术过渡，再由专业合唱艺术向社区文化反哺的良性循环。

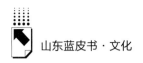
济南市国际合唱节依托省会城市的教育文化资源优势，努力实现文化服务专业化。一是先后与多所驻济高校签约，将音乐专业院系的师生引入志愿者服务系统，通过开展大学生社会实践活动，为社区合唱团提供专业音乐人才，为社区文化建设贡献学院力量。二是将驻济文艺工作者引入志愿者服务队伍。引导文艺工作者自觉秉承"文艺惠民、文艺为民、文艺乐民"的文艺志愿服务宗旨，走进基层、服务大众，利用自身专业知识，为社区建设添砖加瓦，为文化强省建设贡献力量。

三 当前创新社区文化服务模式存在的问题及对策

社区文化建设是系统工程，是公共文化体系的重要组成部分。随着创建文明城市和文化惠民工程的不断深入，山东省社区文化建设取得显著成效。许多城市社区已经具备了一定规模的文化场所和文化设施，但是仍然存在社区文化服务模式单一、文化品牌意识缺乏、文化活动品质不高、居民参与意识薄弱、文化资源场所设施配置不平衡甚至滞后的现象。这些都严重影响着社区文化服务模式的创新，制约着社区文化建设的发展。随着城市管理体制的改革和社会资源的下沉，社区文化建设任务加重，这对社区文化服务提出了新的更高的要求。

（一）高度重视组织建设，加强对创新社区文化服务模式的设计引导

要充分认识社区文化建设的重要性，加强社区文化服务的组织建设，完善制度保障。加大社区文化服务的扶植力度，加大社区文化建设经费保障力度。同时多措并举，在人才、资源、设施、平台等各方面健全和优化社区文化建设配置。自2013年起，济南市设立城市社区党组织群众工作专项经费，有效解决社区工作经费不足的问题，为社区加强党建和开展群众服务提供有力保障。根据《全省城市基层党建全域提升攻坚三年行动计划》要求，"2022年底前各市中心城区每个城市社区党组织服务群众专项经费每年要不

低于 30 万元"。① 要通过组织建设引领社区文化服务创新，通过制度保障、资金支持激发社区文化建设的主观能动性，从而推动社区文化建设与社区党建等工作相互促进、融合发展。

要学习借鉴当前社区文化建设的成功经验，组织制定实施与山东省经济文化社会发展全面进步相适应的社区文化建设发展指导意见，设立社区基层文化建设专项基金，科学筹划专项资金的配置与管理。要积极吸引社会资金投入，多渠道解决社区文化建设资金不足的问题。打造社区文化服务工作载体，推动建立社区文化服务的长效工作机制。

要把创新社区文化服务模式与创建文明城市、推进城镇老旧小区改造、优秀传统文化"六进"普及工程等项目结合起来，推动社区文化建设健康有序发展。要探索社区文化服务新思路、新形式，避免设计单调、缺乏创意的文化服务活动。要积极引导社会力量参与社区文化服务，促进社区文化服务供给多元化。

文化活动场所和文化活动设施是社区开展文化活动的基础条件。通过现代管理系统实现社区公共文化空间的合理开发、充分利用和有效运行。要科学筹划和安排社区文化设施配置及分布定位等问题，突出社区文化服务的便民特色。

（二）积极探索"合唱＋"模式，推动社区文化服务高质量发展

要积极探索"合唱＋"模式的新经验，挖掘"合唱＋"的延伸性，扩大"合唱＋"的辐射范围，推动社区文化服务品牌化、层次化、精细化。充分发挥"合唱＋"服务模式的交融性，探索"合唱＋旅游""合唱＋新技术""合唱＋新媒介""合唱＋志愿服务"等服务模式，深入融合多层次、多业态参与社区文化服务，拓宽社区文化服务的空间，以文化事业促进文化产业发展。

要积极借鉴济南市国际合唱节"合唱＋"的成功经验，切实把文化节

---

① http：//www.qchdj.gov.cn/u/cms/dtdjzx/202009/291004396hap.pdf。

会与"寓乐于民"结合起来，把文化惠民落到实处。社区文化是城市文化的重要组成部分。要通过举办文化节会熏陶和提升市民的文化素养和审美意识，提高市民对文化节会的认同感。文化节会是城市文化的重要内容。要让文化节会成为诠释城市精神、展示城市文化的靓丽名片。近年来，济南市成功举办了众多具有国际、国内知名度的文化节会，极大提高了济南的国际美誉度。要充分利用节会资源让高雅艺术和时尚文化走进社区，与市民"面对面"。

另外，还可以将"合唱+"模式的成功经验引入文化扶贫、文化助学领域，助力乡村文化振兴。

（三）打造高素质社区文化工作者队伍，创新社区文化服务平台

社区文化工作者是社区文化建设的核心要素。社区文化工作者大致包括专职社区文化工作人员、兼职社区文化工作者以及社会文化工作志愿者等。社区文化工作者的专业素质、文化修养、业务技能、工作态度决定着社区文化建设的质量和水平，关系居民居住的真实体验。要大力给予政策性引导，在人员的选拔、培养、考核、福利待遇等方面完善激励机制，提高社区文化工作岗位的含金量。要注重对社区文化工作者的在职培训和专业教育，切实提高其业务素质和为居民服务的实际水平，培养一支可持续发展的专业人才队伍。

文化生活的需求是居民参与社区公共文化生活的根本动力。各类智能终端的普及化（例如电脑、手机、电视等一系列智慧家电）不仅可以为居民的文化生活提供数量庞大、及时更新的内容，还可以让居民在家中就能够享受便捷的文化服务体验，基本能够满足个性化文化生活的需求。这也成为降低社区公共文化活动参与度的主要原因。要创新社区文化服务平台，善于运用新兴科技和新兴业态带来的优势资源。借助"智慧社区"建设提供的技术资源支撑，利用互联网、大数据等技术手段，契合社区文化服务的新方向，探求社区文化服务的新路径，力求避免居民文化需求与公共文化供给的错位，解决居民在参与社区文化活动中的新问题，例如老年人运用智能技术

困难等。要积极开拓与社会文化教育平台的共享共建，完善社区文化建设体系。要用形式新颖、内容新鲜的文化活动吸引居民踊跃参与，从而全面提高居民的获得感、幸福感、安全感，强化文化自信和文化认同。

向上成长，通过异彩纷呈的文化盛宴反映齐鲁大地深厚的文化积淀，彰显齐鲁文化欣欣向荣的时代风采；向下扎根，深深根植于社区文化，努力探索社区文化建设的新途径，推动社区文化兴盛繁荣。济南市国际合唱节成功打造了一套文化品牌服务基层文化建设的新模板。创建新时代社区文化服务的山东模式，满足基层群众精神文化生活新期待，必将为文化强省建设贡献新的力量！

参考文献

柯林海：《论全民艺术普及新形势下社区文化建设的问题与对策》，《文化艺术研究》2016 年第 3 期。

郭剑雄：《城市社区文化中心公共文化服务供给研究》，《四川师范大学学报》（社会科学版）2018 年第 3 期。

陈建胜：《文化共同体的形塑：以社区文化中心为例》，中国社会科学出版社，2019。

〔澳〕史蒂文森：《城市与城市文化》，北京大学出版社，2007。

B.12
从山东省巾帼家政发展探讨
企业文化的创新实践

赵　真[*]

摘　要：　山东省巾帼家政服务业处于发展的初级阶段,成长空间巨大。作
为第三产业的重要组成部分,家政服务业能够增加就业岗位,帮
助改善民生,进一步刺激和拉动内需、优化产业结构。山东省巾
帼家政服务业在发展过程中,得到了省委、省政府、省妇联的重
视和支持。山东省巾帼家政服务现状及发展建议对家政公司及管
理人员、家政服务员、家政客户进行了抽样调查,从供给情况、
需求情况、企业文化建设等方面,分析山东省巾帼家政服务业发
展现状及存在的问题。家政服务业与保居民就业、保基本民生、
保市场主体、保产业链供应链稳定密不可分,在促消费、促就业
方面的作用日益凸显。因此,发展企业文化,对于增强员工的向
心力,加快推动家政产业升级有着重要作用。

关键词：　家政服务业　家政产业　家政公司　家政从业人员

一　巾帼家政企业概述

(一)巾帼家政企业发展现状

习近平总书记提出：家政服务是促就业、惠民生、扩内需,新旧动能转

---

* 赵真,山东省妇女创业发展服务中心编审,研究方向为妇女理论和妇女发展。

换的新业态新产业，是育儿养老的朝阳行业，事关千家万户福祉，是一项"一举多得"的新产业。

20 世纪末出现的"下岗女工潮"，使多数女性劳动者处于失业状态，在山东省委、省政府的领导下，在妇联引领下岗妇女再就业的支持下，山东省各市妇联扶植了一大批巾帼家政企业。有三个数据与山东省巾帼家政业快速发展是息息相关的。一是山东省 2018 年常住人口数量超过 1 亿，新型城镇化率达到 62.2%。二是据 2018 年各地国民经济和社会发展统计公报，山东省已进入"深度老龄化"社会，60 岁以上的老年人口数量占常住人口数量的 22%，65 岁以上的老人数量 1511 万。三是"全面二孩"政策放开之后，山东连续三年二孩出生率在全国排名前三。社会分工日益细化，居家养老、康复护理、育婴育幼、烹饪保洁等多样化的家政服务需求呈现刚性增长，家政服务的市场总规模近年来均保持 20% 左右的增速。

目前，山东省巾帼家政服务业处于全国巾帼家政的领先地位，成长空间巨大。2020 年《山东省妇联巾帼家政工作汇报》中提到，截至 2020 年 10 月，省县以上妇联发展大姐机构 379 家，带动 200 余万妇女上岗就业，为 300 万家庭提供家政服务。在人社部开展的千户百强家庭服务企业评选中，6 家大姐机构入选全国百强、28 家入选千户企业。济南阳光大姐、青岛爱心大姐、菏泽巾帼家政被认定为省级家政服务龙头企业。济南阳光大姐、青岛爱心大姐成为中国驰名商标、省服务名牌。

（二）巾帼家政企业文化内涵

巾帼家政服务业与保居民就业、保基本民生、保市场主体、保产业链供应链稳定的关系都密不可分，尤其在促消费、促就业方面的作用日益凸显。因此，发展企业文化，对于增强员工的向心力、加快推动家政产业升级有着重要作用。山东省巾帼家政企业文化内涵核心在于标准、诚信、爱心、品牌、创新。

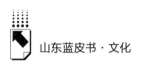

二 巾帼家政企业文化发展概述

虽然新冠肺炎疫情肆虐，但在省妇联及各市妇联的大力支持下，山东省巾帼家政服务现状及发展建议对山东省巾帼家政公司及管理人员、家政服务员、家政客户三个方面进行了抽样调查，共发放了 2240 份电子问卷，其中有 518 份巾帼家政公司管理人员问卷、1312 份巾帼家政服务员问卷、410 份巾帼家政客户问卷。分析山东省巾帼家政企业文化现状及存在的问题，提出对策建议，积极促进妇女就业和家政服务法制化、规范化、标准化、产业化发展。

（一）标准和诚信

以家政领跑企业阳光大姐为例：2004 年，企业的市场化运作使其不断实现服务量的增长，在国有企业改制、新农村建设、金融危机、城镇化建设等重大历史阶段中有能力主动担当，积极吸纳城市下岗职工、农村富余劳动力，保障大中专毕业生群体的就业、再就业。尤其近几年在失地农民增多的情况下，培育出大涧沟、大桥镇等众多"家政专业村"，帮助农民增收致富、融入城市生活。

阳光大姐成立初期，负责人发现大部分消费纠纷是由顾客和服务员对服务内容的理解偏差造成的。消费纠纷发生后，是公说公有理、婆说婆有理，而处理这些消费纠纷占用了企业大量精力。负责人感觉家政服务行业必须要规范、标准才能走得长远，因此大力推行家政服务标准化，利用标准将家政服务内容固化成看得见摸得着的标准文本，使得管理服务内容得以具体化、标准化和规范化。阳光大姐通过在家政服务行业推进标准化建设，实现了对家政服务从业人员的规范管理和职业化培训，提高了服务水平、规范了家政市场，更重要的是通过标准的规范和引领提升，推动家政服务行业的转型升级。2013 年，习近平总书记在山东考察时，在阳光大姐招聘展位旁前语重心长地说"家政是社会的需求，上有老、下有小，老年服务供不应求，孩子也需要照顾，但是这个工作是非常需要诚信的，也是非常需要职业化的工作，你们在这里要起好带头作用，家政服务大有可为。"总书记提出的"诚信"和"职业化"这两个关键词点出了家政行业发展关键。诚信背后的支撑就是规范和标准的服务，职业化是家政行业发展的必然选择。经过多年实践，"诚信＋标准化＋信息化"的模式成为阳光大姐可持续发展的有效途径。

（二）爱心

2020年《阳光大姐核心文化》中提道：阳光大姐是济南市妇联2001年创办的家政服务机构，名字含义就是"让党的阳光照亮妇女就业之路，把党的温暖送进千家万户"；服务宗旨是"安置一个人，温暖两个家"。听党话，感党恩，跟党走，"红色基因"是妇联给阳光大姐最宝贵的财富，是阳光大姐企业文化的根基与灵魂。阳光大姐提出争做"雷锋式家政人"，提炼出"爱国、诚信、感恩、敬业、责任、专业、爱心、热情、创新"18字家政员工"职业品质"。2019年2月，阳光大姐被中宣部、中央文明办授予"全国学雷锋活动示范点"称号，并向全国发出"争做雷锋式家政人的倡议"。通过学雷锋，员工知道护理好老人就是学雷锋、照顾好孩子就是学雷锋，爱岗敬业的职业感更高了，无私奉献的责任感更强了，企业的美誉度更响了，社会的知名度更高了。

（三）品牌

《山东省妇联巾帼家政工作汇报》中提到，为进一步扩大潍坊"巾帼家政"服务品牌影响力，潍坊市妇联探索巾帼家政提质扩容创新模式，将巾帼家政园区、家政企业、社区服务站有机整合，向社会提供家政服务、家政培训、家政就业、家政创业孵化等集合化服务，推动家庭服务业产业化、复合式发展。2020年8月启用的潍坊巾帼家政广场总面积7640平方米，入驻24家企业与服务机构，形成集红色家政品牌、综合服务平台、培训就业基地、企业孵化园区"四位一体"的家政服务综合体，打造"潍坊家政学院""合作共建基地""家政人才培养基地"；认真贯彻落实习近平总书记关于

"红色基因就是要传承"的重要指示精神,创建"潍坊家政人的红色娘家"党建品牌,策划红色家政进社区公益行等十大主题活动,已建成55个红色家政社区服务站、32支红色家政志愿服务队。2020年12月,潍坊市妇联联合市委宣传部举办潍坊市首届"巾帼家政"文化创意大赛。旨在弘扬巾帼家政服务文化,展现巾帼家政行业精神,提升巾帼家政行业形象,推动潍坊市巾帼家政业高质量发展,打造巾帼家政服务品牌,突出"听党话,跟党走"的红色家政文化主题,营造全社会尊重、关心、支持家政服务业发展的良好氛围,为建设现代化高品质城市贡献巾帼力量。

(四)创新

用创新提升企业文化核心竞争力。《阳光大姐核心文化》中提到,阳光大姐坚持"站在行业做企业,站在产业做行业"的定位,为企业提升、为行业发展探索创新之路。阳光大姐在全国拥有连锁机构200多家、家政服务员规模5万多人、服务遍布全国20多个省份,服务领域涉及母婴生活护理、养老服务、家务服务和医院陪护4大模块、12大门类、31种家政服务项目;推出"双证上岗""双把关""双轨制"等新举措;引入标准化与信息化,制定地方标准、国家标准,建设家政服务诚信业务管理考务一体化平台;阳光大姐发布企业社会责任报告、制定诚信服务公约、建立慈善工作站、大师工作室;在湖南湘西建立"阳光阿娅",在新疆和田建立"阳光古丽"培训学校,开展技能培训,精准扶贫。当前,阳光大姐围绕着提质扩容在职业教育、托幼服务、家长课堂、智慧康养等方面进行新的探索与实践,在家政服务产教融合、"1+X"母婴护理、家务管理职业技能等级证书试点工作等方面已积累了经验,取得一定成效。

个案访谈:高爱民曾是一名下岗女工,现在是济南阳光大姐首席技师、家政专业指导师,先后荣获全国巾帼建功标兵、"济南工匠"、山东省杰出技术能手等荣誉称号,2016年全国巾帼家政职业大赛团体冠军。在2020年10月举办的山东省家庭服务业技能大赛中,她作为阳光大姐代表队的指导师,帮助参赛选手在大赛中赢得5枚金牌。

从事家政工作 13 年来，高爱民时刻想着为自己"充电"。不管工作多累，家里事再难，只要有时间，她一定会参加阳光大姐组织的各类技能培训、提升班。丰富的理论知识加上日复一日的工作实践，让高爱民逐渐形成了独特的工作方法。孩子带得好，用户满意，博学、幽默、热情是用户对她的评价。更为难得的是，在服务的众多家庭中，没有一户投诉，满意率始终是 100%。对长时间卧病在床的老人，她有一套定制化护理方法；她用眼睛就可以观察婴幼儿的黄疸指数，以此来确定是否需要到医院就诊；凭经验她能判断婴幼儿啼哭原因，对症采取措施。

她总是随身携带一个小本子，把遇到的问题分类汇总，找出解决方法，逐渐形成一套标准。经她实践总结出来的《母婴生活护理员进家服务流程》等标准已经成为阳光大姐每位母婴生活护理员必须学习掌握的内容。她积极参与阳光大姐国家级服务业标准体系制定以及《家政服务——母婴生活护理服务质量规范》等国家标准的讨论，参与人社部、商务部委托阳光大姐的家政服务教材编写工作。任技师后，高爱民先后向 4000 余名低星级服务员传授服务经验，其中 80 多名服务员已经成长为公司的金牌和首席金牌月嫂。

三　巾帼家政文化建设中遇到的问题

（一）巾帼家政企业基本情况及问题分析

1. 基本信息

从 518 份巾帼家政公司管理人员问卷可以看出，巾帼家政企业的法人分布在农村和县/县级市的居多（图 1）。管理人员的学历 70% 以上的为初中或者高中。约 25% 的人有大专及以上学历，还有 2 人拥有博士学位（见图 2）。这说明巾帼家政管理人员的学历在不断提升。从"在干家政之前从事过什么职业"和"您选择做家政公司主要的原因有哪些"这两个问题的分析回答中看出，家政行业的门槛很低，选择从事的原因多样，也突出了这个行业的生命力。56.18% 的家政公司管理人员之前并没有从事家政业，

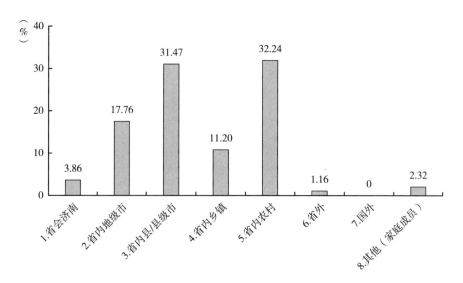

图1 家政公司管理人员户籍所在地

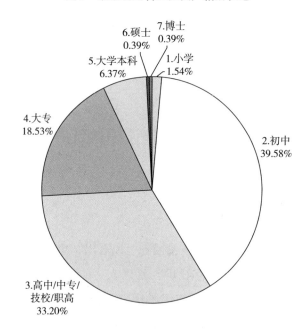

图2 家政公司管理人员学历情况

资料来源：问卷星，妇联系统下发通知后针对具体人群征集。作者赴济南、临沂、青岛、潍坊实地调研，咨询政府相关部门及专家学者，深度访谈家政服务员、家政负责人等。图1、图2均来自问卷星。

16.6%的人是从家政服务员走过来的，这说明家政行业门槛较低（见图3）。选择从事家政的原因排名中，认为家政业前景好占49.23%；工作有意义，

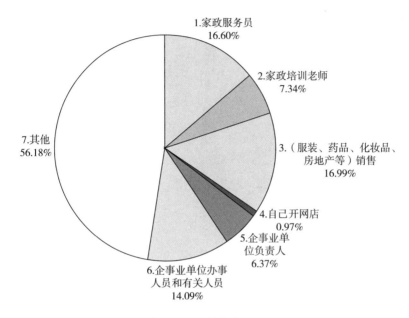

图3 在干家政之前从事过什么职业

自己喜欢的比例为48.07%；赚钱、维持个人和家庭生计比例为37.07%；自己有相关的专业技能，能发挥自己的优势比例为31.27%；工作时间灵活自由，可以照顾孩子和家人，比例为26.25%；工作有挑战性，比例为16.99%；工作氛围好，比例为16.41%（见图4）。

2. 巾帼家政企业目前面临的困难

第一，缺乏健全的培训体系，从业人员综合素质不高。巾帼家政员工主要以进城务工人员、失业人员和城镇灵活就业人员为主；山东省内大专院校和职业院校家政专业设置较少。国家有关部门取消部分职业资格证书，市场紧缺的某些家政工种暂不符合免费培训要求。

2020年暴发的新冠疫情，导致很多家政培训转到线上。各地人社和财政部门颁布了很多政策扶持家政行业的培训，但是线上培训的方式、内容和家政服务员的素质不匹配，导致很多培训机构难以为继。

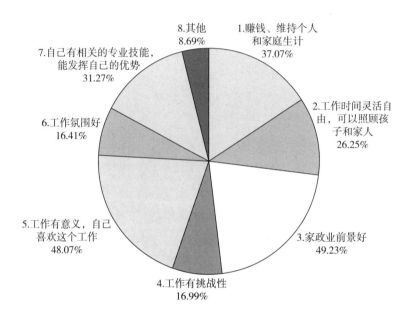

图4 您选择做家政公司主要的原因有哪些

资料来源：图3、图4均来自问卷星。

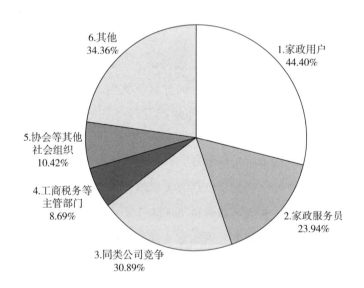

图5 管理人员处理哪个群体的关系认为比较困难

另外，培训只是手段，上岗才是目标，但是疫情导致了很多客户退单，即使家政服务员考出了资质，也没法上岗。证书的乱象、培训方式和现实需要的脱节，是巾帼家政公司反映最多的困难（见图6、图7）。

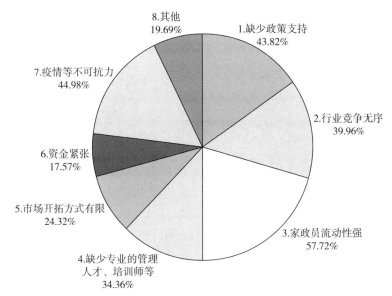

图6　家政公司目前发展的最大困境或者瓶颈是什么

资料来源：图5、图6均来自问卷星。

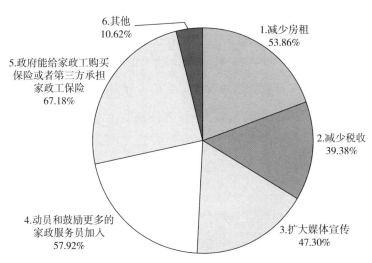

图7　目前家政公司发展需要什么样的帮助支持

第二，诚信建设有阻力。巾帼家政行业前景光明，但某些标准缺失，影响发展升级，服务标准不统一。虽然济南阳光大姐参与制定了一部分行业标准，但目前山东省巾帼家政服务行业仍然存在准入制度、资质认定、监管体系、服务标准不够完善；某些家政服务员隐瞒个人真实信息，不按合同约定提供合格服务；某些家政员工凭借熟人介绍、口碑效应私签私聘；企业间有恶性竞争倾向等。

访谈问家政员工："私签不担心保险或者意外事故发生吗？"一个受访人答："我自己也可以花120元买意外险，而在公司接一单，要扣除我800～1000元。只要自己能干，肯吃苦，得到客户的认可，客户一定给我介绍客户，源源不断。而且现在的一些月子中心也需要服务员，只要自己的口碑好，随时可以接单。2020年我已经接了6单了，除了一单是月子会所给找的，别的都是客户介绍的。虽然疫情严重，但钱一点都没有少挣。"

第三，家政市场需要移风易俗。传统价值观比较多，现实生活里仍有家政员工感觉自己是用人，低人一头；有的家政客户不尊重家政员工，不懂《劳动法》，不让家政员工休假，伤害家政员工的工作热情和主动性。另外缺乏高规格人才，供需矛盾突出。比如高级育婴师、金牌月子护理、金牌私人管家等中高端需求日益旺盛，但技能全面的专业人员匮乏。

第四，每个巾帼家政公司里面的优秀人才很少，"4050"依旧是这个行业的主力军。虽然有年轻人加入，但加入的前提一般是不干一线工作。

第五，各种经费受限，政策不落地。国家从2002年开始对家政行业进行各种政策支持。多数政策的制定初衷是好的，但是实施难。比如减免营业税等，家政行业是小微企业，利润很低。有一些补贴也是要达到很多条件才能实施。政策上总是希望"解决最后一公里"问题，但是现实很难解决。

新冠肺炎疫情也给所有巾帼家政公司带来很大的冲击：客户退单、家政员工被拖欠工资、企业退单、培训减少或者培训不能进行等。多数企业都是租赁的私人场地，房租是巨大支出。家族企业收入锐减，但是开支不少。这直接导致很多巾帼家政公司经营困难，甚至倒闭。在我们的问卷统计中，除了巾帼家政责任人自己的能力不足外，客户资源、同行竞争、资金、政策都是很大的困难，面对工商税务等主管部门、协会等其他社会组织也要牵扯精力。巾帼家政公司希望得到社会多方面的帮助扶持，如减少税收、扩大媒体宣传、动员和鼓励更多的家政服务员加入、政府能给家政员工购买保险或者第三方承担家政员工保险等（见图7）。

第六，大多数巾帼家政公司的企业文化建设处于初级阶段。在"您公司的企业文化是如何关心关爱员工的"问题中，57.53%的企业选择的是"每年至少有一次集体外出培训"；有48.84%的企业选择"建章立制，奖惩制度、救助困难员工制度完善"；选择"每年请专家针对企业文化进行拓展训练"的企业只占36.49%；只有32.63%的企业会"根据企业文化设计可持续的、生生不息的企业环境"；仅27.8%的企业能够做到"有公司专门的档案材料或者展览馆对员工进行教育"（见图8）。

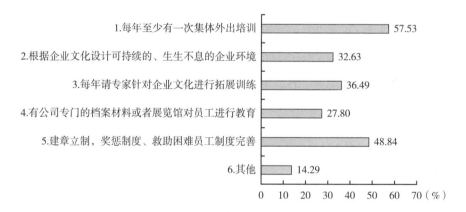

图8 您公司的企业文化是如何关心关爱员工的

资料来源：图7、图8均来自问卷星。

（二）巾帼家政服务人员基本情况

从巾帼家政服务人员性别构成来看，女性居多是显著特点。1312份巾帼家政员工问卷中，1200多人是女性，占98.4%。从年龄结构看，40~50

岁的比例最高。随着年龄的增减，比例呈现递减的趋势，整体形状如枣核。60 岁以上和 35 岁以下的不到 8%。数据表明，巾帼家政服务行业能够吸纳宽泛年龄段人群。

从文化程度看，巾帼家政服务人员受教育程度大部分在初中及以下，其中初中比例 58.38%，小学及以下比例为 3.05%，高中比例为 34.15%，大专及以上仅占被调查的 4% 左右。数据表明巾帼家政服务人员受教育程度整体偏低。家政员工从事家政工作时间较长，1 ~ 3 年和 4 ~ 7 年分别占到了 35%。被调查中一半的人从事的是月嫂工作，每天工作时间比较长，80% 以上的工作时间在 8 小时以上。月薪 4000 以下的家政工人占 60% 以上，说明这是一个高强度、工作付出和所得不成比例的行业。虽然每个月工资不算低，但是 40% 的家政员工基本没有节余，30% 多的人工资的三分之二用于就医、教育和养老等方面，这说明靠做家政养家糊口可以，致富不容易（见图 9、图 10）。

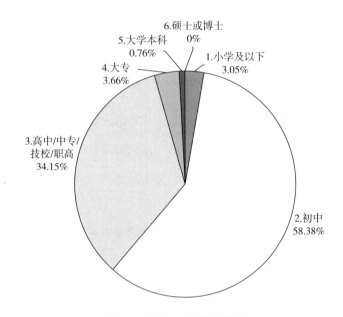

图 9 家政员工的学历情况

资料来源：问卷星。

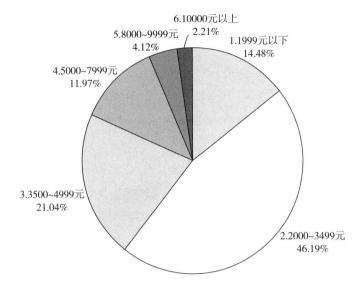

6.10000元以上
2.21%

5.8000~9999元
4.12%

4.5000~7999元
11.97%

1.1999元以下
14.48%

3.3500~4999元
21.04%

2.2000~3499元
46.19%

图10　家政员工月收入情况

资料来源：问卷星。

（三）家政服务员从业原因与转行原因

调研显示，巾帼家政服务人员从事本行业主要是因为行业门槛相对比较低，对从业者的技能和知识要求不高，这成为巾帼家政行业从业人员整体文化水平较低的原因之一。家庭开支大、补贴家用也是一个重要原因（见图11）。这些反映出家政工作是外来务工人员在城市发展的重要选择之一，同时他们缺乏对家政工作职业认可度和长期规划。但是巾帼家政员工对工作满意度很高，占比90%以上，这也呼应了前面的问题，因为没有别的选择，只能选择当下。除了能学到技能、有一定价值感外，还有就是工资尚可（尤其是月嫂）、工作相对稳定、工作环境也不用风里来雨里去（见图12）。

在巾帼家政员工转行的原因中，比例最高是社会保障差，家政员工大多没有五险一金；其次是工资相对较低、固定节假日休息时间相对较短和劳动强度相对较大。有的人因为社会声望低、职业前景差而转行，这表明歧视家政工作的传统观念仍然存在，家政服务人员在生活上或精神上没有得到应有地尊重。

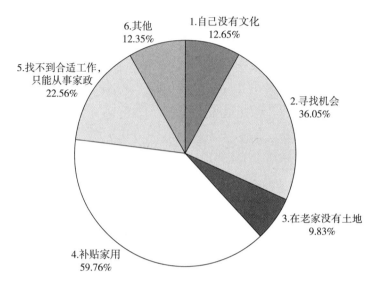

图11　家政员工为什么选择这个行业

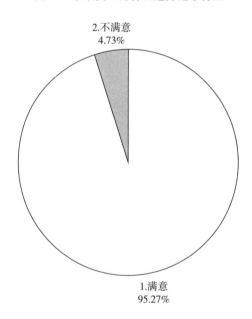

图12　家政员工对目前的工作满意度

资料来源：图11、图12均来自问卷星。

许多家政员工（例如24小时月嫂、危重病人护理员）由于其工作性质，必须待在固定场所，长期无法与外界或自己的家庭密切接触，日常联系一般是电话或者视频，导致家政员工在身体上和心理上会出现一定不适，如身体不适或负面情绪大、家庭矛盾多等方面。这说明目前许多巾帼家政公司的企业文化建设存在缺陷，缺乏员工激励制度、能力区分度低等（见图13、图14）。

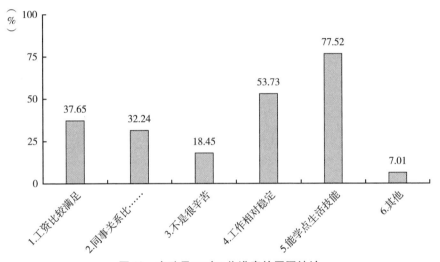

图13　家政员工对工作满意的原因统计

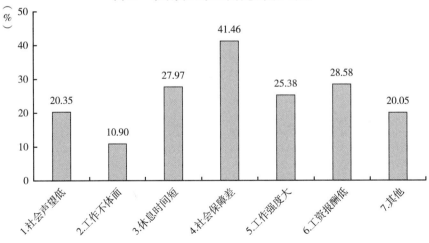

图14　家政员工对目前工作不满意的原因

资料来源：图13、图14均来自问卷星。

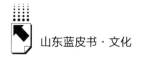

（四）家政服务员对自己职业的认知

家政服务员对自己职业的认知直接决定着 TA 的幸福指数。在调研中，81.48%的巾帼家政员工对未来很有信心，这与巾帼家政员工这几年工资提高有很大关系。90%以上的家政员工从事这份工作，没有觉得被雇主家庭成员或亲戚朋友看不起。在和别人提及自己从事巾帼家政服务工作时，没有自卑或者比较自豪，觉得很正常（见图 15）。但是依旧有 10% 以上的巾帼家政员工感觉自卑或者不好意思对别人说自己的工作。在临沂调研时，有一个月嫂已经干 8 年了，曾经 24 小时住雇主家，每个月只有 4 天的时间可以回自己家。除了她自己，没有任何亲戚朋友知道她干月嫂，就连孩子和丈夫都不知道。别人问她在哪里工作，她就说在外面打零工。这说明巾帼家政企业文化的职业自豪感打造需要加强。

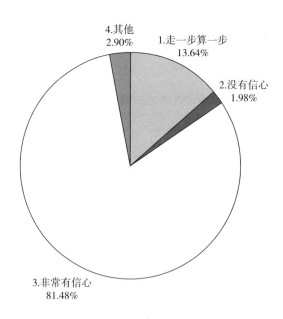

图15 家政员工怎么看待自己的工作

资料来源：问卷星。

四 巾帼家政企业文化发展建议

（一）推广员工制的组织化管理

巾帼家政企业应建立健全完善的管理制度，明确各职能部门的职责划分，全方位为消费者服务。加强对巾帼家政员工进行职业技能的培训，加大力度，在调查与论证的基础之上设计科学严密的培训方案。

（二）发展企业文化，增强员工的向心力

巾帼家政企业可通过丰富多彩的拓展培训增加员工自信，组织员工与雇主开展交流会或利用网络等形式，加强家政员工与家政客户对彼此需求的了解。强化员工的服务意识和爱岗敬业的精神，发挥团队合作精神，实现企业价值的最大化。

（三）走入社区服务，拓展业务范围

"一桌一椅一人"就可以干家政，点多、面广、零资本、分散性强，进社区是最好的，家政员工就近选择上班地点，灵活性强，节约时间，保证了工作效率。

在社区服务需求方面，提供小饭桌、托儿所等社区便民利民服务、社区安保、公共设施维护等物业管理服务等；在家庭医疗护理需求方面，提供病患陪护、养老助残服务等；在家庭延伸服务需求方面，提供房产买卖、房产租赁、家庭聚会配套服务等；在家庭高级需求方面，提供家庭医生、理财咨询、美容保健等。

（四）聚焦人才培训，夯实高质量发展的人才基础

"两条腿走路"：一是培训内容上，因材施教，采取定岗培训、定向培训等培训模式，注重实际操作训练，提高家政员工的培训质量和培训效

果。另外还应该加强对家政员工职业道德操守、人际协调、心理调节等方面的培训，全面提升家政员工的综合素质。二是培训策略上，应向增加人才储备量的高质量发展模式迈进，为巾帼家政员工提供更加广阔的职业发展空间。

（五）巾帼家政服务业要成为公益活动的领跑者

习近平总书记曾说过："家政业满足了农村进城务工人员的就业需求，也满足了城市家庭育儿养老的现实需求，是爱心工程。"国家政策的扶持、妇联等部门的引领，使得家政服务业从发展之初就具备一定的公益性，家政行业从业者本身一般有比较强的社会责任心，也乐于参加公益活动。首先是积极主动投入脱贫攻坚，把解决困难地区、困难群众的就业作为企业的重要使命，发挥家政业在劳务扶贫中的积极作用。其次是在企业文化里大力培育家政员工的爱心。解决家政员工家庭各种困难如助残、育儿、养老等，有爱心的人才能做好家政工作，而爱心必须从公益活动中一步步培养。最后是国家鼓励家政业成为员工制企业，将家政员工纳入社会保障安全网，真正做到让家政员工以企业为家、以行业为荣。

（六）加强舆论宣传，通过各种媒介渠道传递正能量

巾帼家政企业要学会利用融媒体，如抖音等短视频软件，结合各种家政大赛、丰富的社区活动等，利用社会热点事件，宣传企业文化，广泛宣传家政员工的优秀事迹，抨击传统观念里对家政员工的错误认知与刻板印象。省市相关部门在形式多样的评先树优活动中，应对家政员工进行表彰，帮助家政员工提升职业声望与社会地位，消除等级观念，增强"四自"（自尊、自信、自立、自强）精神。

建议山东省有关部门把家政员工纳入高层次人才评定范围，并设立固定"家政节"或者"家政日"。

参考文献

中国劳动和社会保障科学研究院：《中国家政服务业发展报告》，中国劳动社会保障出版社，2018。

《中国共产党第十九次全国代表大会文件汇编》，人民出版社，2017。

刘志芬：《社会支持的研究综述》，《文教资料》2011 年第 10 期。

肖鸿：《试分析当代社会网络研究的若干进展》，《社会学研究》1999 年第 3 期。

肖水源：《社会支持对身心健康的影响》，《中国心理卫生杂志》1987 年第 4 期，第 183 ~ 187 页。

李强：《社会支持与个体心理健康》，《天津社会科学》1998 年第 1 期。

李伟、陶沙：《抑郁倾向大学生社会支持结构及其满意度的研究》，《中国心理卫生杂志》2003 年第 1 期。

陈成文：《社会弱者论：体制转型时期社会弱者》，时事出版社，1999。

阳光大姐公司内部材料 2020 年《山东省妇联巾帼家政工作汇报》。

阳光大姐公司内部材料《阳光大姐核心文化》有关章节。

张友琴：《社会支持与社会支持网——弱势群体社会支持的工作模式初探》，《厦门大学学报》2002 年第 3 期。

陈成文、潘泽泉：《论社会支持的社会学意义》，《湖南师范大学学报》（社会科学版）2000 年第 6 期。

郑杭生：《转型中的中国社会与中国社会的转型》，首都师范大学出版社，1999。

黄进：《家政服务业的"非正规性"与发展策略》，《社会科学研究》2004 年第 5 期。

雷有光：《农民工家政人员培训与城市文化适应研究——以北京市富平学校为个案》，中央民族大学，2005。

王红芳：《非正规就业——家政服务员权益问题研究》，《重庆大学学报》（社会科学版）2006 年第 2 期。

地域文化篇

Regional Culture Section

B.13
文学鲁军的缘起、发展与展望

薛忠文 *

摘　要： 中国文学自立于世界文学之林，山东文学自古以来就是中国
　　　　　文学一枝独秀。新时期，在齐鲁大地上诞生了文学鲁军。文
　　　　　学鲁军生长于孔孟之乡，具有深厚的历史和文化底蕴。她以
　　　　　自己鲜明的地域特色和创作实绩屹立于文学大国之林。随着
　　　　　时代的变迁，文学鲁军又涌现出一批新生力量——鲁军新
　　　　　锐，开辟了齐鲁文学的深度和广度，引起文坛的广泛关注。
　　　　　新一代文学鲁军以深厚的道德理性思索回应了义利之辨的思
　　　　　想困惑，掀起了又一个时代的浪潮，铸就了文学鲁军的又一
　　　　　次崛起。对文学鲁军的传承、发展和走势进行广泛深入的探
　　　　　讨，回顾总结山东文学的发展历程和创作成就，在全国乃至
　　　　　世界文学视野下突出山东文学的地域特色、文化蕴含和审美
　　　　　品格，探析山东作家文学创作的得失，寻找齐鲁文学实现新

---

* 薛忠文，文学博士，山东社会科学院文化研究所副研究员，研究方向为文学思潮。

突破的思路和措施，非常必要。

关键词：　文学鲁军　鲁军新锐　地域文学

20 世纪 80 年代是文学的黄金时代。改革开放，四季如春。人人谈论诗歌、阅读小说，成为社会生活的新的风潮，做一个诗人和小说家成为社会最大的荣耀。

缘　起

20 世纪 70 年代末，一个东方大国全民族沉静下来，开始进入深度思考模式。

1981 年《人民文学》第 3 期发表了一篇题为《内当家》的小说，反响强烈。小说作者以犀利、敏锐的笔触，反映了新时期急剧变化的生活，塑造了一个有声有色、个性鲜明的普通农村妇女形象。女主人公在苦难中成长，在共产党的领导下翻了身，经过几十年的动荡和变迁，今天依然傲然挺立！迅速而激烈的生活变动，使有些人陷于迷惘，而这位普通农村妇女的形象却是令人耳目一新。现实生活无限丰富，社会变化日新月异，人物形象千差万别、斑斓多姿。作家对自己的生活和笔下的人物极其熟悉，思想敏锐而又大胆有魄力，他准确地描写了一个变化的时代，即十一届三中全会迎来的中国改革开放的新时代。他通过李秋兰这个"内当家"形象，告诉我们中国人民坚持自己的原则，有气魄又有分寸地接待着来自四面八方对中国怀着各种不同意图的人们，包括自己过去的"敌人"。

小说精心描写了"内当家"——一位极其平凡的农村妇女李秋兰碰到的新问题：社会基本矛盾发生了巨大变化，过去的阶级敌人，农村中的地、富、反、坏、右分子摘下了帽子，成了和大家一样的公民，这真的让人不可思议。而"内当家"没有像她那谨小慎微、受了一辈子苦的丈夫一样惶惶不安。她像往常一样该干什么还干什么。她在自己住了几十年的土改分得的地主老宅院里照样挖坑打井，理直气壮地燃放鞭炮以示庆祝。但是县上突然来了通知，说她住的宅院的原主人、与她有深仇大恨的地主刘金贵（她的额头上至今还留着这个地主的铜水烟袋留下的疤痕）从国外回到了县上，很快要回老宅院看看，这是她完全没有思想准备的。县政府的孙主任已经来打前站了，他嫌弃女主人公住的院子"脏""乱""差"，命令封填正要打通的水井，将宅院重新装饰，摆上他运来的沙发、软床等用以接待刘金贵。"内当家"李秋兰虽是个文化不高的农村妇女，但她从自己朴素的情感和几十年的生活经历中却能嗅出孙主任的做派、气味的异样。她断然拒绝了孙主任虚假的"摆设"，而以自己的方式来接待回乡的刘金贵。"我自己的家，我说了算。"水井喷水了，她大大方方地端起一瓢又香又甜的家乡水，让这位叶落归根的异乡客品尝，昔日的老地主感动得老泪纵横。如此端庄、磊落、大方的风度，正体现了站起来的中国人在改革开放新时代的风度！她没有孙主任那样的奴气，也绝不拒绝任何要来看看的人。

作者塑造的"内当家"形象，是真实、生动、感人的，更揭示了背后一个无法回避的问题：谁是真正的主人。

同年第5期《山东文学》也发表了一篇小说：《声音》。喊出了地心深处涌动出的呼喊！这一声文学的呼喊，响在深处、响在远方。表面上看，《声音》既没有复杂曲折的故事情节，也没有意义重大的社会内容，只是一个简简单单的没有发生的爱情故事。没有文化、不能上学、不被重视、割猪草的二兰子在极度压抑下喊出的"大刀睬，小刀睬"和身残志坚的"罗锅"的回应："大姑娘睬，小姑娘睬"。漫无目的、相互回应的呼喊，通过作者层层剥茧，洞察入微地描绘，生动地表现了二兰子这个农村少女复杂微妙心绪的那声荡气回肠的呼喊，喊出了被压抑的情绪爆发和对人生大胆的挑战，喊出了青春的激情和原始生命力的骚动，是一种寻找自由和自我的渴望，是潜意识中爱情的萌动和对新生活的呼唤。这一声呼喊超越了自身，饱含着实现人生价值，渴望得到别人的尊重和关爱，探索生活的真谛和实现自身价值的期盼。简单的故事情节饱含着复杂微妙、动荡不居的心理活动，平静的叙述表现了丰富深邃的内在意蕴：把握个人命运、寻求精神自由、追索心灵解放。《内当家》的作者是山东的王润滋，《声音》的作者是山东的张炜。随后，《卖蟹》《老人仓》《一潭清水》……好的作品层出不穷；李贯通、矫健、尤凤伟、刘玉堂、苗长水、左建明……优秀的作者如雨后春笋；他们凭借自己雄厚的创作实力形成了自己独特的创作风格，迅速赢得了全国文坛的影响力。他们的创作具有独特的精神风尚追求、大气磅礴意蕴深厚的文化思考和鲜明的地域文化风格。90 年代，赵德发的"农民三部曲"《君子梦》等长篇小说，深度描写了农民命运；刘玉堂的《乡村温柔》描绘了沂蒙山人物长卷；苗长水的《非凡的大姨》等一系列作品，具有鲜明的新历史主义特征，至今散发着征服人的艺术魅力。21 世纪伊始，李存葆、李延国、刘玉堂、莫言、李贯通、马瑞芳、苗长水、陈占敏、杨志军等一大批作家佳作不断，呈现出蓬勃的艺术生命力，以丰富的创作实绩不断壮大着山东作家群的声威与影响。这些作家都是山东的，他们的创作引起文坛内外的广泛关注，频频在各类国家级乃至世界级文学评奖中获奖。这些作家组成了响当当的文学鲁军。

齐鲁大地，历史上文学巨匠迭生，文脉昌盛，一直是中国文学的排头兵。文学鲁军就崛起于这样一个文化土壤无比肥沃的地方，她一诞生便带有自己鲜明的特色。

其一文学鲁军生长于孔孟之乡，具有深厚的历史和文化底蕴。他们对人的表现主要体现为强烈的人道主义精神。我们过去对人的理解是很狭窄的，只讲积极性、不讲人性，只讲单一性、不讲复杂性，只讲理性、不讲非理性，等。文学鲁军的创作对人的理解有了重大突破，不再简单地描写中国农民；打破传统枷锁、寻求精神解放，于是很多作品开始了深刻的文化反思。

其二作为礼仪之邦的文学鲁军，道德理想的传统加深了作家对人性的挖掘，很多作品真切地反映生活中道德和历史产生的深刻矛盾。如张炜的《鲁班的子孙》，表面写的是父亲和儿子在道德上的冲突，其真实的体现则是深深埋藏在生活表象下亟待改革的经济体制矛盾。作家通过作品表现出文

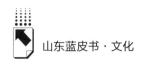

学和道德的关系是尖锐复杂的，历史的进步是不可阻挡的。

其三山东作家敢于直面生活的苦难，形成山东作家的独有风格。他们有很强的社会责任感，对于生活中苦难的描写，构成了他们作品的厚重和深度，张炜的《古船》、刘玉堂的《沂蒙山》都以浓重、凝练的笔触对我国城乡社会面貌变化和人民的生活情状作了真实全面的写照。

发　展

上层建筑必定决定于经济基础。改革开放，意识形态发生巨大变化，计划经济向市场经济过渡，这一切，必然会触动文坛。山东文坛，风云变幻、愁云弥漫、意志消沉。人们心中的物质欲望已经冲破了传统文化和以往道德樊篱的束缚。在这种情况下仍有很多作家在坚持创作，而且屡有佳作。21世纪以来，文学鲁军日渐呈现出复苏、成熟、壮大的状态。

进入21世纪，文学鲁军日渐壮大，续写辉煌。张炜创作出《芳心似火》《刺猬歌》等名篇佳作，出版荣获了第八届茅盾文学奖的系列长篇小说《你在高原》，创造了新时期30年来纯文学写作的奇迹，无愧于自己的祖先。莫言则创作了《檀香刑》《酒国》《丰乳肥臀》《蛙》等长篇小说，赢得了国际声誉，获得了诺贝尔文学奖。刘海栖为小朋友写的《没尾巴的烦恼》荣获全国优秀儿童文学奖。赵德发在"农民三部曲"之后，创作了《双手合十》等传统文化题材小说，显现了宏大的人文关怀。这些代表性作家的成就呈现出文学鲁军在全国的显赫影响力。文学鲁军的新锐新作也彰显出21世纪文学鲁军的创作实力。

进入21世纪以来，文学鲁军涌现出一批新生力量——鲁军新锐，开辟了齐鲁文学的深度和广度，引起文坛的广泛关注。新一代文学鲁军以深厚的道德理性思索回应了义利之辨的思想困惑，掀起了又一个时代的浪潮，铸就了文学鲁军的又一次崛起。刘玉栋、刘照如、路也、宗利华、王方晨、王黎明、凌可新、东紫、艾玛、王夫刚、铁流、王秀梅、常芳等，他们的名字像他们的前辈一样响彻中国文坛。他们的多元化创作风格，增强了文学鲁军的阵容和实力。他们的创作实绩在各个文学领域全面开花，特别是在诗歌创作领域。在各项重要诗歌评奖中，在历年的诗歌年选和排行榜中，文学鲁军名列前茅，成为一个引起各方关注和研究的重要文学现象。文学鲁军新锐独有自己的时代特点。

（一）文学鲁军新锐保持"多元发展、多点繁荣"

齐鲁大地催生了沉实丰硕的文学风景。像山东大地为国家贡献了大批粮食，蔬菜一样，同样为祖国大地贡献了大批高质量作家、作品。

21世纪以来，文学鲁军新锐呈现出了"多元发展、多点繁荣"的态势，他们的创作繁荣在小说、散文、诗歌、报告文学、儿童文学等各个领域。他们独有的齐鲁大地审美风格、深刻的人文关怀追求以及荡气回肠的文化底蕴，在中国文坛上独树一帜，文体上呈现多元发展，质量上蓬勃繁荣。

（二）文学鲁军新锐，绝大多数是从基层人民中走出来的，因此，他们的创作全面深刻地反映了社会生活

为了多出人才、多出精品，山东作协在新的历史条件下大胆革新，在全省实施作家签约制度。该制度正式实施以来，成效显著。从范围上看，山东作协先后签约的数批作家，基本涵盖了"文学鲁军新锐"的主力，为培养优秀骨干作家、催生文学精品、推动文学繁荣发展，起到了重要作用。签约作家普遍来自基层，具有广泛的代表性，并且门类齐全。

（三）文学鲁军新锐始终保持对生活强烈的现实关注，叙事艺术保持较高水平

齐鲁文学一直是中国文学的排头兵。改革开放以来，第一批鲁军作家，擎起了文学鲁军的旗帜，创造了齐鲁文学的辉煌。对于新一代文学鲁军而言，既是深厚传统的文学财富积淀，又是敦促前行的精神压力。新一代鲁军能否在此基石上，走出自己新的道路，实属不易。他们必须"选点爆发"

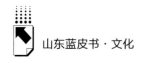

"多元取向",形成自己的特点优势,他们在平静中踏实前行。作品大面积在各类文学评奖中获奖或列入各类排行榜,特别是女作家,异军突起,为山东文坛争得了一个新的名称——"山东女作家群"。陈原诗歌荣获了"十月文学奖"、耿立的散文入选了中国散文排行榜等。一大批中青年作家勇猛精进,渐成文学鲁军之中坚。

在艺术创作手法上,新一代文学鲁军不断探索新的叙事艺术,牢牢把握开拓创新和积极寻求自我超越。鲁军新锐作家积极求变,富有开拓精神。由于生活经历使然,山东作家多以描写农村生活见长,新的生活开拓了他们的视野,他们也向城市生活描写进军且出手就令人耳目一新。例如作家王方晨是以在乡土生活中挖掘人性见长的,他也向都市小说掘进,力图与人民同心,反映时代呼声,体现齐鲁气派。

(四)新一代文学鲁军的创作地域特色鲜明,人文色彩浓厚

在全国范围内纵向比较,文学新鲁军具有自己独特的审美追求,温婉敦厚,不追求极端叙事,在对寻常生活的娓娓道来中展现对世事人生的深度叩问,在凸显齐鲁文化的"中和之美"中,又洋溢着浓郁的道德理想追求和深沉的人文关怀的理性追求。文学新鲁军更多地关注城市边缘和乡村底层人物的生活状态。他们有着独特深厚的齐鲁历史文化浸润,对传统文化、海洋文化、济南文化情有独钟,倾注感情的深度开掘,使他们的作品呈现出深厚的齐鲁文化底蕴和山东大地特色。

文学新鲁军的创作是山东特产,饱含山东文化特质,以得天独厚的文化精神成为中国文学创作的旗帜。他们的创作紧随当代中国社会现实,深入挖掘脚下的土地,紧紧地贴近社会生活的真相,在喧哗热闹的中国文坛,这样稳厚的文学面貌只能产生于齐鲁大地。

展　望

"发展文化事业是满足人民精神文化需求、保障人民文化权益的根本途

径。要坚持为人民服务、为社会主义服务的方向，坚持百花齐放、百家争鸣的方针，全面繁荣新闻出版、广播影视、文学艺术、哲学社会科学事业，着力提升公共文化服务水平，让人民享有更加充实更为丰富更高质量的精神文化生活。"① 文学鲁军要无愧于伟大的时代，无愧于齐鲁大地，无愧于"文学鲁军"这个响当当的名号，任重而道远。

第一，文学鲁军要齐心协力铸造自己的文学之魂，打造自己的集团军。军有军魂，国有国魂。一支队伍，没有自己的灵魂是不行的。上下一心，齐心协力，朝着既定的目标是非常重要的。立足齐鲁大地，彰显齐鲁文化，无愧于这片肥沃丰饶的文坛，未来可期。

第二，文学创作和推广，需要培养强大的评论家队伍。酒香也怕巷子深。在文学市场不断萎缩，文学关注度下降的大环境下，需要提高读者的文化修养和培养文化消费需求，作家的信念坚持和思维突破极为重要。文学不景气原因是多方面的，文学、作家不可能永远"被遮蔽"，精神永远比物质更重要，作家需要极大的耐力和自我修养的坚持。评论与创作相得益彰，缺一不可，是"车之双轮""鸟之双翼"，二者要相互推进、相互作用、共同进步。文学是个体性、独立性极强的工作，创新求异是唯一出路。批评家和作家是相互独立的，他们的精神思考和生命体验更不可取代。作家需要有独到见解的优秀评论家，作家的成长离不开与之同步的评论家。

第三，文学新鲁军要大声吆喝，扩大宣传，让好的作品优质优价。不仅山东，全国各省份都在不遗余力地积极推广自己的作家新锐，培养诞生了如"宁夏文坛新三棵树""甘肃小说八骏""河北文坛四侠"等品牌，在全国文坛为读者喜爱和熟悉。文学新鲁军十分强大，山东作家不应该低调，而应当仁不让，勇立潮头。评论家、出版人要更多、更集中地关注鲁军新锐作家群体，各环节共同推动。

第四，增强创新意识。中国正在发生巨大的变化，社会基本结构正在改

---

① 习近平：《2020 年 9 月 22 日在教育文化卫生体育领域专家代表座谈会上的讲话》，《人民日报》2020 年 10 月 10 日。

变。中国人正在由更多的"外求"转向更多的"内求"。知识、创新、独立、个性、理想将占据更大的空间，独有匠心的人的社会地位将获得极大的提升。因此，增强创新意识尤为重要。好的东西，总是稀缺的，永远被需要，被期待。鲁军新锐要再出发、再突围，深入思考，要转变创作思路，深挖生活内容，探索新的叙述形式、叙述语言，创建属于自己独有的精神美学风格。面壁十年，坐得冷板凳。山东有自己独有的深厚的文化基因，山东文脉影响深远，有这样的文脉，文学新鲁军具备重新崛起的条件，他们的突围值得期待。

第五，要向生活学习。这个问题是老生常谈。在日新月异的今天，如何进入生活，深入生活，已经成为今天的青年作家的必修课。青年作家生活没有重大冲突，缺乏生活历练，已经是重大的迫在眉睫的短板，这是重建个人精神根脉的根本问题。

山东省文学创作的新收获、新高度，展示了文化强省建设的新成果。山东作家坚持以习近平总书记在文艺工作座谈会上的重要讲话精神为指引，坚持以人民为中心的创作导向，弘扬中国精神、凝聚中国力量，让社会主义核心价值观在山东落地生根。山东文学佳作频出，成绩喜人。张炜先后荣获茅盾文学奖、全国优秀儿童文学奖、中华优秀出版物奖、中国出版政府奖、全国精神文明建设"五个一工程"奖，加上此前获得的全国优秀短篇小说奖，成为当代作家中唯一一位囊括全国六大重要奖项的'大满贯'作家。苗长水的长篇小说《梦焰》，王鸿鹏、马娜的长篇报告文学《中国机器人》，铁流、徐锦庚的长篇报告文学《国家记忆》，先后荣获全国精神文明建设"五个一工程"奖；刘海栖的童话《无尾小鼠历险记·没尾巴的烦恼》荣获全国优秀儿童文学奖；更有一大批山东作家的作品在全国其他重要文学评奖中获奖或列入重要文学排行榜。山东作家创作队伍稳定，创作水平、数量在全国走在前列。

山东作家在第七届鲁迅文学奖评选颁奖活动中收获丰硕，再次表明齐鲁大地不仅是文学大省，更是文学强省。夏立军的《时间的压力》获得散文杂文奖；黄发有的《中国当代文学传媒研究》获得文学理论评论奖，都是极有分量的奖项，也开拓了齐鲁文学不只是以小说作品领先且文学理论也走在前列的先河。以作品立身，为人民奉献最好的精神食粮已成为文学鲁军的基本共识。创作是作家、评论家的中心任务，作品是作家、评论家的立身之本，精益求精搞创作，多出人才、多出精品才是王道。从这个意义上说，文学鲁军还在路上。

参考文献

吴义勤：《20 世纪 90 年代的中国文学批评》，《文艺研究》2002 年第 5 期。

吴义勤：《新时期小说研究的深化与突破》，《文学评论》2003 年第 2 期。

B.14
十四五期间济南建设国家中心城市文化支撑体系研究

许 东*

摘　要：　国家中心城市在打造城市文化特色、文化品牌塑造、文旅融合发展等方面，积累了宝贵而丰富的经验，走在了全国前列。十四五期间，济南争创国家中心城市应在城市文化基础设施建设、文化产业发展、智库打造、人才队伍建设方面系统提升济南城市文化建设水平，走出一条适应时代要求、符合实践规律、体现济南特色的"泉城之路"。

关键词：　十四五　济南　国家中心城市　城市文化

习近平总书记在党的十九大报告中指出："以城市群为主体构建大中小城市和小城镇协调发展的城镇格局。"这是党中央深刻把握和科学运用城市空间布局规律，对优化我国未来城镇体系做出的科学论断。国家中心城市，是居于国家要地、肩负国家使命、体现国家战略、引领区域发展的特大型都市，在国家、区域和城市群的经济、社会和文化发展中具有举足轻重的地位。2005年，建设部根据《城市规划法》编制全国城镇体系规划，首次提出国家中心城市概念，确定北京、天津、上海、广州为国家中心城市。2010年2月，住房与城乡建设部编制《全国城镇体系规划（2006～2020）》，规

---

* 许东，文学博士，山东社会科学院文化研究所助理研究员，研究方向为齐鲁文化、文化旅游。

划建设北京、上海、天津、广州和重庆为国家中心城市。国家中心城市与
"对外开放"、"国家战略"、"城市地位"、"综合竞争力"等关键词紧密相
连，成为衡量城市地位、经济实力和国际知名度的重要标准。此后，增选入
列国家中心城市成为很多城市发展的重要目标。2016年，成都、武汉和郑
州三城进入国家中心城市行列。2018年，西安成为国家中心城市。截至目
前，全国已有九座城市跻身国家中心城市行列，屹立于中国城市金字塔的
塔尖。

近年来，九大国家中心城市作为区域带动的战略平台和发展支点，紧扣
时代要求和国家使命托付，坚定不移地贯彻"创新、协调、绿色、开放、
共享"的新发展理念，顺应城市工作新形势、改革发展新要求和人民群众
新期待，在高质量发展路径和方法上进行了实践探索和全面创新，在综合服
务、科技创新、对外开放、交流合作等方面取得了显著成效，成为我国城市
高质量、高标准、国际化发展的领头羊和先行军，成为适应中国经济新常
态、引领中国经济新变局、创造中国经济新变革的城市样板。目前，包括济
南在内国内十余座城市提出了创建国家中心城市的目标。从文化视角而言，
在建设国家中心城市的过程中，要注重挖掘城市文化内涵，塑造城市文化品
牌，使国家中心城市不仅是高楼林立、时尚便捷的现代之城，更是历史悠
久、人文荟萃的文化之都。

一 济南市城市文化建设的优势

济南作为全国经济排名第三位省份的省会、国家历史文化名城、全国文
明城市、黄河下游城市群核心城市，应该抓住新旧动能转换综合试验区、山
东自贸试验区和黄河流域生态保护和高质量发展国家战略的历史机遇，深入
学习和广泛吸收九大国家中心城市文化建设经验，认清形势、自摸家底、强
化优势、弥补不足，在城市文化建设中走出一条适应时代要求、符合实践规
律、体现济南特色的"泉城之路"，不断提升文化对于济南建设国家中心城
市的支撑作用。

（一）在省级两级政府指导下，创建工作扎实推进

自 2018 年至今，山东省、济南市两级政府有条不紊、积极推进济南市创建国家中心城市相关工作部署。2018 年 1 月，山东省政府工作报告中，明确提出支持济南建设国家中心城市的政策指向。2019 年 1 月，济南市在政府工作报告中，明确提出建设国家中心城市的目标。2019 年 3 月，《济南城市发展战略规划（2018～2050）》发布，规划提出以创建国家中心城市和美丽宜居泉城的发展定位，以建设"大强美富通"现代化国际大都市的规划目标，提出到 2025 年建设成为新兴国家中心城市。为此，济南市制定了分解实施的八大行动，在城市文化建设方面，提出了"文化复兴：打造山水圣人中华文化高地"的行动指南。立志于以"山水圣人"中华文化轴为主线，串联一系列文化起源重要遗址，统筹文化保护、传承、创新，合力打造中华民族重要精神家园，提升泉城魅力，彰显泉水文化特色，使济南成为"山水圣人"中华文化高地及国际旅游重要目的地。

2020 年 1 月 5 日，济南市委经济工作暨"四个中心"建设推进大会召开，会上发布了《济南建设国家中心城市三年行动计划（2020～2022年)》，本规划以黄河流域生态保护和高质量发展为重要支撑。吹响了济南市全力冲击国家中心城市的号角，强调在三年内打造"山水圣人"中华文化枢轴，积极创建"东亚文化之都"的行动方案。2020 年 9 月，山东省第十三届人民代表大会常务委员会第二十三次会议决定批准《济南市历史文化名城保护条例》（以下简称《条例》），《条例》结合济南市历史文化名城保护工作实际，分别对保护名录、保护规划、保护措施、保护利用、法律责任等方面做了规定，《条例》不仅为济南名城保护利用工作的顺利推进提供了法律保障，也对名城保护工作提出了新的方向和要求，使得济南市创建国家中心城市文化遗存保护工作有章可循。2020 年 9 月 25 日，山东省政府新闻办召开新闻发布会，进一步明确山东省支持济南建设国家中心城市的政策方针。

综上而言，自 2018 年至今，济南市创建国家中心城市工作扎实推进、稳步展开，省市两级也密集出台了推进济南市国家中心城市建设的各类政策条例，为创建工作提供了有力抓手。

（二）济南拥有丰厚的历史文化资源和优越的自然地理环境

济南作为山东省的政治、经济、科技和文化中心，有近 4600 年的建城史，是我国第二批全国历史文化名城，历史悠久，人文荟萃。截止到 2019 年 12 月，济南市境内共有全国重点文物保护单位 30 处，省级重点文物保护单位 161 处，市级重点文物保护单位 244 处。济南市境内文化遗迹包含大舜文化、齐文化、鲁文化、名士文化、商埠文化、红色文化、民俗文化、宗教文化等，形成了多种类、多层次、多内涵的丰富多彩的文化生态布局。中国三大古文化之一的龙山文化即发源于此，横贯济南南部的齐长城是中国最早的长城，济南还拥有中国最古老的石塔—隋代柳埠四门塔，中国现存最早的地面房屋建筑汉代孝堂山郭氏墓祠，中国佛教四大名刹之一的灵岩寺，明清民俗村落朱家峪等名胜古迹。此外，济南自古出名士，诞生了中国历史上许多著名人物，中国传统医学的杰出代表"扁鹊"、中国古代阴阳五行学说的创始人邹衍、汉代经学大师伏生、唐朝开国功臣房玄龄和名将秦琼、宋代"婉约派"词人李清照和"豪放派"词人辛弃疾、金元散曲家张养浩、明代前"七子"之一边贡和后"七子"之一李攀龙、清代经学家张尔岐、近代民族实业家孟洛川等人。

此外，济南位于鲁中丘陵山地和鲁北冲积平原的交界地带，自然禀赋济南独具特色的地理环境，"山、泉、湖、河、城"一体的地理、自然、文化的交融，惟济南独有，"天下第一泉"、"七十二名泉"的城市风景世人皆知，蜚声海内。此外，千佛山、大明湖、五峰山、小华山、大峰山、白云湖、房干山、雪野湖等风景名胜，以自然景观奇特、风光秀美、文化积淀丰厚而名扬海内外，这些地理文化优势是济南城市文化建设的良好基础和先天条件。同时，济南市地理位置优越，交通便利，是连接华东与华北的门户，是连接华东、华北和中西部地区的重要交通枢纽，目前有过境高速 16 条、国道 5 条、省道 16 条。到 2019 年末，济南市公路通车里程 17770.9 公里，其中，境内高速公路 653.6 公里。济南长途汽车总站是国家一级汽车客运站，也是中国最大的国有公路客运站和客运主枢纽之一。济南市是济南铁路局的驻地和局内最大的铁路中心枢纽，铁路客运站有济南站、济南东站、济南西站、章丘站、章丘北站、大明湖站、莱芜东站等。济南遥墙国际机场同青银高速公路、京台高速公路、京沪高速公路相接。2019 年，济南机场累计保障起降 13.0 万架次，旅客吞吐量 1756.0 万人次，货邮吞吐量 13.5 万吨，为山东省第二大机场。

（三）济南拥有坚实的文化事业发展基础

济南市作为山东省省会，是全省的政治、文化和教育中心。2019 年，济南市驻济高校 52 所，在校生 76.2 万人，专职教师 40627 人，中等职业学校 40 所，在校生 5.6 万人，专职教师 4058 人，学校数量和师生人数位居全省首位。此外，在公共文化服务方面。"济南市共有艺术表演团体 15 个，文化馆（站）及群众艺术馆 169 个，博物馆 13 个，档案馆 17 个，公共图书馆 14 个。市级以上文物保护单位 435 处，其中，国家级 30 处。城市可统计票房数字影院 65 家，放映 81.7 万场次，观众 1306.7 万人次，票房收入 4.9 亿元。年末广播人口混合覆盖率 99.7%，电视人口混合覆盖率 99.3%。建成'泉城书房'12 个，基层综合性文化服务中心覆盖率 100%。"① 济南市共有各类文化新闻出版经营单位 7000 余家，共吸纳从业人员 10 万余人。文化产业示范基地 13 家，形成了齐鲁动漫、世纪金榜、西街工坊等一系列文化产业品牌。近年来，中国第十一届艺术节、第六届中国非物质文化遗产博览会、首届中国国际文化旅游博览会等全国性文化会展活动先后在济南展开。此外，山东省文化产业博览会、山东省旅游发展大会等省级文化旅游会展活动连续多年在济南举办，这些都为济南市文化产业的发展提供了良好的平台。

---

① 《2019 年济南市国民经济和社会发展统计公报》，舜网，https：//news. e23. cn/jnnews/2020 - 03 - 31/2020033100022. html，2020 年 3 月 31 日。

二 济南城市文化建设的现状及不足

济南作为山东省的省会，全国副省级城市，山东"一山一水一圣人"黄金旅游线路节点城市，城市文化建设具有得天独厚的优势。但济南市在山东省的城市首位度不足，对于周边城市的引领带动作用不强，反映到城市文化上，表现为济南城市形象、城市品牌和城市特色的塑造不足、名气不响，需要在以下几个方面重点发力。

首先，济南市城市形象和城市品牌塑造不足。济南以泉水闻名，七十二名泉、天下第一泉趵突泉的美名享誉海内外，泉水是济南城市的血脉，更是济南历史文化的灵魂，"泉城济南"是济南城市形象和城市品牌塑造的核心内容。但是，济南泉水大多规模较小且分散各处，大多坐落于某一角落，多数不为人所知。即便是趵突泉、黑虎泉等位于市区名泉，受制于景区空间和季节水文变化，泉水喷涌极不稳定，在枯水期还面临着停喷的危险，历史上趵突腾空、黑虎啸月的场景很难看到。同时，济南对"泉"的挖掘力度不够、历史厚度不足、文旅融合欠缺，济南泉水文化与城市人文结合尚需加强，对于"泉水"的历史挖掘、生活描写、诗意展示有待提升。外地人对于济南的认识多以影视剧中的虚构情节和零散的历史记忆为主，城市形象、城市品牌、城市特色的建设与济南市深厚的历史文化资源极为不符，两者之间表现出不平衡、不匹配的特点。另外，泉城济南城市形象宣传的力度和技巧方面有待提升，泉水文化与当地历史和风俗文化结合不够密切，"泉城济南"的文化内涵和城市底蕴尚未被民众所熟知和认可，未形成良好的传播效应，济南的城市形象长期处于不温不火的状态。在借助新媒体宣传方面，济南城市形象推广渠道较弱，宣传方式相对单一，至今没有形成耳熟能详给人印象深刻的宣传标语，除了连音社、民谣《济南济南》之外，济南在借助新媒体宣传塑造"泉城"形象方面，缺乏引爆网络的传播要素。

基于以上原因，外地游客来济南旅游还多限于简单赏泉、品泉的走马观花式的观光型旅游为主，更多的省外国外游客群体多将济南作为海滨旅游的

"中转站"。同时，旅游体验较差，缺乏深度旅游、回头游的动力。另外，旅游文创产品种类相对较陈旧，多以特色食品为主，相对来讲，层次较低，种类较少，没有树立旅游产品的形象，难以给游客留下深刻印象[①]。

其次，文化资源整合、文旅融合不够。济南市历史文化资源极其丰厚，分类而言，主要包含大舜文化、齐文化、鲁文化、名士文化、商埠文化、红色文化、民俗文化、宗教文化等几个方面。但就目前情况而言，济南市对于文化建设工作的思想重视不够、开发力度不足，缺乏对全域关联历史文化资源的有效整合和整体开发。同时，济南文化遗存多以点状分布为特征，多以纪念馆、展览室的载体，以单纯静态图片方式对相关文化内涵进行介绍，文化遗存之间相互之间并无太多关联，缺乏以科学合理的方式，按照其内在的关联性进行集体整合。另外，济南市文化保护、开发与利用整体思路不甚明确，城市文化建设大多处于"各自为战"、"被动应对"、"抓点放面"的状态，缺乏整体的文化建设、挖掘与合理布局，难以进入体系化和系统化的建设发展阶段。

再次，缺乏对文化产业两创发展的有效引领和跨界融合。习近平总书记在十九大报告中提出，要"推动中华优秀传统文化创造性转化、创新性发展"，这为济南城市文化建设指明了方向。近年来，济南在城市发展建设过程中，坚持以两创作为行动指南，取得了一定成绩，但与先进城市相比，济南在城市文化建设相关政策的制定和出台不够及时、主动和灵活，文化两创发展的引领不足、动力不够、韧性不强。同时，在文化+跨界发展方面，与先进城市相比，济南市文化产业发展欠缺龙头企业带动，产业集聚的规模效应未能有效呈现，未能形成点石成金、以小博大的杠杆效应和良性循环，亟须政府出台文化两创发展和跨界融合的政策制度，以政府牵头、企业主体、社会参与的方式，为济南文化产业发展提供更加有效的指引。

最后，宣传协同能力较差，人才队伍建设需要进一步加强。目前，济南

---

① 张波、范洪宇、李世天：《城市旅游文创产品开发探索—以济南为例》，《智库时代》2019年第16期。

市推动城市文化建设的主体力量还是党政机关、高等院校和科研机构，文化产业投资主要还是以国有企业的建设投资为主。弘扬传统文化的民间自发性组织力量还相对比较薄弱，管理还不够规范，根据济南市民政局网站统计，济南市从事传统文化弘扬与发展的民间社会团体数量不足，仅占到济南市民政局合法注册民间社团数量不足4%。与此同时，大量民间社团社会活动多是自发性活动，未能充分发挥民间社团的应有作用。同时，济南市还未出台官方与民间有效交流与协同发展的平台载体，政府与民间社团的联络多数还限制于管理与被管理的层面。同时，济南市与高校人才培养对接不够全面、深入和精准，高层次人才引进力度不足，对基层文化事业从业者的培养扶持力度不够足，人才梯队建设不够完善，优秀复合型人才尤为稀缺。

三　推进济南城市文化建设的几点建议

加快完善济南城市文化建设，支撑济南创建国家中心城市，应该抓住机遇、认清形势、对标对表、补短强优，以打造城市品牌为内涵，创新"文旅＋"融合模式，在城市文化基础设施建设、文化产业发展、智库打造、人才队伍建设方面系统提升济南城市文化建设水平。

第一，明确建设目标，系统打造城市文化品牌。建议济南市学习国家中心城市的先进经验，厘清城市文化建设的行动逻辑，在学习、调研并充分听取社会各阶层代表的意见和建议的基础上，建立起科学、合理的工作方法，明确城市文化建设路向、实施路径和阶段目标。要以"十四五规划"为契机，根据国务院《济南历史文化名城保护规划获批》和山泉湖河城的总体城市规划，完美对接山东省新旧动能转换综合试验区、黄河流域生态保护和高质量发展等国家战略的重大部署，制定着眼全省、全市统筹、各地联动、点面融合的济南文化建设的相关规划、政策、制度，使得各项工作都能有章可循、有规可依，将城市文化与城市建筑有机结合，将城市的人文历史血脉融入城市建设的肌理之中，形成全市一盘棋、区县同步走、文旅两开花的良性局面，树立国家中心城市的特色形象。

具体而言，一是依托济南城市历史文化底蕴，以"济南泉·城文化景观"列入《中国世界文化遗产预备名单》、冲击世界文化遗产为契机，做足泉水功课、深挖泉水内涵、讲好泉水故事，加快体制创新和制度创新的步伐，以政府为主导，广泛吸收社会资源，做好城市品牌的规划、运营与维护，把与历史文化相关的零碎分散、内容单一的对象以科学合理的方法整合为有内在关联性的集合体，形成特色鲜明、内容丰富、且能够达到一定内涵深度的新资源，打造享誉世界的"泉城济南"城市文化品牌。二是紧跟山东省新旧动能转换综合试验区、山东自贸试验区、黄河流域生态保护和高质量发展等国家战略的重大部署，树立新的城市发展理念，将济南城市文化完美融入"山水圣人"中华文化带建设之中，深度挖掘济南黄河文化资源，打造"大河之畔、文化济南"的城市形象，提升济南城市文化建设与泰山文化、儒家文化的联手、互动，紧抓"国山、圣城、母亲河"中华文化枢轴和大运河国家文化公园建设，打造全省文旅融合高质量发展增长极、炎黄子孙共有精神家园和世界文明交流互鉴高地。三是以济南全国文明城市复评"三连冠"为契机，全力打造文明城市的国家样板，走出一条文明创建的济南模式。同时，要顺势而为、借势而进、造势而起、乘势而上，通过宣传与教育，凝聚全市人民建设国家中心城市的精神共识。

第二，深挖文旅融合，打造文旅融合新业态。一是按照"宜融则融，能融尽融，以文促旅，以旅彰文"的原则，加强管理部门和职能部门的融合，打通政府部门分头管理的壁垒，建立文化、旅游、文物、工商、住建等部门协调联动机制，使得文化资源既能保护好，又能利用好，更能发展好。二是创新文旅融合新业态，根据消费者旅游倾向的转移，结合济南"南山、中城、北水"的自然环境风貌，深入推进"文化＋旅游＋"模式，强化文旅与互联网、农业、工业、信息技术的互动与融合，以南山乡村体验旅游、中泉城市风貌旅游和北河历史文化旅游为带动，形成小轴线联动大枢轴的格局，塑造顺应时代要求和群众需求的文旅融合新业态。三是利用南部山区和莱芜地区优质自然资源，引导高端民宿建设，以高性价比、高私密性和高体验性，满足了家庭出游、朋友欢聚等多人多天的个性化旅游住宿需求。此外，加强大峰山、五峰山、雪野湖、房干山康养文旅项目建设和济钢厂区遗址公园开发利用等等，形成多功能、多维度、多选择的旅游业态分布格局，满足消费者全天候、全方位、个性化的旅游消费需求。

第三，进一步完善优化城市文化基础设施建设。在目前城市文化基础设施建设的基础上，做好城市文化绣花针功夫，当好城市文化建设啄木鸟，借助大数据、人工智能技术支撑，打造精细化、便利化、网络化城市文化服务平台，打通、捋顺城市文化基础设施建设"最后一公里"，让公共文化服务延伸到城市每个角落。同时，兼顾区域平衡发展，大力实施覆盖城乡、城乡一体的综合性文化惠民工程。另一方面，要注重创新公共文化服务供给模式，提高公共文化服务水平和效能。文化基础设施不仅要建好，更要用好，不能当花瓶、当摆设，各地要因地制宜，关注人民群众的新期待、新需求，借鉴先进城市公共文化服务菜单式、订单式举措，为人民群众提供多姿多彩、喜闻乐见的系列文化活动，让广大居民真正享受自己"想看"的文艺产品和"想要"的文化服务。

第四，多元融合助力文化产业跨越发展。城市文化的兴盛离不开文化产业的繁荣，文化产业发展要以"文化+跨界"方式，开创多元联动、优势互补、风险共担的创新性发展模式。建设政府背书、企业主导、社会参与的多元化文化产业投融资平台，从根本上解决文化企业特别是小微企业投融资难题。充分发挥济南文旅、济南日报、世纪金榜、星工坊等文化产业龙头企业的引领带动作用，以"文化龙头企业+园区"产业孵化带动方式，深度挖掘济南市文化企业的现代活力，通过政策、资金的扶持，拓展文化龙头企业的产业链条、增强文化龙头企业的辐射带动。同时，以创业孵化、政策支撑为牵引，吸引国内外文创团队、艺术团体入驻济南、扎根济南，采取1个龙头+多个企业+1个基地"1+多+1"的模式，通过龙头带动、企业参与，建设特色文化产业园区，实现文化产业的集聚、高效、快速发展，使文化基地成为济南文化传播的桥头堡和主阵地。同时，注重打造全方位、多视角、立体化的"文化+互联网"融媒体传播平台。以"发现济南之美"为主题，借助融媒体力量宣传与传播，发现济南之美、看到济南之变、了解济南之魂，打造"网红济南"品牌，开展"大 V 看济南""网红游济南"等专题活动，邀请网络达人、当红主播等来到济南，品味济南，让更多网民了解济南。同时，政府还应强化自我形象的塑造和传播，以观众和网民喜闻乐见的方式，借助融媒体平台，不断增强县区文化亮点的出镜率和曝光率，全方位、多角度、多层面提升济南城市文化在全国的识别度和影响力。

第五，深化人才发展体制机制改革。一是以内优外引的模式，通过与高校、科研机构合作，靶向定制专属课程，增强文化事业从业人员的理论素养。二是创新人才引进模式，采取"靶向引才"、"柔性引才"机制，面向全球遴选引进具有世界一流水平的顶尖人才，搭建具有国际视野的人才队伍梯队。三是加快文化事业人才治理体系建设，改进人才支持方式，建立科学、稳定、有效的人才培养机制。同时，突出市场导向，加大创新人才培养支持力度，积极构建全域、创新、开放、协调的人才发展理念及相应的落地机制。

第六，打造济南城市文化建设研究高地。一是加强与山东大学、山东师范大学、山东社会科学院、济南大学等驻济高校、科研单位的合作，引入文化建设协同创新机制，打造济南城市文化建设高端智库。二是通过设立学术研究基金、专项人才引进培养基金、文化建设专项出版基金等方式，鼓励专家学者将研究重点、科研课题转向济南城市文化建设，让更多的高端文化人才研究济南、关注济南、宣传济南，提升济南城市文化研究的广度、深度，为济南城市文化的整合、优化、提升提供理论源泉和创新动力。

综上而言，近几年济南市在创建国家中心城市的过程中，做了很多扎实有效的工作，取得了显著成绩。未来面对新形势、新变化、新要求，济南市要在城市文化建设过程中，对标先进、正视差距、准确定位，建立健全与济南城市形象与性格相匹配的历史文化保护开发制度体系，创新完善彰显时代特色与地域特点的文化产业发展格局，将济南建成既有浓厚历史文化底蕴，又有鲜明时代特征，活力多元的文旅名城，为创建国家中心城市提供澎湃的文化动力。

参考文献

著作

张伟：《山东文化发展报告（2020）》，社会科学文献出版社，2020 年版。

赵健、孙先科：《国家中心城市建设报告（2020）》，社会科学文献出版社，2020 年版。

赵健、孙先科：《国家中心城市建设报告（2019）》，社会科学文献出版社，2019 年版。

范周：《中国文化产业重大问题新思考》，商务印书馆，2019 年版。

王佃利、王玉龙、黄晴：《古城更新——空间生产视角下的城市振兴》，北京大学出版社，2019 年版。

赵健、孙先科：《国家中心城市建设报告（2018）》，社会科学文献出版社，2018 年版。

王建国：《郑州建设国家中心城市战略研究》，中国经济出版社，2018 年版。

广州市社会科学规划领导小组办公室：《建设国家中心城市的战略构想》，社科文献出版社，2017 年版。

王丰龙：《国家中心城市建设的科学基础与途径》，中国财政经济出版社，2017 年版。

田美玲：《国家中心城市的理论与实践研究——以武汉市为例》，经济管理出版社，2016 年版。

彭劲松：《重庆大都市区产业转型与空间整合发展研究：基于国家中心城市建设视角》，西南交通大学出版社，2014 年版。

论文

周炎、于俊强：《全媒体时代济南泉文化研究现状及传播新路径》，《品牌研究》2019 年第 14 期。

庄仕文：《论城市文化软实力及其提升路径——以济南为例》，《大连干部学刊》2017 年第 11 期。

郭小转：《城市书写：作为一种视角——〈老残游记〉中的城市记忆》，《中国石油大学学报（社会科学版）》2017 年第 2 期。

王姗姗、傅永军：《城市历史文化记忆的生成与当代价值构建——济南历史建筑的哲学诠释学解读》，《民俗研究》2017 年第 1 期。

B.15
济南打造东亚文化之都：
基于城市文化空间理论的思考与建议

石兆宏[*]

摘　要：　城市文化空间塑造，是全球化背景下提升城市文化辨识度、构筑城市竞争优势的重要策略之一。济南已成功入选2022年“东亚文化之都”候选城市，应对城市文化空间塑造做出统筹考虑和安排，主要思路框架是：以打造文化品牌有特色、文化服务有品质、文化开发和对外交流有高度的城市文化体系为目标，围绕一个文化核心圈层、三大文化带动轴及五大文化分区展开，以差异化文化分区建设和城市文化的多样化呈现，塑造精彩纷呈、富有活力的城市文化空间，助力“东亚文化之都”申建工作。

关键词：　城市竞争东亚文化之都　文化空间塑造　城市文化空间

一　前言

“东亚文化之都”创建活动是参照“欧洲文化之都”活动经验、由中日韩三国共同启动的文化活动项目。“东亚文化之都”于2013年正式启动评选活动，作为亚洲第一个国际性文化城市命名活动，至今已有3个国家的

＊　石兆宏，济南社会科学院发展研究中心主任、研究员，研究方向为城市研究。

21 座城市获此殊荣。"东亚文化之都"的评选及系列文化活动的开展，一方面在总体上促进了中日韩三国的文化沟通和文化认同，增强了相互间的文化共情，扩展了中日韩三国文化交流与合作的平台；另一方面，由于参选"东亚文化之都"也是重新梳理城市文化脉络、完善文化发展体系、彰显城市文化魅力的重要契机，在文化战略已成为国际城市升级发展重要落点的时代，申报和打造"东亚文化之都"，也成为一个城市在世界舞台上提升自身文化辨识度、加强国际社会分工合作的重要途径和实施平台。济南已于2019 年成功入选 2022 年"东亚文化之都"候选城市，目前，按照"东亚文化之都"评选标准，有关部门正围绕打造"东亚文化之都"制定相应的推进方案和实施计划，各项工作已陆续展开。

申建"东亚文化之都"有相应的申报条件和评审标准，入围"东亚文化之都"候选城市之后，更是需要在文物保护与利用、非物质文化遗产保护与传承、公共文化服务体系建设、参与文化交流和文化产业合作等方面有所作为。济南在城市文化积累、文化遗产保护利用以及城市文化设施与服务的配置建设等方面都具有一定优势，但是要想在东亚文化之都若干候选城市中脱颖而出，还需要立足相关评审标准及其核心要求，对城市文化个性和城市文化重塑有更深入的思考和把握，形成更有力的工作推进方案。本文将以城市文化空间理论为透视点和分析框架，就济南城市文化空间塑造的相关问题展开研究，进而围绕济南打造东亚文化之都提出相应的对策和建议。

二　城市文化空间塑造的理论与实践

（一）城市文化空间：概念与分类

1. 城市文化空间概念

关于文化空间，目前学术界尚未形成统一的概念界定。城市研究一般将文化空间定义为与人们的活动、行为、空间场所相关联的城市空间。城市文化空间是指具有文化记载、传播、生产和消费功能，受市民普遍认同的公共

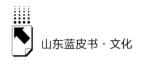

空间和场所。① 也有学者把文化空间理解为"公共文化空间"。城市研究是以更集中的透视视角来研究城市文化空间，这有助于对城市文化的独特性做出探讨，从而形成更有针对性的文化竞争策略。

城市研究对于城市文化空间的关注，直接与全球化以及全球化背景下城市竞争战略的升级相关联。在全球化快速推进的情势下，随着文化战略逐渐成为城市竞争战略的重要组成部分，城市文化空间在文化空间体系中的核心影响力日益明显，城市文化空间塑造对于城市参与全球竞争的作用和意义也逐步显现出来，并由此成为学术界关注的一个重要问题，研究者也逐渐就城市文化空间的内涵与意义形成了一些基本认识。

概括起来看，关于城市文化空间可着重从以下几个方面做出把握：首先，城市文化空间是基于城市特定的历史过程所形成的文化空间体系，城市以往历史过程所形成的文化脉络和节点印记、现代城市发展所形成的环境、设施、生活场景和创意空间记载了城市演进的过程，也搭建起了城市文化空间的基本框架和特征；其次，城市文化空间能够反映城市独特的面貌与内涵，在决定城市的精神尺度与价值追求的同时，也成为推动经济社会发展的主要因素，是构成国际城市吸引力和竞争力的核心内容；最后，城市文化空间是城市空间体系的重要组成部分，可以通过规划引领对文化资源进行优化配置，从而实现城市文化空间以及整个城市文化体系的再塑造。

2. 城市文化空间分类

城市文化空间是基于各种城市文化关系建立起来的空间系统，包括历史文化与现代文化、公共服务文化与商业配套文化、宏观尺度的文化脉络与文化片区分层以及中观和微观尺度的文化设施配套等，这些文化空间关系也是我们对城市文化空间进行分类的基础框架。

首先，可以根据文化的时间脉络，将文化空间分为历史文化空间和现代文化空间。任何城市都有特定的历史演进过程，这个过程既赋予了城市特定

---

① 〔英〕阿雷恩·鲍尔德温等：《文化研究导论》，陶东风等译，高等教育出版社，2004。

的历史文脉，构成了独特的城市记忆，也为城市留下了属于自己的历史空间节点，为城市构建起了相应的文化空间框架与载体；而城市现代文明、现代生活的植入，又必然伴生出新的文化载体，包括各种艺术、教育、科技、体育、商业休闲等服务设施，各种文化广场和产业型文化场地，这些都构成了城市现代文化空间。任何城市的文化空间，都由历史文化空间和现代文化空间共同构成。

其次，根据文化存在的属性、形态和空间尺度，可对城市文化空间做出文化整体、文化片区、文化节点等不同层次的区分。其中，文化整体格局涉及城市文化的空间布局（轴线分布与片区组织）、这种空间布局内含的文脉关系及城市整体文化意象等因素；文化片区以相对独立的空间存在，塑造和实现了不同的城市文化功能，构成了城市文化空间的多样性；文化节点作为微观的空间存在，满足了人对文化的不同需求，并完成了文化街区和文化片区的组织，使不同的城市文化空间各自融入相应的文化脉络中。在此，这些区分彼此交叉，城市文化空间因此具有了秩序化与多样化双重特征。

（二）城市文化空间塑造："欧洲文化之都"入选城市的实践与经验

1. 文化空间塑造：城市参选"欧洲文化之都"的重要策略

城市文化空间塑造是全球化背景下重建城市文化竞争力、提升城市竞争优势的一个重要策略。在全球化快速推进的情势下，随着文化战略逐渐成为城市竞争战略的重要组成部分，城市文化空间塑造对于城市参与全球竞争的作用和意义也逐步显现出来。在西方，城市文化空间塑造主要是依托城市更新实践来展开。20世纪中叶之后，基于文化事件的城市更新与文化空间塑造逐步展开，"欧洲文化之都"创建活动成为欧洲具有广泛影响力的文化大事件，其对城市文化空间塑造的影响日益受到关注。

"欧洲文化之都"是由欧盟主导的在欧洲国家间开展的以文化交流和展示为主题的城市活动。"欧洲文化之都"评选特别强调参选城市要突出欧洲文化的丰富多彩和多样性，要体现欧洲文化的共性，要使举办城市居民和外国游客对活动产生兴趣，要给举办市的文化发展带来长久的推动力。为此，参选城市通常都十分重视对城市文化的整体把握，尤其注重对各种文化形态的表达、文化更新利用的方向与方式、文化脉络的梳理与重组等做出规划与设计。由此，城市文化空间塑造成为城市参选"欧洲文化之都"的重要策略，也作为城市参选"欧洲文化之都"的重要成果，提升了城市的文化竞争力，为城市在新一轮竞争与发展中脱颖而出提供了重要支撑。

2. 文化空间塑造："欧洲文化之都"入选城市的实践与经验

格拉斯哥是 20 世纪 90 年评选出的"欧洲文化之都"。二次大战之后，格拉斯哥逐渐由盛转衰，各种城市问题接踵而至。为此，格拉斯哥开始推动以文化为导向的城市更新运动，并于 1990 年当选"欧洲文化之城"（"欧洲文化之都"前期的名称）。格拉斯哥参选"欧洲文化之都"，十分注重对城市文化空间的塑造，这成为其成功当选"欧洲文化之都"的重要支持因素。格拉斯哥实施城市文化空间塑造把握了以下几个关键点：一是注重以文化的整体观和历史观来解读城市文化空间，对城市文化空间塑造形成了整体把握和完整规划；二是对文化空间节点的选取和呈现，都体现了对历史的尊重，显示出了文化的延续性及城市特有的文化个性，在旧城改造和文化空间重塑的过程中，大量老旧的城市设施被赋予了新的内涵，并注入了新的功能，许多旧产业建筑成为城市文化活动空间；三是注重现代功能建筑的植入，包括新型文化办公建筑群和高档住宅、城市综合体项目等，以此强调格拉斯哥的现代化属性和时尚感；四是注重文化软件建设与文化空间重塑的呼应，参选"欧洲文化之都"过程中，格拉斯哥不仅在整体上重塑了城市的文化空间格局，更新或新建了许多文化基础设施，而且还配合不同的文化节点，举办了多种多样的文化活动，诸多代表本地文化精神的传统、风俗又被重新挖掘出来，① 这就从微观层面上为文化空间重塑和城市文化更新注入了活力，提升了城市的知名度和影响力。

---

① 陈易：《文化复兴、产业振兴与城市更新——从"欧洲文化之都"计划对城市更新的影响说起》，《城市建设理论研究》（电子版）2012 年第 25 期。

爱沙尼亚的塔林于 2011 年入选"欧洲文化之都"。塔林位于爱沙尼亚北部，是该国首都，也是北欧唯一保持着中世纪风貌的城市，被称赞为波罗的海海岸"保存异常完好的"中世纪贸易之城。塔林对城市文化空间的塑造，一个重要举措是引入"文化公里"概念，在海边修葺了一条长 2.2km 的游憩道，以此串联起了沿岸具有价值的文化景观，较好地展现了塔林的中世纪文化风貌，实现了文化空间的整合和价值提升。利用城市特有的文化场所空间，营造富有场所精神的公共空间和建筑，是欧洲许多城市进行文化空间塑造、建立"欧洲文化之都"影响力的重要手段，这些举措不仅促使这些城市在"欧洲文化之都"评选中成功胜出，也提升了城市的文化影响力，推动了城市的可持续发展。

三 "东亚文化之都"申报标准及其内含的文化空间塑造要求

（一）"东亚文化之都"申报条件及内含的文化建设要求

"东亚文化之都"创建活动是参照"欧洲文化之都"活动经验、由中日韩三国共同启动的文化活动项目。根据文化和旅游部最新下达的有关申报"东亚文化之都"的通知精神，[①] 申建"东亚文化之都"需要把握一些基本条件。从更具体的指标要求来看，上述条件又涉及更为细致的文化构成和建设标准，主要涉及以下几个方面。

1. 文化资源赋存与文化品牌建设

文化资源赋存主要强调以下几点：一是城市历史悠久，文化底蕴丰厚，城市风貌、人文遗产能够体现东亚文化传统，具有鲜明城市或地方特色文化；二是文化形态丰富，主要文化类型需超过规定标准之上；三是文化资源

---

① 《文化和旅游部关于启动 2020 ～ 2022 年"东亚文化之都"申报与评选工作的通知》，http：//www. gov. cn/xinwen/2019 - 05/02/content_ 5388286. htm。

规模达到相应水平，支撑主要文化类型的文化资源（包括文物、非物质文化遗产）数量充足，关联性强，证据链完整。

城市文化品牌建设主要是从两个方面做了规定：一是对历史文化品牌的规定。强调历史文化品牌要具有历史典型性，在历史上有一定的影响力，见证一定的历史文化；历史文化品牌要具有一定的文化高度，主要是看世界级文化品牌、国家级文化品牌和国家级文化资源品牌的占有情况。二是对城市综合文化品牌建设的规定。主要强调了以下因素：城市文化氛围与风貌，强调城市文化要富有活力，文化氛围浓厚，市容市貌市风特色突出；宜居城市与文化中心功能，强调从文化生活角度看，城市要更"宜居"，营造出"文化之城"的魅力，可带动周边乃至全国文化旅游工作发展；城市文化软实力，强调城市要具有文化内涵和明确的核心理念，将文化列为城市发展的核心要素，具有较强的文化软实力；城市品牌力，强调申报城市应为世界知名的国际化大都市。

2. 文化保护工作

主要强调了以下几个方面的工作：一是注重非物质文化遗产保护与传承。要求在完善非物质文化遗产普查建档制度和保护体系与机制的同时，要建有非物质文化遗产展示传习场馆，各项保护实践卓有成效，有体现地方特色的典型案例。二是文物保护与利用。要求在健全体制机制的同时，抢救保护濒危文物，实施馆藏文物修复计划，确保文物保存状况良好。

3. 文化设施与服务

一是关于公共文化服务体制与机制建设方面的规定。主要是从建立公共文化服务保障机制、公共文化机构免费开放、公共文化服务效能提升、公共文化服务社会化、特殊群体文化权益保障提出了相关要求，这些都是实现公共文化服务均等化、效能化的制度保障。二是关于文化配套设施与场馆建设方面的规定，主要是强调设施配置的总量规模、设施的功能性、设施布局等方面的要求。这些有关文化设施配置的相关规定，直接与城市文化空间塑造的相关要求相呼应，申建"东亚文化之都"应特别加以关注。关于文化设施与服务的配套建设，也对文化服务网络平台和文化交流平台建设、市民参与等方面的因素做了规定，形成了与物化载体建设的呼应。

4. 文化资源的产业化开发

主要是从文化与旅游产业结合的角度做了规定和要求。一是对文化和旅游企业的发展做了规定，特别强调要形成一批文化和旅游产业园区或集聚区。二是对文化和旅游产品开发做了规定。包括文化创意产品、中华传统文化产品、中国传统文艺产品、高端文化产品、旅游景区等。同时强调旅游产品类型要多样化、结构合理，能够满足不同人群和不同层次的需求，吃、住、行、游、购、娱、厕等旅游要素设施配套完善，比例协调，布局合理。三是对文化资源的旅游开发做了规定。主要包括：文化设施和场馆的旅游化开发，强调要完善城市文化馆、公共图书馆、博物馆等公共文化机构的旅游公共服务功能，向游客提供相关旅游公共服务；非物质文化资源的旅游利用，采用创意、科技等手段推动非物质文化向旅游产品转换，实现文化的活化和复兴；文物的旅游化利用，强调要在保护的前提下，科学有效地利用文物资源或围绕文物资源开发文化旅游产品或文化旅游消费空间；文化休闲资源的旅游开发，强调要推动城市休闲生活与传统文化融合发展，培育符合现代人需求的文化旅游休闲产品；文化演出资源的旅游开发，强调要注意开发拥有与游客或居民人口匹配的旅游演出活动。

以上围绕"东亚文化之都"申建工作所提出的城市文化建设要求，既涉及对城市文化资源的构成要求，也涉及围绕这些资源的保护开发要求和品牌建设要求；既包含了对传统文化、城市特色资源文化挖掘利用方面的要求，也体现了对现代文化与城市生活的融合以及公共文化服务配套建设方面的要求。所有这些层面的要求都需要着眼于城市文化空间的整体布局来做出规划安排，城市文化空间塑造是达成上述文化建设要求的框架基础。

（二）"东亚文化之都"申建标准内含的文化空间塑造要求

根据上述申建"东亚文化之都"所要求的标准条件及国内外的相关实践，申建"东亚文化之都"应注意从以下几个方面对城市文化空间塑造做

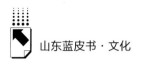

出把握：

1. 对城市文化空间布局做出把握

申建"东亚文化之都"，首先要注意从城市文化意象、城市文化空间格局、城市文化轴线等总体层面的因素出发，从整体上对城市文化空间布局做出把握。城市文化意象是城市整体空间所反映出来的最具代表性、特质性、认同性的城市精神和城市形象，城市文化空间塑造应以此为引领展开，实现文化空间塑造的内在统一性；城市文化空间格局涉及承载文化资源的各层次城市空间，包括各级各类文化服务设施空间，文化遗产资源空间，文化产业空间等，应对这些不同的资源空间、它们的功能属性、彼此之间的关系等做出分类把握和整体布局安排，实现文化空间布局的完整性和系统性；文化轴线通常基于自然地理环境、历史演进脉络与城市建设的交互影响而形成，文化轴线一方面引导着城市文化的空间布局，使城市文化形成了富有层次的空间序列，另一方面作为承载城市文化的载体，也成为集中展示城市精神风貌和独特魅力的空间廊道，是城市文化空间塑造的重要子系统。国内几个成功申建"东亚文化之都"的城市，都注重从整体上对城市文化的空间布局做出把握，收效明显。西方入选"欧洲文化之都"的格拉斯哥、塔林等城市也十分注意这一点。

2. 注重对不同文化功能区的分类打造

文化功能区是具有相同或相似文化功能要素的文化集聚空间，由于城市历史演进的影响以及当下文化功能属性的不同，城市文化功能区必然有相应的区分。通常而言，城市文化功能区主要有历史文化功能区、商业休闲文化功能区、创意产业功能区、教育科技功能区、自然生态型文化功能区等类型。近年来，复合型文化功能区建设正成为一种新趋势，像城市公共文化设施结合生态文化空间形成的绿色生态公共服务文化区，教育型文化空间与创意型文化空间结合兴起的教育创意型文化区，消费型商业文化空间与休闲、创意文化空间高度集合出现的商业休闲文化区等。格拉斯哥、塔林都较好地把握了城市特有的历史积淀，把历史文化功能区与商业休闲文化结合起来，成功打造了独具生命力的复合型文化功能区。"东亚文化之都"的评选标准也表明，"东亚文化之都"申建城市既要注重对城市文化的全面梳理和呈现，也要重视对文化和文化产业集聚区的打造，这里内含的就是对不同文化功能区的建设要求。应对城市文化形成的历史基础、发展现状、未来发展走势做出把握，面向不同的文化脉络和文化功能区形成更清晰的发展定位，打造文化特质突出、功能区分鲜明的文化功能区，以不同的文化功能区建设，强化城市文化的辨识度和城市的文化服务功能，提升城市文化竞争力。

3. 注重对文化空间节点的布局设计

"东亚文化之都"的评选标准表明，"东亚文化之都"申建城市应注意从文化资源利用和文化设施建设的各个方面全面提升城市文化品质，这里内含的首先是关于文化空间节点布局设计方面的要求。一是基础性文化服务空间的布局与配置。基础文化服务直接面向居民基本文化生活，是满足日常公共文化需求的基础条件。基础性文化服务空间的布局与设施配置是城市文化空间塑造的基础环节，主要涉及各级公共文化服务、公共文化活动场所和文化消费场所等设施的配套建设。通常而言，博物馆、美术馆、音乐厅、艺术中心、特色商业中心等重大文化设施的分布较为集中，形成城市的特色功能型文化空间；图书馆、书店、社区文化活动中心、公共绿地及广场等基础性文化设施呈分散式均等化分布，实现文化设施的覆盖率与可达性，提高城市文化服务水平。二是基于城市特色历史文化资源完成的文化节点布局。这些文化节点有些被独立开发成具有独特游览体验价值的文化景点，有些直接融入大的文化轴线布局或文化区体系中。无论怎样，这种基于城市特色历史文化资源完成的文化节点布局，对于呈现城市文化个性都具有不可替代的意义，既是构成城市文化空间布局的重要基石，更是城市文化空间塑造的必须把握和彰显的个性化元素，是建立城市文化的个性化识别的关键所在。

4. 注重对文化活动的组织

城市文化空间不仅是城市文化各种物化载体的集合，更是记载各种历史过程和承载当代生活的容器，城市文化活动赋予了文化空间以丰富的内涵与活力，文化空间塑造必须注重对文化活动的组织。格拉斯哥在城市物质空间改造的同时，各种文化艺术活动也如火如荼地展开，像短期展览、社区艺项目、竞赛活动等，诸多代表本地文化精神的传统风俗也被重新挖掘出来，形成了一种新的城市文化。这些文化活动的挖掘和组织，使更新后的城市空间具有了丰富的文化内涵，因此也更加具有活力。① 法国里尔入选欧洲文化之都，其对城市文化空间的利用和改造，就是巧妙地将旧纺织厂、啤酒厂、农庄、修道院等现存旧建筑改造成"文化休闲之家"，为艺术家和居民提供聚会、文化活动的场所，既保留了城市文化记忆，又增添了具有时尚感、符合现代文化消费情结的空间场所，极大地彰显了里尔的文化个性，提升了城市文化的竞争力。② "东亚文化之都"评选标准就非物质文化遗产的保护与传承、文化交流活动及文化交流的市民参与等所做出的规定，都内含了文化活动组织方面的要求。实际上，城市文化空间塑造与"东亚文化之都"评选这类文化事件的结合本身就表明，城市文化空间塑造必然与文化活动实践相关联，二者彼此再造，城市文化活动实践需要借助文化空间塑造来实现，反过来，城市文化空间塑造也有赖于文化活动实践来加以推动和落实。

四 基于"东亚文化之都"申建要求的城市文化空间塑造：济南的思路与实施要点

申建"东亚文化之都"必须把握一些基本要求，其中，一个重要方面就是从城市文化空间塑造的一般规律出发，对城市文化空间塑造做出部署安排。从国内城市申建"东亚文化之都"的情况来看，入选城市都十分注重对城市文化空间的塑造，这些努力使城市文化的独特价值得以呈现，极大地促成了申建工作的成功。济南是闻名中外的泉水城市，拥有打造"东亚文化之都"的资源禀赋；多年来，济南在泉城特色文化资源保护方面成就斐然；济南是山东省会和区域文化中心，持续推进的城市现代化建设已经使其

---

① 陈易：《文化复兴、产业振兴与城市更新——从"欧洲文化之都"计划对城市更新的影响说起》，《城市建设理论研究》（电子版）第 2012 年第 25 期。
② 〔法〕罗朗·德雷阿诺、让·玛利·埃尔耐克、赵淑美：《2004 欧洲文化之都：创意城市里尔》，《国际城市规划》2012 年第 3 期，第 17~24 页。

具备了现代城市的基本功能，在公共文化设施与服务配套方面更是占据了区域文化建设的制高点，成为引领区域文化的战略中心。这些情况表明，济南已具备了申建"东亚文化之都"的基础条件，下一步应立足城市文化的赋存条件，根据城市文化空间塑造的一般规律和要求，对城市文化空间塑造做出统筹考虑和安排，以下是我们的思考与建议。

（一）总体思路

济南城市文化资源由两大要素系统构成，即特色泉城文化系统和现代城市文化系统。为此，济南城市文化空间塑造的总体思路是：把握特色泉城文化和现代城市文化两大要素系统，以梳理、保护、整合自然泉水与人文泉城的构成要素与文化内涵为基础，以塑造独特城市文化品牌、提升文化设施服务和文化开发利用整体水平为目标，推动对城市文化空间的整体规划与塑造，形成富有泉城文化特色和现代文化品质的城市文化空间，打造文化品牌有特色、文化服务有品质、文化开发和对外交流有高度的现代化国际大都市，助力"东亚文化之都"申建工作。

（二）框架要求

根据上述思路和任务要求，济南可围绕"一核、三带、五区、多节点"构建城市文化空间塑造的主体框架，推动特色泉城文化塑造和现代城市文化建设在各个空间层次上有序展开，提升济南城市文化的品牌影响力和号召力。

1. 凸出一个核心文化圈层

无论是"欧洲文化之都"，还是"东亚文化之都"，当选城市大都体现出了对城市历史文脉及文化个性的尊重，并从城市文化空间塑造方面对体现城市个性的文化核心区或文化节点做了集中打造和呈现。这种对文化个性的集中展示，是这些城市从众多候选城市中胜出的根本。

济南推进"东亚文化之都"申建工作，同样需要对城市文化个性做出把握和呈现。泉水是济南最独特、最具世界影响力的资源赋存，济南申建

"东亚文化之都"应首先围绕特色泉水资源，推进核心文化圈层建设。从空间范围来看，核心文化圈层与泉城特色标志区的空间范围基本一致。根据相关规划，① 泉城特色标志区是泉城特色风貌带的核心区域，其规划范围是指东至历山路、西至顺河高架路、南至文化西路、北至胶济铁路，总用地约9平方公里的区域。该区域集中了黑虎泉、趵突泉、五龙潭、珍珠泉及大明湖和护城河等中心城区主要泉池园林，也将芙蓉街至曲水亭一带的传统文化街区和泉城路及泉城广场周边的商业休闲区纳入了整体开发范围。这一地区既是济南泉城特色文化资源分布最集中的地区，也是济南与现代文明对接的启蒙地区，可首先围绕该地区推进核心文化圈层建设，集中展示泉城特色文化的鲜明特征和个性魅力。

核心文化圈层涵盖了济南特色城市文化的主要脉络和文化成就，以此为核心推动济南城市文化空间塑造，将更加有助于对城市文化个性优势的集中打造，提升城市文化的品牌影响力，增强济南作为"东亚文化之都"的文化竞争力。

2. 打造三大文化带动轴

文化轴带建设是城市文化空间塑造的重要方面。济南应围绕泉城特色风貌带、黄河生态风貌带和现代城市文化隆起带三大文化带动轴，推动城市文化空间和文化特色的塑造，实现泉城历史文化品牌、黄河生态文化品牌和现代文化品质建设的有机呼应。

基于已经形成的城市空间格局，济南城市文化空间塑造首先需要围绕南北方向的泉城特色风貌带和东西方向的经十路现代城市文化隆起带两大文化轴线展开，这是串接历史文化品牌和现代城市文化品质的两大轴线，也是塑造特色文化品牌形象、展示现代化国际大都市文化品质的两大带动轴。随着国家黄河生态保护与高质量发展战略的实施，长度约183公里的黄河济南段成为黄河下游地区生态保护和文化体现的核心地带，这条西南—东北走向，囊括平阴、长清、槐荫、天桥、历城、济阳、章丘六区一县，具有厚重历史

---

① 参见济南市规划局编制的《泉城特色风貌带规划》及《泉城特色标志区规划》。

文化内涵和中华文化"母亲河"精神属性的黄河生态风貌带，将构成济南城市文化空间的重要轴线，并带动济南黄河流域生态保护与文化内涵的提升。依托"三带"对城市文化空间塑造进行整体布局，也就抓住了济南城市文化的空间轴线特征，把握了济南城市文化的主要脉络和内在根基，因此应以此为主导框架对城市文化空间塑造做出把握，形成对城市文化空间塑造的整体规划。

3. 推进五大文化功能区建设

自 2003 年 6 月省委确定了"东拓、西进、南控、北跨、中疏"的城市空间战略布局以后，经过十几年的实践和发展，济南城市发展正由前期的空间拓展向高质量发展转型，着手谋划"东强、西兴、南美、北起、中优"的城市发展新格局。从申建"东亚文化之都"的任务要求和济南城市文化空间的构成特征来看，济南作为 2022 年"东亚文化之都"候选城市，其城市文化空间塑造应在把握当前城市发展新格局的前提下，着力推动五大文化功能区建设，实现城市文化空间的重塑和文化品质的提升。

一是依托泉城特色文化风貌区和老商埠近代城市风尚风貌区主体空间，打造中部特色泉城文化标志区。二是以 CBD 板块为核心和龙头，打造东部高端商务文化和品质生活文化功能区。三是西部城区以省会文化艺术中心为核心，以长清大学城、创新谷及济南国际医学科学中心为支点，推动现代文化艺术、休闲商务文化、教育科技文化、高端康养及健康休闲文化的融合创新，打造西部城市文化融合创新体验中心。四是将南部山区特色生态文化纳入文化空间塑造的核心体系中，打造济南特色生态文化功能区。五是依托黄河生态风貌带建设，延伸泉城特色风貌带中轴线，打造北部黄河生态文化风貌区。

（三）重点任务

1. 优化自然泉水体系，塑造特色鲜明的泉景水系文化空间

一是做强古城泉水文化体系。立足古城泉水形态的完整性、水资源生态链的完整性、水文化的完整性等要求，推动自然泉水、园林景物、生活民

俗、街巷风物、现代休闲等要素资源的整合与融合开发，强化古城泉水特色文化体系的整体优势。二是做大泉城特色水景体系。立足泉城水域结构的完整性要求，实现对城市水景的系统整治与景观再造，以及自然水景与人文水景的整合开发，强化和突出现代泉城水景体系的自然生态逻辑和文化完整性，拓展现代泉城水景体系的要素形态和现代文化含量，提高泉城特色水景文化的整体影响力及泉水体系惠泽市民与城市的整体绩效。

2. 加快人文资源整合利用，提升人文泉城特色文化影响力

济南有着独特的城市发展轨迹，几千年的历史演进，不仅形成了自然泉水与古城文明交融共生的人文特征，也在近代随着工商业的兴起和新商埠的建设，形成了与古城文明截然不同的商埠区人文风貌。新中国成立以后，济南城市建设和产业发展赋予了城市以新的风貌特征，人文泉城的内涵与形态更加丰富和多样化。济南推进城市文化空间塑造可结合上述历史节点，对古城特色人文资源、近代济南商埠文化、当代城市人文风貌等各个阶段的资源加以挖掘和整合利用，全面彰显人文泉城的个性文化特色，塑造和展示更丰富的城市文化空间体系。

其中，对古城特色人文资源的整合利用要结合有关自然泉水资源利用的基础框架来展开，使人文资源的更新利用与自然泉水开发形成呼应和互动；对近代济南商埠文化的更新利用可着重围绕小清河－工商河沿岸、商埠区、古城护城河沿岸三个片区展开，通过重点项目建设，展示近代济南特色人文资源的风貌特征；当代城市人文风貌的挖掘和展示可结合建国初期建立城市工业体系、城市服务体系等所形成的具有代表性的空间节点和文化景观予以展开，以此丰富人文泉城的文化内涵和历史演进特征。

3. 以五大文化分区建设为依托，塑造富有活力的多样化文化空间

（1）依托中部特色泉城文化标志区建设，彰显济南特色文化魅力。中部特色泉城文化标志区，由泉城特色文化风貌区和老商埠近代城市风尚风貌区两大板块构成。特色泉城文化由自然泉水与人文泉城两大特色文化系统组成，它们构成了济南城市特色文化的基底，也是体现城市文化品牌的资源独特性和历史典型性的核心与基石。老商埠近代城市风尚风貌区，是近代济南

自主开放、走向国际化的历史标本。济南申建"东亚文化之都"，对城市文化个性的把握，应依托泉城特色文化风貌区和老商埠近代城市风尚风貌区主体空间，深入挖掘明府城、天下第一泉、千佛山等自然资源和人文资源及商埠区近代工商业文化资源，拓展旅游购物、时尚生活、商务休闲等现代城市文化功能，突出特色文化展示、泉水生活体验、时尚消费、创意产业等资源特征，以特色泉城文化标志区建设，彰显济南的特色文化魅力。

（2）依托东部高端商务与品质生活文化功能区建设，强化济南作为现代城市的文化品质形象。建议首先以 CBD 板块为核心，整合区内高端商务功能、高品质生活与公共服务功能，打造现代城市文化功能区，塑造济南作为现代化国际大都市的崭新形象；同时，以齐鲁科创大走廊为连接轴，带动沿线高新区、新东站、高新东区、章丘片区等新区城市功能资源、文化创意资源、教育科技资源、特色泉水资源的分片开发，实现东部板块文化资源的整合与重组，以及山、泉、湖、河、城等特色资源要素在东部新区的延展。

（3）依托西部现代文化融合创新体验区建设，展示济南文化的多样化活力。济南西部城区拥有丰富的文化资源，西部城区文化空间塑造可首先以省会文化艺术中心为核心，打造现代文化艺术与休闲商务功能区。可重点围绕三个文化节点展开：以省会文化中心为节点，集结大剧院、美术馆、群众艺术馆、图书馆、印象济南·泉世界及相关配套设施，打造省会文化艺术服务高地；整合济西湿地与方特东方神画（非遗博览园）等资源，打造富有本土特色的现代休闲娱乐文化基地；以西客站为集结点，打造旅游休闲与商务会展文化中心。同时，以长清大学城、创新谷为节点，打造教育科技、文化创新功能区；依托济南国际医学科学中心，打造高端康养、健康休闲文化中心。

（4）依托南部特色生态文化功能区建设，彰显济南城市文化的内在生命力。济南南部山区历来有城市"绿肺"和"蓄水池"的功能，更是特色泉城生态水系的源头和泉水文化的重要组成部分。济南申建"东亚文化之都"，应以更开阔的文化视野谋划和推进城市文化体系建设，将南部山区特色生态文化纳入文化空间塑造的核心体系中，以南部特色生态文化功能区建设，彰显济南城市文化的内在生命力。具体来说，南部生态文化功能区建设可着重把握三条文化脉络：一是特色泉城水系文化。南部山区的泉池与河道水系是构成特色泉城水景系统的重要脉络，尤其是南部山区的锦阳川、锦绣川、锦云川等河段，直接构成了泉城特色水景的外围系统，体现了泉城特色水景的文化多样性，建设南部生态文化功能区应对此予以关照和加以体现。二是山体景观生态文化。南部山区山体连绵、水系环绕、森林覆盖良好，有较高的生态涵养和旅游休闲价值；南部山区地处泰山北麓，山体景观及生态资源可与泰山资源文化体系实现一体化开发。可围绕上述资源，串联泰山资源文化体系，携手打造"大美泰山"生态文化共同体。三是重要历史遗产文化。南部山区有灵岩寺、齐长城、四门塔、五峰山等重要历史文化遗产，可在加强文化遗产保护的同时，推动历史文化遗产的开发利用，塑造济南城市文化的多样化特征。

（5）依托北部黄河生态文化风貌区建设，突出济南城市文化的厚重内涵及其文化关联性。黄河流域生态保护和高质量发展战略的推出，为济南新的城市空间构建提供了战略引领，同时也彰显出了济南黄河流域中心城市的战略地位。在这一背景下，将新旧动能转换先行区和济阳主城区纳入济南中心城区成为济南建设国际化大都市的必然要求。济南应借助国家实施黄河流域生态保护和高质量发展战略的历史性机遇，依托黄河生态风貌带的打造，以新旧动能转换先行区和济阳主城区为主要空间，以鹊华秋色、黄河景观、生态湿地、黄河风情、闻韶文化等为重点，加大黄河生态保护力度，充分挖掘黄河文化精髓，精心打造黄河生态文化景观区和生态文旅融合区，使其成为延伸泉城特色文化风貌中轴线、南望"大美泰山"、联通黄河文明的重要节点，推动济南"携河拥山"空间格局的形成。

总之，济南城市文化空间塑造应围绕五大文化分区，按照中部打造特色、东部突出高端、西部主推融合创新、南部强调生态发展、北部把握文化联通的思路原则，通过差异化的文化分区建设和城市文化的多样化呈现，塑造精彩纷呈、富有活力的城市文化空间。另一方面，文化空间塑造要在整体上与城市发展战略相呼应，积极对接中优、东强、西兴、南美、北起的战略安排，助力城市文化空间塑造全面实施。

另外需要指出的是，城市是人类文明不断演进的结果，城市的历史积淀和当代社会生活的不断丰富，共同架构了城市的文化体系，赋予了城市文化以特定的空间特征。因此，城市文化空间塑造不仅要关注城市文化构成的各种物化载体，也要关注那些承载着历史演变和当代生活的动态过程。其中，一个重要落点就是城市文化活动组织。要借助富有历史感和场景内涵的文化活动，挖掘和展示那些久远的历史记忆，完成城市历史与当代生活的对话；要让各种历史的、现实的生活文化融入文化空间中，只有这样才能赋予空间以灵魂，成为城市记忆和居民情感的容器，使城市文化空间真正拥有属于城市自己的灵魂和个性特征。

参考文献

〔美〕刘易斯·芒福德著《城市发展史——起源、演变和前景》，宋俊岭译，中国建筑工业出版社，1989。

杨芬、丁杨：《亨利·列斐伏尔的空间生产思想探究》，《西南民族大学学报（人文社会科学版）》2016 年第 10 期。

张京祥、陈浩：《基于空间再生产视角的西方城市空间更新解析》，《人文地理》2012 年第 2 期。

王佃利等：《古城更新：空间生产视角下的城市振兴》，北京大学出版社，2019 年 3 月。

伍乐平、张晓萍：《国内外"文化空间"研究的多维视角》，《西南民族大学学报》（人文社会科学版）2016 年第 3 期。

方丹青、陈可石、陈楠：《以文化大事件为触媒的城市再生模式初探——"欧洲文化之都"的实践和启示》，《国际城市规划》2017 年第 2 期。

陈易：《文化复兴、产业振兴与城市更新——从"欧洲文化之都"计划对城市更新的影响说起》，《城市建设理论研究》（电子版）2012 年第 25 期。

刘竹柯君：《格拉斯哥的城市改造与转型研究（1957—2016）》，上海师范大学，2017。

安东琪等：《空间生产视角下的城市文化创意空间营造——以广州红专厂文化创意园为例》，《城市建筑》2019 年第 8 期。

田芳、陆明榜：《多举措打造"东亚文化之都"把文化长沙推向世界》，《长沙晚报》2017 年 3 月 1 日。

B.16
申评国际和平城市
构建潍坊文旅发展新格局

张新莹　张　华*

摘　要： 以潍县乐道院·集中营为代表的潍坊市近现代历史文化遗产群，在见证中西方文化交流的同时折射出太平洋战争时期中国人民对外国难友无私奉献、和衷共济的和平文化精神。为践行习近平构建人类命运共同体的科学理念，提升潍坊国际影响力和美誉度，构建潍坊文旅发展新格局，潍坊市将申评国际和平城市列入"十四五"发展的重大战略。潍坊拥有众多和平遗产在历史渊源与和平文化上具有优势，已具备较充足的申评储备，申评工作高效有序展开，助力潍坊拓展文旅版图，发展国际和平旅游新格局。

关键词： 国际和平城市潍县集中营　潍坊文旅发展

一　国际和平城市概述

国际和平城市协会①（International Cities of Peace）是获得联合国认可的非营利性世界和平组织。多年来致力于连接、鼓励和促进全球城市的和平运

---

* 张新莹，潍坊学院外国语学院讲师，研究方向为太平洋战争史、潍县乐道院研究；张华，潍坊学院外国语学院副教授，研究方向为中西比较文化、英语语言与文化。
① 国际和平城市协会官网为：http：//www. internationalcitiesofpeace. org。

动发展和和平理念传播。协会将和平作为一种价值观共识，通过全球和平城市运动，在国际上建立和平城市网络，为会员城市提供独立的、不结盟的和平资源，以期建立一个各方包容、缩小歧视和差别的世界公民网络。

国际和平城市是国际和平城市协会的会员城市。国际和平城市将和平定义为安全、繁荣和生活质量：全球共识的和平价值观。目前世界上获批的国际和平城市有近 303 个，遍布六大洲，47 个国家。海牙、日内瓦、南京、考文垂、广岛等主张世界和平或备受战争摧残的城市均在此列。

国际和平城市应具有和平遗产，无论是历史事件还是当地的和平英雄或团体，他们都为公民的安全、繁荣和生活质量做出了贡献。根据德国学者范·登·邓根的和平学论著《现代和平城市的理念与历史》，国际和平城市一般或是国际机构所在地，对维护世界和平具有重要意义，如海牙；或是被世界重要和平奖项褒奖的城市，如因诺贝尔和平奖获评的法兰克福；或是在战争中被摧毁的城市，其惨痛记忆时刻提醒世人树立珍惜和平的理念，如南京、考文垂；或加入一个或多个重要国际和平组织并在其中发挥重要作用，如曼彻斯特；或在种族多样性和两极分化的环境中建立平衡和和平的城市，如费城。①

南京是我国首个也是目前唯一一个成功申评的国际和平城市。作为是六朝古都，截至 2016 年南京市有常住人口 827 万，在经济、教育、城市建设等方面位于中国前列。这样一个有着千年历史的著名古都被 20 世纪最残酷的战争摧毁，南京大屠杀给南京留下了不可磨灭的惨痛记忆。当下人民和平幸福的生活和战争带来的灾难的深刻对比，使南京人民更加认识到和平的深远意义。

经过十余年的不懈努力，2017 年 3 月 1 日，联合国教科文组织在南京大学设立中国唯一的和平学教席。同年，南京大学历史学院教授，和平研究所所长刘成教授，侵华日军南京大屠杀遇难同胞纪念馆馆长、南京大屠杀历

① Peter van den Dungen: *dee und Geschichte der neuzeitlichen Friedensstadt*. Reiner Steinweg & Alexandra Tschesche, eds. *Kommunale Friedensarbeit：Begruendung，Formen，Beispiele*. 2009.

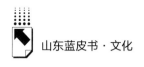

史与国际和平研究所常务理事、学术期刊《日本侵华史研究》主编张建军馆长带领的团队帮助南京成功申评国际和平城市。

二 潍坊申评国际和平城市的底蕴和优势

（一）具有富含和平学内含的和平遗产

潍坊在近现代史上具有一系列富含国际背景和国际人道主义文化内涵的和平文化遗产，如潍县乐道院·集中营历史街区、廿里堡大英卷烟厂旧址、德日建设坊茨小镇建筑群、早期铁路遗址等。其中潍县乐道院·集中营是太平洋战争期间，日军在潍县改建的关押全华北范围同盟国侨民的场所。从1943年到1945年，潍县乐道院·集中营共计关押同盟国侨民28国、前后累计2000余人。其中有第二任美国驻华大使恒安石、英国奥运会冠军利迪尔、齐鲁大学教务长德位思、燕京大学三十余名外籍教授等知名外侨。

潍县乐道院·集中营一方面真实记录了日本军国主义的凶残暴行，与世界各地反法西斯集中营一样是人类的伤痛记忆；另一方面也记录着被关押的同盟国侨民风雨同舟、患难与共，与看守的日本士兵斗智斗勇，面带希望期待战争结束和平到来的美好向往。正如潍县乐道院·集中营博物馆馆长吉树春所说："我们要让世人了解这段历史，记住这段历史，反思这段历史；为人类和平、互助、友爱的人性光辉刻画一组永久的史诗。"

潍县乐道院·集中营等近现代和平遗产数量多、成体系，特点鲜明、事迹丰富，富含国际人道主义和人类命运共同体等和平学内含，是潍坊市申评国际和平城市必不可少的关键要素，也是保证其成功申评的重要优势。

（二）具有众多和平英雄、典型和平事迹

在潍县乐道院·集中营被关押的近3年里，潍县人民持续给予被关押同盟国侨民以无私援助，为其送粮送药，掩护逃跑，外国侨民对潍县百姓充满感激之情。他们有敢于传递情报的淘粪工张兴泰、也有无私捐款的黄乐德，

还有 1945 年冒着生命危险带领美国"鸭子"救援行动队解救潍县集中营的全体侨民的王成汉，更有千万无名无姓冒着危险从墙外传递物资的潍县百姓。

上述在潍坊近现代史上涌现出的众多和平英雄和和平事迹感人至深，中国人民对潍县集中营被关押侨民的救助，是盟国侨民与中国人民团结抵抗法西斯暴行的鲜活案例，也是人道主义、国际主义精神的象征，更是全世界联合起来构建人类命运共同体的生动写照和缩影。

中国人民与被关押的多国侨民休戚与共，唇齿相依，充分体现了中国人民的国际友爱精神和人道主义特质，也是对习近平总书记"人类命运共同体"理念的完美诠释。集中营解放后，这段被关押经历连同国际友爱互助的感人事迹被两千余名幸存难友带回母国，几十年来在不同场合予以讲述和宣传，为在世界范围内传播和平理念产生了积极影响。以上种种是潍坊市的骄傲，也是保证其成功申评国际和平城市的优势之一。

正如曾被关押在潍县集中营的美国人戴爱美女士所说："这里一度是充满绝望的地方，但也是在这里我看见英雄们播下希望。我在潍县学到了一生受用的功课：爱与善一定胜过邪恶。潍县塑造了我，潍县将永远在我的心中！"①

（三）受到省市和国家相关部门的大力支持

作为 2020 年制定的潍坊市"十四五"规划的重要战略，同时作为潍坊市文旅发展的重中之重，潍坊市委市政府对提升改造和平遗产、申评国际和平城市极为重视，成立了乐道院·潍县集中营博物馆提升工程领导小组，市委书记、市人大常委会主任惠新安亲自挂帅担任领导小组组长；领导小组其他成员由市委常委、宣传部部长初宝杰、市文化和旅游局局长田素英、乐道院·潍县集中营博物馆馆长吉树春等人组成。

---

① 引自 2005 年戴爱美（Mary Taylor Previte）重返潍县乐道院·集中营旧址参加世界反法西斯战争胜利六十周年纪念活动的演讲稿。

潍县集中营博物馆开馆以来，潍坊申评国际和平城市的工作受到国家各级领导的高度重视，中央和省委领导多次作出重要批示；中宣部、国家文物局、山东省委宣传部、北京大学等中央和省部级部门领导多次到潍坊开展专题调研指导；要把乐道院·集中营博物馆的提升改造，进而申评国际和平城市作为一项重要的政治任务，要求迅速行动、高效推进、扎实做好各项工作。中央电视台《新闻联播》、新华社、人民日报、中央广播电视台等国家、省媒体对此也进行了专题报道，社会反响强烈。

申评国际和平城市不是一日之功。作为申请城市，潍坊市政府的高度重视，切实推进是申评工作高校开展的有力保障；同时全国全省相关部门加快步伐、通力合作是审评工作的体系支撑；广大媒体和宣传部门对潍坊申评国际和平城市的广泛宣传和关注是扩大潍坊和平声誉的重要手段。

三　潍坊申评国际和平城市的意义和价值

（一）持续和平是我国和世界人民的共同选择

2016 年，联合国通过了《2030 可持续发展议程》，认为全球持久和平是实现可持续发展的重要保障。正如约翰·加尔通在《和评论》中所述，促进世界和平有"消极手段"和"积极手段"两种方式，在政治、经济、军事、文化等各个方面均可产生影响。[①] 申评国际和平城市、开展和平教育、和平社区活动、和平志愿者、发表和平宣言等正是从文化方面采取"积极手段"促进世界和平。

2017 年 1 月，习近平总书记在日内瓦发表了题为《共同构建人类命运共同体》的演讲，就关于人类命运的重大问题进行了阐述，提出"坚持对话协商，建设一个持久和平的世界"的"中国方案"。可见持久和平不仅是实现全球可持续发展的重要保障也是我国和世界各国人民共同的期望和共识。

---

① 〔挪威〕约翰·加尔通：《和评论》，陈祖洲等译，南京出版社，2005，第 5 页。

潍坊市在近现代史上具有富含和平学内含的和平遗产、涌现出大量的和平英雄和典型的和平事迹，在国家和山东省各级相关部门的支持下，申评国际和平城市促进潍坊和平理念的发展，助力山东乃至全国和平运动的开展，不仅是潍坊人民的选择，也是全国人民乃至世界人民的共同选择。百川汇流，潍坊的申评作为世界城市和平运动的有机组成部分具有重要意义和价值。

（二）申评国际和平城市体现了人类命运共同体的科学理念

习近平总书记从 2012 年起在国内国际各种场合多次发表讲话，阐述其"人类命运共同体"的科学理念。认为国际社会是一个你中有我、我中有你的命运共同体；世界各国的关系是兴衰相伴、患难与共的坚定战友，同时也是真诚友好、相互尊重、平等互利、共同发展的关系。和平是人民的永恒期望，犹如阳光受益而不觉，失之则难存，没有和平，发展就无从谈起。

潍坊市近现代史的和平遗产和和平英雄，反映的正是中外文明的交流和战争时期中外反法西斯抗战的合作，深刻体现了中西方合作交流和人类命运共同体的科学理念，具有重大的历史意义和深远的现实意义。潍坊市申评国际和平城市，是以实际行动维护世界和平发展大局，以"铭记历史、珍视和平、面向未来"为主题，为世界各国人民实现美好生活提供新理念、新途径。和平正在成为我们这个时代的时代精神。加入和平城市，参与全球变革，让世界知道，我们可以成为真正的和平地球。

（三）对提升潍坊国际影响力，塑造中国和平形象具有重要意义

申评国际和平城市一方面是适应国家发展理念的潍坊战略，另一面方面也是向世界展示潍坊城市形象的重要途径。和平、友善、互助、合作的正面形象通过申评的一系列活动：开展和平教育、和平社区活动、和平志愿者、发表和平宣言等得以在全球扩散，可以有效扩大潍坊的知名度，向世界阐释潍坊的和平理念。

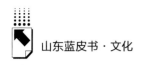

信息技术的高速发展，对扩大潍坊和平宣传具有重要作用。宣传部门在广泛利用报纸、电视、电台等传统媒体的同时，同时利用"两微一端"、自媒体、公众号、专题网站等方式。通过拍摄电影、专题纪录片、创作小说、歌舞话剧等形式进行更加深入广泛的宣传，向世界讲述潍坊故事，可在最大范围内扩大潍坊的和平影响，提升潍坊的国际影响力，打造闪亮的潍坊名片。

四　申评国际和平城市的现状和对策

（一）当前潍坊市申评国际和平城市的工作现状

1. 已完成较为充足的申评储备

申评国际和平城市不是一日之功，需申评城市几年甚至十几年持续不断的和平活动、和平宣言、和平研究以及和平志愿服务储备。潍坊市政府从2000年开始，于2005年、2015年分别举办了纪念潍县集中营解放暨世界反法西斯战争胜利六十周年、七十周年的大型纪念活动。邀请潍县集中营被关押者及其家属等相关国际友人讲述和平互助经历达四百多人次。拍摄反映和平主题的相关纪录片2部，电影1部。

2019年潍坊学院潍县乐道院集中营研究所成立，标志着潍坊市申评国际和平城市在和平研究上迈出了重要一步。潍坊学院作为潍坊当地高校，肩负服务当地、研究当地的使命。潍县乐道院集中营研究所在接手潍坊市外事与侨务办公室相关史料的基础上，与潍坊市博物馆、潍坊市档案馆展开全面合作，在更大范围挖掘、翻译、整理潍县集中营相关文献史料，开展和平研究，为申评国际和平城市提供学术支持。

2. 提升改造和平遗产相关展馆及服务

2020年，潍坊市整合力量对以潍县乐道院·集中营为代表的和平遗产展馆进行统一提升改造，投入3亿元完成了潍县集中营旧址及博物馆的一期改造工程。修缮了"十字楼"和附近两处平房旧址；提升了博物馆硬件设施、改造安防消防设备，完成游客服务中心建设，对周边影响环境风貌的

228 座房屋进行了拆除，对居民进行了安置。

同时潍坊市还加大了和平文物的征集力度，通过争取上级文物单位支持、加强海外征集、面向社会公开征集等多种途径，手机回忆录、照片等实体文物，开展音频、视频等口述历史的采集、拍摄纪录片素材。潍坊市还加大了相关人才引进力度，编制选项人才引进计划，积极引进古建筑保护、安防消防、双语讲解等专门人才。提升展馆讲解、安保、绿化等服务管理水平。

3. 前期申办工作顺利开展

潍县集中营博物馆提升工程及国际和平城市申办的前期工作进展顺利，按照"和平研究、和平教育、和平活动"的三位一体框架，把和平作为一种时代精神和特殊文化，予以催生、弘扬和彰显。以世界反法西斯战争胜利纪念活动为契机，以平台构筑重点，以和平研究为支撑，以交流传播为途径，开展了一系列申评前期准备工作。

尤其是在对接国家文物局、乐道院前期勘察测绘、征集相关文物史料、开展文物评估定级、对外宣传报道等方面取得了较大成绩；在和平教育研究方面成立了潍坊学院潍县乐道院集中营研究所等机构，成功申请山东省社科研究项目一项，得到了各级领导的一致肯定。

4. 与南京大学展开深度合作

2020 年 12 月 3 日，潍坊市委书记、市人大常委会主任惠新安带队赴南京大学深入对接交流，洽谈合作发展，在学科、人才、教学和技术等方面达成协议，全面加强与潍坊的沟通联系，展开深入广泛合作，为潍坊争创国际和平城市给予指导和支持，承接更多相关和平学国际会议，系统规划、共同打造珍爱和平、携手发展、互利共赢的城市气质和品格，让和平成为潍坊与世界联系、交流、合作的重要纽带。

（二）今后潍坊市申评国际和平城市的对策措施

1. 积极开展和平学研究和学术交流

仅仅拥有代表性的和平遗产和丰富的和平事迹不足以支撑国际和平城市

的申评。从成功申评和平城市的经验可知，申评城市需开展和平研究，尤其是与申评城市和平遗产等内容相关的和平学研究。一般来说需要有具有代表性的研究组织、产出具有影响力和高水平的研究成果、举办或承办世界性的和平学学术研讨会等。

目前看来，潍坊市在和平学研究上仍处于起步阶段，急需配备专业的和平学研究人才，形成和平学研究组织，集中精力产出一批高水平研究成果。应从细部入手，组织成立潍县乐道院·集中营研究会，搭建中外学者学术交流平台。继续与国内国际相关高校和研究专家合作，通过举办国际和平论坛，开设和平学教程。

2. 进一步征集和平文物

在全球范围内征集文物，寻访当事人。在挖掘保护潍县乐道院·集中营旧址历史，完善展览陈列的基础上，深入挖掘潍县乐道院·集中营的历史故事，提高博物馆的功能定位，使其与城市记忆、国家记忆、世界记忆融为一体，提升世界公民对珍爱和平、构建人类命运共同体思想的认知。倾听历史回响、靠博物馆和文物来传播和平，反之将和平视为整个城市发展的推动力。

3. 育成潍坊当下和平成就

据国际和平城市协会介绍，国际和平城市应既具备和平历史，又具有当下突出的和平成就。申办国际和平城市体现了城市深厚的和平底蕴，也应通过当下努力使"和平"理念深刻融入整个城市的脉络，激励市民传播和平理念。

今后应通过发布和平宣言，创建和平社区，成立和平志愿者队伍等形式在社区市民间展开和平活动。通过系统开展和平研究、和平教育提高城市和平学素养。在全国范围内发起和平运动，带动更多城市将和平纳入城市发展的理念。

当下创建和平社区的理念正在发生变化，但毋庸置疑在社区一级推进和平建设更为有效。社区直接面对广大市民，为了促进城市的和平发展社会的所有利益相关者都可参与进来：健康、学术、安全、商业、艺术、娱乐、服务、环境部门可进行有效协作。促进社区政府和基层组织之间的合作，将和平作为一种时代精神和特殊文化予以催生弘扬和彰显。

五　申评国际和平城市构建潍坊文旅发展新格局

1. 发挥集群效应，开发和平文化旅游新路线

充分发挥潍县乐道院·集中营历史街区、廿里堡大英卷烟厂旧址、德日建设坊茨小镇建筑群、早期铁路遗址等潍坊近现代文化资源在中西文化交流中的集群效应，抓住"铭记历史、珍视和平、面向未来"这一主题，从展陈、宣传、文创、旅游商业等多方面周密设计、推陈出新，设计全新的潍坊市区和平文化旅游新线路。使和平旅游路线成为潍坊继世界风筝都。中国画都、金石之都之后我市在国际上叫得响亮的和平名片，发挥和平旅游的教育和商业价值。

2. 打造潍坊国际交往和文化交流的重要窗口，拓展国际旅游业务

潍坊市为申评国际和平城市，策划了一系列以和平为主题的国际性文化交流和文旅推广活动。如承办和平主题文化年、与南京合作在世界范围内宣传潍坊和平遗产、寻访相关在世外国友人并在当地开展珍爱和平的宣传活动、与全球多个国际和平城市合作打造和平旅游新亮点等。使"和平""发展"成为潍坊国际交往和文化交流的重要窗口，以此为契机使潍坊和平旅游成为与世界和平旅游的有机组成部分，形成规模化效应，提升和平潍坊的国际影响力，拓展国际旅游业务。

3. 进一步改造升级文化旅游硬件设施

借助潍坊申评国际和平城市的时机，将潍县乐道院·集中营历史街区、廿里堡大英卷烟厂旧址、德日建设坊茨小镇建筑群、早期铁路遗址等文旅遗产划归市文化和旅游局，在其总体规划指导下进行整合，进一步加大修缮和开放范围，构建富有历史底蕴、反映时代精神的优秀传统文化传承创新区，有效发挥文化旅游的国际交流和宣传作用，以史育人，让更多人走进历史、了解历史、铭记历史，凝聚胜利、希望与和平的力量。

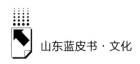

提炼精神内核，邀请故宫博物院、国家博物馆、中国文化遗产研究院等国内文博知名专家学者，制定博物馆改陈、消防、安防、古建筑维修等提升改造方案。争创 2021 年全国十大精品陈列展览。立足全球视野，对标国际一流，坚持适度超前，聘请国内外顶尖团队围绕用好沿河公园的户外空间，博物馆展陈，停车场设计、配套旅游和商业模式展开设计和论证。对潍坊文旅新格局进行总体规划。

4. 大幅提升潍坊国际知名度和城市美誉度

潍县乐道院·集中营解放后，这段被关押经历连同国际友爱互助的感人事迹被两千余名幸存难友带回母国，几十年来在不同场合予以讲述和宣传，在世界范围内提升了潍坊的国际影响力，潍坊乃至山东的和平形象不断得到强化。

整合文化旅游资源，通过推广"和平旅游"文化品牌，推出特色旅游产品。与媒体合作。全面推介和平旅游，提高其知名度和美誉度，使之成为潍坊最闪亮的城市名片和文旅品牌。

正如国际和平城市协会所述，没有一个城市是百分之百的和平之城，而是所有的城市都走在"成为"一个更和平的城市的道路上。建立一个和平城市就是承认过去的成就，鼓励当前的倡议，并激励后代进行切实的和平建设。

潍坊市将申评国际和平城市作写入"十四五"规划的战略规划，从硬件与软件，政府与民间组织，和平研究、教育、交流、传播等多层面，多维度建设国际和平城市，规划潍坊文旅发展新格局。用实际行动践行了习近平总书记人类命运共同体的科学理念，向成功申评迈出坚定的步伐，在不远的将来必将取得更加辉煌的成就。

参考文献

Peter van den Dungen：*dee und Geschichte der neuzeitlichen Friedensstadt* ［M］．Reiner

Steinweg & Alexandra Tschesche, eds. *Kommunale Friedensarbeit*：*Begruendung*，*Formen*，*Beispiele*［M］. 2009.

〔挪威〕约翰·加尔通著《和评论》，陈祖洲等译，南京出版社，2005。

冼杞然、刘美岐编《被遗忘的潍县集中营》，中国电影出版社，2015。

〔美〕朗顿·基尔凯著《山东集中营》，程龙译，学苑出版社，2015。

〔日〕服部卓四郎著《大东亚战争全史》，张玉祥等译，世界知识出版社，2016。

运河文化专题篇
Canal Culture Section

B.17
大运河文化带与山东、苏北区域
发展战略研究
——基于交通方式变革和现代运输通道动能角度

魏目雷　魏鸿霄*

摘　要：　抓住国家建设大运河文化带和国家文化公园的历史性战略双
机遇，通过规划建设高铁和高速公路连接线，打通鲁西苏北
"北融雄安和京津冀，南通沪杭和长三角"、沿运河文化带
的"公铁水港游"交通运输战略通道，充分发挥两省文化与
经济双峰叠加优势，建设文化层次更高、生态环境更优、文
化经济更高度融合的"国家大运河文化＋"高质量发展隆起
带，有利于加快山东、江苏两省新旧动能转换和深入贯彻落
实《大运河文化保护传承利用规划纲要》《长城、大运河、

---

* 魏目雷，济宁太白湖新区管委会，高级经济师；魏鸿霄，海南大学旅游学院会展经济管理专
业学生。

长征国家文化公园建设方案》，整体推进大运河人文生态经济带战略，在落实国家系列重大发展战略中更好地谋划鲁西和苏北区域高质量发展。

关键词：　大运河文化　交通运输变革　经济动能转换

自明清以后，江南沿京杭大运河的苏锡常嘉杭重新崛起引人注目，而江北很多有过辉煌的过去，却因种种原因衰落的沿运河城市则更让人唏嘘。比如，曾经繁华与辉煌的鲁运河沿线城市临清、聊城、济宁、淮安，相比于运河沿线的京津和江南城市，沿运城市综合地位仍然走在继续衰退的路上。

探究城市兴盛的动能原因，我们发现：交通运输方式的变革和创新融合，是造成现代城市群发展差异的一个重要原因。比如，济南因津浦铁路和胶济铁路交汇开埠，新中国成立后又因大工业发展而成强经济省会、华东军区总部和历史名城；而改革开放后青岛，则利用沿海"港口＋陆桥"运输优势、对标国际发展现代制造业、服务业和海洋经济，成为山东第一城打破了济南的大城旧梦；河北省会石家庄和河南省会郑州，则见证了靠着火车拉来的城市奇迹；哈尔滨因中东铁路，民国初年号称"东方莫斯科"、新中国成立后也是十大城市之一的超级都会，当年其时髦程度可与上海、天津并肩，随着东北地区整体的衰落，也悄然黯淡了。如同《城市的胜利》文中所述："伟大城市的持续与复兴优点，离不开竞争、交流和人力资本。"

为探寻山东沿运五市"德州、聊城、泰安、济宁、枣庄"，如何抓住大运河文化带上升为国家战略、雄安新区千年大计腹地、山东省新旧动能转换综合试验区和国家运河文化公园"四大机遇"，笔者结合工作所接触到的区域经济和人文地理知识，统筹城市经济学、城市规划经济学、空间经济学等知识，在工作之余到周边地域调研踏勘。通过总结与分析，笔者认为：必须从全省战略层面，尽快抓住雄商高铁设站梁山的机遇，利用好"聊城—济宁—徐州—淮安"作为雄安新区和苏（锡常）沪杭连接快速通道的"金扁担"新优势，尽快打通沿"大运河文化带"的"高铁+高速"新战略通道，北部挑起中国最有活力的京津冀，南部挑起长三角这两大世界级城市群，将鲁西沿运五市和苏北三市，打造并激活为1.2亿人口淮海生态经济区的"大运河通道核心城市带"，并利用与黄河流域生态保护和高质量发展新的国家战略的交汇优势，继而打造融南汇北、承东启西的大运河文化带、生态经济带和沿大运河城市群！

一 从交通视角分析山东沿运城市兴盛与衰落

通过收集资料，我们了解到山东沿运五市中，自1855年黄河截运尤其是1901年清政府废除漕运后，因津浦（京沪）线东移，城市间一直缺乏南北贯通性交通通道（而苏北通过将全线贯通的徐宿淮扬镇高铁、高速，加速弥补这一缺陷），沿运河交通瓶颈已严重制约城市间经济往来，尤其是运河城市临清和济宁，自运河兴盛到现代，城市的衰落和复兴尤为典型。原因分析如下。

（一）第一次城市地位衰落：因漕运废弃从大运河文化带中心城市衰落为鲁西区域中心城市

山东大运河（会通河）段，从元代至清代600年间，一直为沟通中国北方政治中心和南方经济中心的交通动脉，对国家政治稳定，经济发展起到十分重要的作用。运河中"船舶往来，商旅辐辏"，使沿线的德州、临清、聊城、张秋、济宁、台儿庄成为交通转输和贸易的重镇：德州选址运河东岸建造漕仓和兴建卫城，清代已成为商贾往来，帆樯云集，百货荟萃，是重要的商品交换集散地；临清"东控齐青，北临燕赵"，是举足轻重的战略要地，也是冀鲁边界繁盛的商业中心；聊城（东昌府）因运而兴，成为"漕挽之咽喉，天都之肘腋"，是运河九大商埠之一；济宁南达徐沛，北襟带汶泗，直通京畿，为南北运输要地，是大运河中段的交通枢纽、水旱码头，有"江北小苏州"之称，明清济宁更是"丰物聚处，客商往来，南北通衢，不分昼夜"的全国著名工商业城市；明代避黄保运和迦河的开通，使得枣庄台儿庄繁荣为天下第一庄。沿运五市因河兴商，因河兴市，达到了文化空前发达、市场繁荣的鼎盛时期，也留给后人丰富的大运河历史文化遗产！随着漕运的废弃和铁路、公路等新交通运输动能的兴起，沿运五市均表现出不同的兴衰变化，下面以济宁和临清兴衰为例，予以重点关注和分析：

大运河济宁段，流经梁山、汶上、嘉祥、任城、太白湖新区、鱼台、微山 7 个县区，全长约 230 公里。大运河繁荣时期的济宁，因是北控京畿、南扼江淮的全国性运河交通枢纽，自元代开始，管理运河的最高衙门就设在济宁，因而，济宁被誉为"运河之都"。明清时期，运河里"运艘衔尾而进"，商贾云集，济宁发展成一个"车马临四达之衢，商贾集五都之市"的繁荣商业城市：州城内外及通衢要道，运河、越河两岸行栈店铺林立，各地商贾云集，百业兴盛，市场繁荣，年营业额高达白银亿两以上，是晚期帝制时代最重要的工商都市和区域中心。其运河运输业兴盛繁荣达 600 多年，市场辐射达周围地区近百县。而临清因会通河的开通，成为南北水陆要冲，漕舟必经之地，"当其盛时，北至塔湾，南至头闸，绵亘数十里，市肆栉比，有肩摩毂击之势"，与济宁均为全国最著名的 33 个工商业大城市之一。19 世纪下半叶，两市均因运河发生了一次显著的城市地位衰落，成为历史教材中衰落城市案例。原因可总结为："随着 1902 年漕运的败落、清朝中央集权的式微、海运铁路兴起和东部沿海以西方因素为导引的工商业的崛起和扩张，济宁同整个北方内陆运河地区一起急剧衰退，并在山东乃至全国经济的层级体系中迅速滑向边缘位置。"

然而与临清等大多数运河城镇的根本性衰竭稍有不同，济宁作为一个城市个体并没有完全没落。清末济宁通过现代转型以阻止边缘化的特殊经历，以及当地精英（年轻的举人潘复、济宁籍的进士杨毓泗等）的活动，通过兴建新式交通运输系统、调整地方经济取向和城市功能，济宁第一次滑向边缘位置的趋势被部分阻滞下来，取得了部分变革的成功："济宁士绅坚持整治境内运河河段的努力，使运河环绕济宁及其近邻，能南达江南；1912 年，穿越济宁的兖济铁路支线与津浦干线，经济宁当地精英大力争取，与津浦铁路同时通车，把济宁与津浦干线连接起来；长途公路可西抵曹州。"由于铁路和公路的作用，济宁与正在迅速崛起的沿海城市天津、青岛、烟台的商业、社会联系加强了（当时同为运河城市的天津已发展为中国北方最大的现代工业、金融、商业尤其是对外贸易的中心，影响着整个大华北地区。民国年间，天津已成为济宁联系最为紧密的港口。济宁本土和济宁籍贯的著名工商、政治人士的活动舞台和迁居地也多在天津、北京、济南、上海，而不是原来运河连起的扬州、苏州和杭州）。比起临清从当时闻名全国的北方最大的商业都会，到咸丰后"迭经兵燹，元气不复，城中人烟寥落，非复当年繁盛矣"，济宁以其市场取向、经济联系从南方转向北方（济宁的进出口货物主要经过天津），仍能成为山东三个最大的商品区域集散中心。尽管在山东省、华北和全国的城市经济网络层级结构中，沿海各城市后来逐渐成长为新中心，济宁在国家层面因漕运废弃、津浦线东移和后续海权时代已无大战略优势，20世纪上半叶将被边缘化为腹地。但即便政局动荡不定，战事、动乱连绵不断，济宁在1938年初沦陷于日军之前，仍是较发达的淮海区域中心城市。

（二）高速公路、高铁和现代城市经济动能要素配置缺位，导致的城市二次地位衰落（以济宁为例）：发展成淮海经济区榜首城市后，再次被徐州反超且差距日渐拉大

新中国成立后，济宁隶属于滕县专区，直到1953年滕县专区和湖西专区合并成为济宁专区；1958年12月，经国务院批准撤销菏泽专区，各县划归济宁专署，1959年7月，菏泽专区恢复；1961年枣庄为了能更好的发展（枣庄原属峄县，在清代因发现煤矿而崛起），正式从济宁脱离，成立地级市枣庄。1983年10月，撤销济宁地区升为省辖地级市。至2013年11月济宁市部分行政区划实施调整前，济宁市辖二区三市七县，即市中区、任城区、曲阜市、兖州市、邹城市，微山县、鱼台县、金乡县、嘉祥县、汶上县、泗水县、梁山县。经过"七五至十二五"发展规划，沿着工业结构"无工不富"和县域经济（尤其济兖曲邹嘉）这两条主线，济宁走出了自身特色的新型工业化道路：煤炭化工产业崛起，煤炭工业实际生产能力达八、九千万吨，邹城发电厂、济宁发电厂、里彦发电厂、运河发电厂齐头并进，电装机容量达388.1万千瓦；通过发展高新技术产业，主攻生物医药、光电一体化、电子信息、新材料等四大领域，济宁高新区其综合评价指标在省内名列第二，在全国进入前20多名；培植壮大了工程机械、医药、食品、纺织服装等几大优势产业；大型企业山推、鲁抗、太阳纸业和华勤集团发展至全国行业前列。2004年，济宁经济总量成为整个淮海经济区榜首，成为区域竞争对手徐州重点考察的地方（据媒体报道，徐州仅仅在2005年，徐州市委、市政府、人大、政协等系统有上百次组团到济宁考察）。然而面对较好的发展局面，从2009年开始至今，徐州的地区生产总值又开始反超济宁，目前差距已越来越大。分析其中原因，主要有以下两点。

1. 济宁第二次"相对周边区域交通枢纽优势丧失"。原104、105、327三条国道交叉的优势，加上津浦支线延长为东连青岛、西接郑州的济荷铁路，东接南北干线京沪铁路（尤其是105与327十字交叉与济荷铁路的物流中心），使得济宁由于现代铁路和公路系统的创建，在一定程度上弥补了运河漕运商贸中心废弃的损失，为经济结构和市场取向的调整带来了转型的生机，并奠定了这一时期竞争和发展的基础。这时的济宁，仍是淮海经济区和山东整个鲁西、鲁南较大的商品区域集散中心。然而，在国道升级高速公路的战略机遇期（沿高速公路节点，西方有"高速经济走廊理论"），即105国道（即北京—珠海（澳门）公路。自北京、廊坊、天津西、沧州、德州、济宁、商丘、亳州、阜阳、六安、潜山、黄梅、九江、南昌、吉安、赣州、从化、广州、顺德、中山至珠海。全长2361千米，纵贯京、津、冀、鲁、豫、皖、赣、粤八省市，为全国公路主干线之一），并未沿原国道路线升级成京珠高速（现京珠高速，为"G4"京港澳高速，是中国一条连接首都北京至南部重要城市广州及珠海的高速公路，全长约2310公里，沿线经过北京、保定、石家庄、邢台、邯郸、安阳、新乡、郑州、许昌、漯河、信阳、驻马店、武汉、长沙、广州、珠海等城市）。105 京珠国道升级京珠高速以及京九铁路两次均绕开济宁主城区，导致经济走廊的西移，而 2012 年开通的京沪高铁东走曲阜息陬乡，使得济宁中心城区相比津浦 1912 年过线兖州，区域交通枢纽地位更趋下降：国家层面的南北向与东西向高速公路、普铁和高铁，均不能在济宁中心城区形成交汇，仅靠现有济徐、日东高速和京九、济荷铁路，已不能形成国家层面的交通枢纽和战略通道，城市将不可避免地走向边缘化。但可惜的是这次应对城市边缘化的交通转型，济宁当地并未意识到，未如民国时期那样及时应对争取。

2. 组群结构大城市而非中心城区组团发展，使得现代服务业为主的城市经济发展动力不足。

济宁经过"七五至九五"发展规划后，各市县区的经济总量都有了极大发展与积累，尤其同属百强县的曲阜、兖州、邹城已互成新三角之势，共同支撑起济宁全市 GDP 的"半壁江山"，在全国第二轮由"工业化推动发展浪潮"时期，十分具有人工、土地和招商引资极大优势。但"群狼式"的县域经济发展优势后，战略层面应抓住工业化推动和新型城镇化两大机遇，转化为工业化与城市化双轮推动战略，借势提升做大区域中心城市（这是现代城市经济学规模发展的内生动力）。然而，由于担心大城市病而发展组群结构大城市，济宁失去了中心城区做大做强的规划战略；另外，组群结构都市区所需的一体化快速路网和轨道交通等基础设施，限于巨额资金瓶颈难以建成，"济兖曲邹嘉"组群城市实际成为县城组合体，都市区因城际出行时间成本和快速交通瓶颈，无法实现一体化真正融合。上述城市规模战略机遇丧失，使得济宁中心城区未能像徐州、临沂一样做大做强。"济兖曲邹嘉"组群而非中心城区组团发展，使得强调规模效益的、高端服务业为主的现代城市经济发展动力不足。稍幸运的是，《济宁市城市总体规划（2008—2030 年）》"东拓西跨南联北延"和近年实施的"一核引领、两环支撑、三带协同、四城驱动"的中心城区发展战略，部分弥补做大了中心城区，客观阻滞了第二次被边缘化的趋势。

（三）建议山东沿运五市和苏北四市，借助国家"交通强国战略"，激发现代高铁、高速"金扁担"运输通道动能

当前，直接交通不畅已严重影响江北沿运九市间的文化经济往来；九市在大运河沿线的地位，近现代则严重衰落，直接表现为鲁西和苏北沿运区域整体欠发达！相比近现代以来，江南沿运城市"苏锡常嘉杭"，借助"宁沪杭"现代交通网络，实现区域一体化并沿大运河复兴崛起，以及进入新世纪，苏北加快全面融入长三角一体化发展：徐宿淮扬镇高铁、高速正加速弥补现代交通短板，大运河沿线的徐州、淮安、扬州、镇江，均规划并将很快成为现代综合交通重要枢纽和节点。

目前沿元明清运河线，仅山东五市缺高铁、高速直通，需尽快借助国家"交通强国战略"，联合沿运苏北四市，打造北连"京津冀＋雄安新区"，南接"苏沪杭"长三角的"金扁担型国家高铁、高速运输通道"，在大运河文化带"河为线，城为珠"建设中，阻滞第三次被边缘化的趋势。

二 基于现代运输通道和经济动能的视角，助力山东沿运城市的复兴探索

近年来各地高速、城际铁路建设热情高涨，高速、城际铁路具有大运量、高频次、速度快、舒适便捷、安全环保等优势，能够使城市间人流、物流效率与质量大幅提高，对地区经济社会发展具有巨大拉动作用，并有可能成为改变区域社会经济格局的助推器。

沿运河五市，位于山东省西南部，地处鲁苏豫皖四省交接地区，地理位置十分特殊：沿"京雄（津）聊济徐淮扬镇苏锡常杭大运河文化带"中，聊城、济宁、徐州是雄安新区南300～700公里较大经济规模、人口和文化底蕴的运河标志性中心城市（腹地重要性远远超雄商高铁向南的商丘、阜阳）。然而，沿明清大运河当前仅山东五市缺少高铁和高速公路直接规划贯通：鲁西区域虽然贯穿东西的郑济高铁、鲁南高铁已开工建设，

但南北向高速铁路仍为空白；大广高速、京德高速和京台高速，均不是直接沿大运河南北贯通的高速廊道。现代交通路网数量和辐射范围远不能满足当前大运河文化带建设需要，改变不了鲁西被边缘化的交通劣势。因此，结合区域高速铁路网、城际铁路网和高速公路网布局，拓展大运河高速铁路和高速公路连接线，打通沿运城市运输通道，重塑临清、聊城、济宁国家层面交通枢纽地位，可以作为破解这一问题的有效举措，具体方案建议如下。

（一）规划建设聊城—济宁—徐州高速铁路和公路连接线

在铁路方面：规划建设聊城—济宁—鱼台（金乡）—徐州高速铁路，北端与雄商高铁梁山站相连，南下对接过境徐州已有的郑徐高铁"S弯"，连通在建的"徐宿淮扬镇"高铁通道，以及淮安—南京、淮安—扬州—镇江—杭州、淮安—盐通—上海、淮安—盐城—南通—苏州—嘉兴—宁波等高速铁路相接。线路一方面将济宁、徐州和淮安紧密联系在一起，有效发挥济、徐、淮作为"淮海生态经济区"三核心作用，激活挺起淮海都市圈；另一方面也打通了沿大运河高铁通道：北上可通过京九高铁直通雄安、京津冀，南下可通过徐宿淮高铁直达南京、苏杭、上海、宁波等长三角核心城市，并疏解近饱和的京沪高铁客流；

在高速公路方面：可考虑接驳济徐高速济宁（或经开）枢纽立交，过境梁山、聊城和临清，连通大广高速的河北衡水（或南宫）高速连接线，打通北至雄安新区高速通道；另通过济徐高速东平枢纽接高东高速，连通至在建的京德高速，打通北至大兴新机场和北京的高速连接线。

上述项目的建设，可构建与大运河文化带并行的高铁和高速公路骨干通道（雄安亦是大运河文化带核心城市），改变鲁西整体被边缘化的交通劣势。将来，再结合"大运河文化带"系列精品旅游线路，充分发挥沿线运河文化遗存和历史沉淀优势，有效促进"大运河文化公园"城市间联动发展，有力支持"大运河人文生态经济带"上升为国家战略。

（二）规划建设济宁—商丘—漯河、德州—临清—安阳城际铁路和公路连接线

目前《山东半岛城市群城际铁路规划（2019～2035 年）》正在修编，规划建设济南—济宁城际铁路，加强济宁与省会城市的便捷高效联系；《中原城市群城际轨道交通网规划（2030 年）》正在修编，规划建设商丘—漯河、郑州—信阳、南阳—驻马店—阜阳或"南驻周商"（南阳—驻马店—周口—商丘）城际铁路。因此，可规划建设济宁—商丘—漯河（或周口—驻马店）—南阳至重庆、德州—临清—安阳（沿永济渠打通洛阳—临清—德州至天津沿运通道）城际铁路连接线；公路方面，规划济宁—单县—商丘的商周高速连接线。通过上述城际网，将"山东半岛城市群"与"中原城市群"连接在一起，强化济宁、临清、聊城与"中原城市群"乃至"成渝城市群"的联系，成为"山东半岛城市群"向西南方向辐射的"桥头堡"，进一步激活济宁、临清、聊城的现代交通枢纽动能。

（三）打造济宁（西）、聊城、临清区域综合交通枢纽

借助"聊—济—徐高铁连接线"和"济—济—商城际铁路连接线"、"德—临—安城际铁路连接线"和郑济高铁、鲁南高铁，以及大广和京德高速公路系列连接线，德州、临清、聊城和济宁的交通枢纽动能均得到大幅提升。济宁更可在"孔孟之乡、运河之都"城市定位和"太白湖新区—核引领"的规划理念下，距离太白湖新区西约 10 公里，建成"济宁（西）区域性综合交通枢纽"：依托两大高铁（城际）连接线满足南上北下的高铁客运需求；依托济徐、济商高速，连通德上、济广、大广、京德和商周高速，满足会通南北的公路运输需求；依托济宁曲阜机场满足应急航空运输需要；依托运河港口打造铁水联运枢纽，重塑济宁自元以来重要交通地位。远期更可整合太白湖新区（含许庄、石桥）、任城区唐口、运河新城、济宁经济开发区，争创国家层面的"大运河（济宁）人文生态经济示范区"。并结合现代会展经济打造"大运河文化经济带峰会城市"，促进"大运河文化带"和

"中华优秀传统文化传承发展区"交融发展，强化济宁在淮海经济区的中心城市地位。

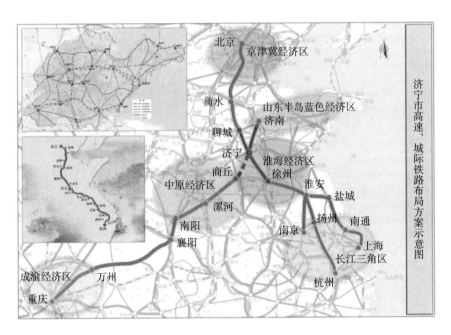

济宁西铁路（高铁、城际）枢纽规划建议图

（四）尽快启动铁路、公路项目前期研究工作，形成规划成果进行报批

建议尽快启动聊城—济宁—徐州、济南—济宁—商丘、德州—临清—安阳等铁路和高速公路连接线的预可研研究，充分认识到项目建设的紧迫性和必要性，并根据2019年5月28日自然资源部印发的《关于全面开展国土空间规划工作的通知》，将上述方案抓紧落实到各市在编的《国土空间规划（规划期至2035年，展望至2050年)》中，尽快形成规划成果并进行报批，并列入"十四五"规划布局。否则，一旦雄商高铁临清、梁山两站不能规划预留上下道口，将来只能失去枢纽站布局的窗口机遇，最多也只能重蹈曲阜东站京沪和鲁南两高铁不能完全互通的遗憾。

（五）做好两个结合，借助"现代综合交通＋现代会展经济"，高标准打造山东大运河文化高地

通过沿运现代高铁和高速通道，我们就可借鉴上海"虹桥交通枢纽＋进博会国家会展中心模式"，在各高铁枢纽临近，规划建设系列大运河国际会展中心（会展中心综合设计配置大运河博物馆、现代会议中心、现代展览中心、酒店公寓、商务写字楼和游客服务中心），方便沿运城市轮流举办大运河文化节和世界运河城市论坛，"坐着高铁看运河、自驾研学游运河"，沿运河廊道辐射开发旅游公路、河轮旅游、高质量的文化实景演出、城市绿道和汽车自驾营地……在发展"古今辉映"沉浸式文旅的同时，坚持大运河"四个时代、儒运交融、黄运交叉、动态流动"四个原则，高标准推进大运河齐鲁文化高地建设，打通国内、国际双循环。

三　关于建设时序的几点建议

综上，以人文城市品质的综合提升，从而集聚起高端人才发展现代服务业，带动互联网、大数据、高端制造、现代金融和精品旅游，实现创新型和智能城市的产业升级，实现运河沿线城市的复兴，越来越离不开快捷的现代交通运输为支撑！山东大运河文化带和文化公园建设，推进时序建议。

（一）交通等基础设施先行。"要想富，先修路"，路通则人心通、货畅人聚集创造财富，才有经济基础珍视和发展大运河文化带。

（二）抓紧留住"运河记忆"。山东省沿运五市经济均欠发达，在大运河申遗成功和国家建设大运河文化带、国家文化公园之际，地方政府沿运文旅开发热潮、旧村居拆迁和建设沿运经济带的憧憬下，古运河的历史遗存可能会加速灭失……建议要充分研讨借鉴江苏大运河带和文化公园先行区的有关经验和教训，通过组织"大师工作坊"、专题专家调研、走访运河老人等方式，摸清并留存好山东段运河遗产的宝贵家底。

（三）在保护传承的前提下有效创新（当前最迅捷的，可在济宁招商打造，已创作出大纲的《运河千古情或运河魂》文化实景演出），打造系列精品文旅融合型大运河旅游线路。否则，在沿运 5 市现有运河文化旅游产品和资源均较弱，不能在保护传承的前提下有效创新，建设大运河文化公园很可能会变成山东省各级财政的负担。

（四）留一点历史耐心。随着以上三项前提逐步解决，山东沿运 5 市的城市交通区位会大幅改善（至少上位规划得到调整），运河文旅融合创新产品会极大丰富，城市人文生态经济带会逐步提升，尤其是城市带土地价值得到大幅优化后再释放，山东省将可更高质量推进国家大运河文化公园和文化带建设！希望山东沿运 5 市，尤其是济宁、聊城、临清和德州，能抓住历史机遇，找准其在大运河文化带中的独特战略定位，加快高速（城际）铁路和高速公路布局，战胜第三次被边缘化趋势，实现历史性的"浴火重生、凤凰涅槃"城市复兴，再塑大运河文化带城市的新辉煌。

参考文献

〔美〕爱德华、格莱泽著《城市的胜利》，刘润泉译，上海社会科学院出版社，2012。

〔美〕阿瑟、奥莎利文著《城市经济学》，周京奎译，北京大学出版社，2015。

甄峰著《城市规划经济学》，东南大学出版社，2011。

汪孔田：《论京杭运河山东运道的开辟与经营》，《济宁师专学报》，1999。

郑民德：《中国大运河的历史变迁、功能及价值》，《西部学刊》，2014。

孙竞昊：《清末济宁阻滞边缘化的现代转型》，《清华大学学报》（哲学社会科学版）2010 年第 1 期。

李德楠：《比较视野下的明清运河城市——以济宁、临清为例》，《中国名城》，2015。

邵常岁：《试论交通方式变迁对近代山东运河城市的影响——以济宁的兴衰为例》，《淮南师范学院学报》2015 年第 1 期。

修春亮：《全球化背景下地方城市的边缘化问题》，《地理教育与学科发展——中国地理学会 2002 年学术年会论文摘要集》，2002。

百度百科，京杭大运河聊城段，https：//baike. baidu. com/item/% E4% BA% AC% E6% 9D% AD% E5% A4% A7% E8% BF% 90% E6% B2% B3% E8% 81% 8A% E5% 9F% 8E% E6% AE% B5/5931345？fr = aladdin。

B.18
山东省大运河国家文化公园
建设原则与路径研究*

胡梦飞**

摘　要：　大运河山东段位于京杭大运河中部，是贯通运河南北的重要
河段，在大运河国家文化公园建设中具有十分重要的地位。
由于缺少知识储备、研究成果以及实践经验，在山东大运河
国家文化公园建设过程中，不可避免地存在概念认识不清、
建设和管理主体不明确、遗产挖掘不充分、统筹协调能力不
强等问题和不足。面对这些问题和不足，山东省应坚持真实
性与完整性、协调发展、可持续发展、可操作性等原则，在
深挖运河文化内涵、彰显地域文化特色的同时，加大遗产保
护力度，创新传承利用模式，成立专门智库，强化学术研
究，推进实施重大工程，打造特色旅游线路，建立健全管理
体制和统筹协调机制，努力将大运河国家文化公园(山东段)建
设成为特色鲜明、内涵丰富、具有较强吸引力的大运河文化
保护传承利用示范区。

关键词：　大运河　国家文化公园　文化遗产

---

* 本文为2021年度聊城市哲学社会科学研究重点课题"聊城市大运河国家文化公园建设与发
展研究"（NDZD2021052）、聊城市城校融合文旅项目"聊城市大运河国家文化公园样板工程
规划与建设方案"（R20WD2101）阶段性成果。
** 胡梦飞，历史学博士，聊城大学运河学研究院副教授，研究方向为明清史、运河文化史。

中国大运河是中华民族悠久历史和灿烂文化的一座丰碑，是祖先留给我们的宝贵遗产。2019 年 7 月 24 日，中央全面深化改革委员会第九次会议审议通过了《长城、大运河、长征国家文化公园建设方案》，充分体现了国家对大运河文化保护传承利用的高度重视，也为山东认真落实国家要求、切实搞好山东省大运河文化公园建设，提出了明确的要求。加快大运河国家文化公园（山东段）的建设，对于推动大运河文化的创造性转化、创新性发展，加快经济文化强省建设具有很强的现实意义。有关大运河国家文化公园建设，学界已有相关研究，主要集中于对大运河国家文化公园（江苏段）建设理论和实践的探讨，有关山东省的成果尚不多见。① 本文结合大运河山东段实际情况，在分析大运河国家文化公园建设相关问题的基础上，提出具体建设的路径和策略，以求为相关部门的决策提供参考和借鉴。

一 大运河山东段基本情况

大运河山东段位于京杭大运河中部，纵贯山东西部地区，南起山东江苏两省交界的大王庙闸，北到德州德城区第三店闸。沿途由南向北依次流经枣庄、济宁、泰安、聊城和德州 5 个地级市，全长 963.5 公里，由南运河段山东段（冀鲁交界—聊城市临清市）、会通河段山东段（聊城市临清市—济宁市微山县）和中河段山东段（济宁市微山县—苏鲁交界）三个段落组成。其中，南运河段长 127.8 公里，会通河段长 766 公里，中河段长 70.7 公里。沿线支线航道辐射菏泽市东部的巨野、郓城，济南市的平阴等，流域范围达

---

① 相关研究成果主要有：王健、王明德、孙煜：《大运河国家文化公园建设的理论与实践》，《江南大学学报》（人文社会科学版）2019 年第 5 期；龚良：《大运河：从文化景观遗产到国家文化公园》，《群众》2019 年第 24 期；王健，彭安玉：《大运河国家文化公园建设的四大转换》，《唯实》2019 年第 12 期；朱民阳：《借鉴国际经验建好大运河国家文化公园》，《群众》2019 年第 24 期；王健、王明德、孙煜：《推动大运河国家文化公园江苏段建设》，《群众》2019 年 10 期；夏锦文：《建设国家文化公园促进沿运城市协调发展》，《群众》2020 年第 1 期。

41个县市区，土地总面积约3.9万平方公里，占全省国土总面积的24.1%、总人口的28.5%。①

大运河山东段是京杭运河全线地势最高、修建维护最为复杂的河段之一，工程技术巧妙复杂，地位作用突出。南运河段山东段沟通了海河南水系各支流，至今仍保留着原有河道形态和人工弯道特点；会通河段山东段构建起了华北海河水系和黄淮水系的直接联系，标志着京杭大运河的全线通航，通过设置闸、坝、开凿引河、设立水柜、建设分水枢纽工程解决水源问题，成为中国水利科技发明创造的重要成就和典范；中河段山东段解决了黄河水患和运河淤塞的难题，使大运河绝境重生，南北漕运日益繁盛，是至今仍在全线通航的河段。

山东省东临"21世纪海上丝绸之路"，西连"丝绸之路经济带"和中原经济区，北融京津冀协同发展区，南接长江经济带和淮河生态经济带，是贯通国家三大战略和雄安新区的中轴线，在大运河文化带建设中具有十分重要的战略地位。近年来，山东省大力推进大运河文化带建设，各级财政共投入10亿元，实施了43项文化遗产保护工程，倾力打造"鲁风运河"文化旅游品牌，台儿庄古城、微山湖湿地、聊城中华水上古城、泰安白佛山文化产业园等一批投资大、带动力强的项目已相继开工建设或营业，微山湖湿地古镇、水浒影视小镇、东平湖生态旅游小镇等一批运河文化特色小镇已颇具规模。2018年，山东沿运5地市共接待游客2亿人次，同比增长10.1%；实现旅游收入2019亿元，同比增长14.6%。②

二 大运河国家文化公园建设中需要解决的问题

由于我国引入"国家公园体制"和"国家文化公园"概念时间较短，山东在国家文化公园建设方面尚缺少知识储备、研究成果以及实践经验，在

---

① 数据来源于山东省发展和改革委员会相关统计材料。
② 数据来源于山东省发展和改革委员会相关统计材料。

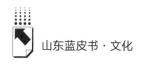

山东大运河国家文化公园建设过程中，难免会存在这样或那样的问题。归纳起来，主要体现在以下几个方面。

（一）国家公园和国家文化公园概念认识不清

"国家公园，是指国家为了保护一个或多个典型生态系统的完整性，为生态旅游、科学研究和环境教育提供场所，而划定的需要特殊保护、管理和利用的自然区域。""国家文化公园"是由"国家公园"这一概念引申而来，二者既有联系，又有区别。国家公园主要侧重于对自然景观的保护，尤其是对原生态自然环境的保护，而国家文化公园更多地侧重于保护人文景观以及人类社会所创造的各种非物质文化遗产。

（二）将大运河国家文化公园建设等同于大运河文化带建设

"大运河文化带是以大运河文化为内核，以保护、传承、利用为主线，以带状地理空间为载体，以区域交通束为基础，以沿线城镇为发展主体，集遗产与生态保护、经济与社会发展、文化与休闲游憩等多种功能于一体的综合性文化功能区域。""大运河文化带"建设意在通过对运河沿线区域文化资源的挖掘、整理、研究、利用，增强不同文化之间的整合与融合，实现对运河文化遗产的科学保护、传承和利用，将文化资源转变为生态资源、经济资源，增强文化自信，提升中国文化的影响力，从整体上实现文化强国战略。大运河国家文化公园则意在通过整合沿运地区具有重要意义和突出价值的文物和文化资源，对其实施公园化管理运营，实现保护传承利用、文化教育、公共服务、旅游观光、休闲娱乐、科学研究等功能。

对比大运河文化带和大运河国家文化公园的含义，我们不难发现，二者之间既有区别，又有联系。两者都是以大运河文化为内核，以文物和文化资源为主干，强调对运河文化遗产的科学保护、世代传承和合理利用。但二者也有一定的区别，不能混为一谈。大运河文化带建设侧重于运河沿线区域文化资源的挖掘、整理和研究，意在通过文化建设、生态建设和经济建设三者的有机结合，将文化资源转化为经济和社会效益。而大运河国家文化公园主要侧重于对运河文化遗产的保护和展示，意在通过国家文化公园这一形式，形成具有特定开放空间的公共文化载体，使其成为彰显中华文明的重要标识。相较大运河文化带的宽泛和抽象，大运河国家文化公园更为具象和立体。建成之后，将是一个类似于国家公园的物质载体。大运河国家文化公园里面虽然也有对非物质文化遗产的展示，但主要侧重于对河道、城镇、闸坝、钞关、驿站、码头等物质文化遗产的展示。"以大运河国家文化公园建设来替代大运河文化带建设，或以大运河文化带建设代替大运河国家文化公园建设，这些都不利于山东大运河国家文化公园建设的顺利开展。"

（三）建设和管理主体不明确

由于我国引入"国家文化公园"的概念时间较短，导致相关理论还不完善，缺少实践经验。虽然目前国家及沿运各省市均已开始进行规划和设计，但对于大运河国家文化公园的建设主体并没有做明确的说明。由于建设主体不明确，导致其管理体制也较为模糊。大运河国家文化公园到底应该由谁来投资建设；建设完成后，又应该由谁来负责管理，是当前大运河国家文化公园建设亟待解决的问题。

（四）文化内涵挖掘梳理不够充分

近年来，在各级部门和社会各界的共同努力下，山东运河文化遗产保护工作取得了显著成效，但仍存在一些问题。主要体现在：对运河文化多元价值体系研究阐发不够，"重发展、轻保护"的思想还不同程度的存在；对运河文化丰富内涵的挖掘和展示不足，相关文化创意产业发展相对滞后；对运河文化的当代性、创新性诠释还有待加强，与时代发展和社会进步的新形势、新特点结合不够紧密。由于我们对山东运河文化的内涵挖掘不充分，导致在大运河国家文化公园建设过程中存在定位不准、概念不清、建设和管理主体不明确、建设缺乏方向感等问题。

（五）统筹协调能力不强

山东在大运河公园建设中还存在条块分割的问题，各部门统筹协调不够，缺乏协调与合作，没有统一的规章与制度，存在多头管理、各自为政等问题。山东运河长达数百公里，运河遗产点散布于城市与乡村，在保护与开发上难度极大。各运河城市没有将山东运河视为整体，只注重凸显区域特色，条块分割严重，不同城市之间缺乏交流与合作，甚至存在诸多矛盾与冲突之处。有的地方和部门把大运河国家文化公园建设简单等同于搞商业开发、搞旅游，导致在旅游开发、文化产品创意、古镇打造等方面同质化现象严重，同时也可能会出现破坏文化遗产、生态环境和人文环境的情况。

三 大运河国家文化公园建设的基本原则

山东运河源远流长，流经德州、聊城、济宁、泰安、枣庄五市，有大量文化遗产分布于沿线，这些遗产数量多、科技含量高、文化内涵丰富，具有重要的历史、文化价值。在大运河国家文化公园建设过程中，我们需要坚持以下几个基本原则。

（一）真实性与完整性原则

1972 年 10 月 17 日至 11 月 21 日联合国教科文组织在巴黎举行第 17 届会议，会上原准备拟定一项国际协议，以推动相互援助保护古迹建筑这类文化遗产的工作后来由于形势有利和舆论推动，大会经过反复讨论，终于在11 月 16 日通过了《保护世界文化和自然遗产公约》以下简称《世界遗产公约》。《世界遗产公约》强调，遗产保护必须围绕保护的核心，即遵循真实性和完整性的原则，采用国家保护和国际保护相结合的方式。"真实性"与"完整性"是遗产保护所必须遵循的基本原则，也是世界遗产的灵魂所在。所谓"真实性"是指在设计、材料、施工或环境方面，必须符合真实性标准，重建只有根据原物的完整和详细的资料并且毫无臆断成分时，才可以接受。为了保护遗产的"真实性"，在遗产保护、修缮等具体操作层面，需要严格遵循"最大保护和最小干预"的原则，尽量保存遗产的原物、原貌和历史印迹，并使用原材料和原工艺。遗产维修应该具有"可逆性"，即可以在条件具备的时候让它"回到从前"，以便用更为科学先进的方式进行修缮管理；遗产的修缮必须是"可识别"的，必不可少的添加物，需要保持适度的差异性，以便于辨别，并需作详细记录。所谓"完整性"，是指我们不但要保护遗产本体，还要保护它在生存过程中所获得的有意义的历史、文化、科学和情感信息，保护它所产生的历史环境，不要使文化遗产脱离了历史形成的环境而孤立存在。

"保持遗产地的真实性和完整性，也就是要保护遗产地的原始面貌和周边环境不受破坏，进而实现遗产地的可持续发展。"保护大运河山东段遗产的历史真实性，延续其历史信息及全部价值，需要严格遵守"保护为主、抢救第一、合理利用、加强管理"的文物工作方针。除了关注河道与遗产点本身，还要注重其历史空间的连续性及其与环境之间的关联性，最大限度地保护运河文化遗产及其背景环境的完整性。遗产保护维修应根据具体情况，分步骤进行。在维修过程中，要严格遵循"最小干预"的规定，将对遗产建筑的干预减小到最低限度，切忌任意扩大修缮范围。要坚持"共抓大保护、不搞大开发"的理念，始终把保护历史文化遗产摆在大运河文化带建设的首位，像爱惜生命一样保护好祖先留给我们的宝贵遗产。

（二）协调发展的原则

"协调发展原则是指经济建设、社会建设和环境保护要统筹兼顾、有机结合，以实现人类与自然的和谐共存，使经济和社会发展可持续地进行。"协调发展原则是法理中利益衡平原则在环境法中的体现。从 20 世纪 70 年代开始，许多国家在环境立法中将协调发展规定为一项基本原则，并制定一系列法律制度予以实施。1983 年召开的第二次全国环境保护会议上制定了"经济建设、城乡建设和环境建设同步规划、同步实施、同步我国环境法的现状与不足发展，做到经济效益、社会效益、环境效益的统一"的方针，这是协调发展原则在我国的具体实践。

协调发展原则建立在可持续发展思想的基础上，是处理经济建设、社会发展和环境保护三者间关系的基本原则。在大运河国家文化公园建设过程中，要坚持规划先行，突出顶层设计。要特别注意注意与遗产地各项工程建设的协调和衔接，正确处理好大运河遗产保护和各项工程建设的关系，统筹保护与发展的关系，努力构建运河遗产活态保护与旅游可持续发展协调机制，促进遗产所在地经济、社会、环境三者协调发展。要充分考虑山东运河文化资源的多样性，实行差别化政策措施。有统有分、有主有次，分级管理、地方为主，最大限度调动各方积极性，实现共建共赢。

（三）可持续发展的原则

在文化产业领域，可持续发展观的重要性尤其突出。运河文化遗产作为不可再生的珍贵资源，是人类发展过程中物质文化和精神文化的历史积淀，是运河沿岸地区劳动人民勤劳和智慧的结晶，具有很高的历史、科学和艺术价值。如果脱离了它生长发育的土地和人民，脱离了滋润它生根发芽的生态环境，用功利性的手段对其进行竭泽而渔式的商业开发，一味追求经济利益，那么运河文化遗产的真实性和完整性将会受到严重破坏，从而失去其存在的价值和意义。在大运河国家文化公园建设过程中，要正确处理好保护文化遗产价值与开发利用遗产资源之间的关系，始终将运河文化遗产的保护放在第一位，万万不可急功近利，对运河文化遗产资源搞掠夺式开发和过度开发。

（四）可操作性原则

对于任何政府部门而言，针对任何社会问题的一个对策方案，不管它有多完美，如果没有现实的可操作性，那就没有任何的实际意义。在山东省大运河国家文化公园建设过程中也要坚持可操作性原则。要根据大运河山东段遗产的价值和现状，结合山东社会、经济的发展计划，立足沿运5地市实际情况，科学、合理地确定其保护区划及相关保护、管理、展示、考古措施，保证规划实施的可操作性。要坚持问题导向，做到长短结合、远近衔接，明确具体实施方案，狠抓贯彻落实。要区分轻重缓急，集中力量完成重要遗产点段的保护、展示和利用工作，维护和展现大运河遗产的历史风貌，尽量保留遗产本体的历史信息和文化特色。

四 大运河国家文化公园的建设路径

山东段运河时空跨度大，沿线遗产过于分散，保护难度相对较大，再加上大运河国家文化公园的建设涉及山东西部、南部多个地市的众多的居民、企业、单位，政区层级多，部门职能多，诉求主类型多，运河文化公园建设的复杂性和艰巨性也将是前所未有的。这就要求我们深入认识运河国家文化公园建设的复杂性和独特性，探索出一条符合国情、省情的国家文化公园建设和管理模式。具体来说，我们可以采取以下措施。

（一）提高重视程度，完善管理体制

建设好大运河国家文化公园是一项全面、复杂的系统性工程，需要各级各部门紧密配合，通力合作。山东省要成立由省领导、相关部门和市政府主要负责同志任成员的大运河国家文化公园建设领导小组，全面负责山东省大运河国家文化公园的规划、建设、管理和协调工作。沿线各市设立管理区，市级党委、政府承担主体责任，配合省级管理区加强资源整合和统筹协调。各有关部门要对接国家部委，积极争取国家层面的支持。研究制定具体措施，拓宽多样化融资渠道，鼓励引导社会基金和资金投入，进一步激发市场主体活力，建立完善的多元投资机制。沿线各市要切实承担主体责任，精准把握方向定位，健全工作体制机制，认真做好组织实施工作。要定期跟踪评估重大事项和重点工程，及时总结评估规划实施情况，对重点事项进行专项督导，发现重大问题及时报告。

（二）健全法律法规，加大执法力度

国家文化公园作为一项重大国家战略，对弘扬优秀传统文化，增强文化自信和民族自豪感具有重要意义，故制定一部统一的国家文化公园法律显得十分必要。要根据国家将要出台的大运河保护条例，修改完善《山东省大运河遗产山东段保护管理办法》，相关地市结合实际修订制定配套法规规

章，严格执行相关法律法规，规范和约束大运河文化保护传承利用相关行为。各相关部门要加强涉及大运河国家文化公园建设的执法检查，依法查处各类违法事件，落实建设项目遗产影响评估和遗产监测巡视制度。

（三）成立专门智库，强化学术研究

要在省委、省政府的统一安排与筹划下，集中山东省高校与科研机构力量，整合研究人员，组建专门智库或研究中心。成立专家咨询委员会，为建设工作提供决策参谋和政策咨询。加强对山东大运河国家文化公园理论和实践的研究，彻底搞清运河文化公园的定位和目标，在对其现状和问题进行充分调查研究的基础上，提出切实可行的路径和策略。充分发挥聊城大学运河学研究院等高校和科研机构的作用，努力形成科研合力，从山东大运河国家文化公园建设的理念、路径、成效等诸多方面，提供有价值的意见建议。要借鉴兄弟省市的先进经验，切实做好大运河文化的保护、传承和利用，努力创造符合山东实际的"齐鲁样本"和"山东模式"。

（四）加大遗产保护力度，创新传承利用模式

要依托运河文化博物馆、纪念馆、资料馆等文博设施，培育特色文物旅游项目和文化遗产研学旅游产品，向公众传播推介大运河文化，增强公众对大运河历史价值的认知，发挥大运河遗产的教育和旅游功能。积极发展与大运河文化相关的数字创意、数字艺术、在线视听等特色文化产业，不断提升博物馆展陈水平，丰富展陈内容，利用 VR、AR、AI 等新技术创新展示方式，打造一批运河精品博物馆。全面贯彻"保护为主、抢救第一、合理利用、传承发展"的方针，坚持真实性、整体性和传承性有机统一，实施非物质文化遗产传承发展工程，进一步完善非物质文化遗产保护制度，实现非物质文化遗产的活态传承。

（五）推进实施重大工程，打造特色旅游线路

充分发挥沿运地区各级党委、政府的主体作用，围绕文物和文化资源保

护传承利用目标，系统推进保护传承、研究发掘、环境配套、文旅融合、数字再现等基础工程。重点实施大运河周边非物质文化遗产活态展示工程、文物文化古迹遗迹活态展示工程。建设依托大运河南旺分水枢纽、戴村坝、中州古城、东昌古城、济宁运河总督府、台儿庄古城等展示园、带、点，推进临清古城、运河古镇、微山湖生态旅游区等重点项目建设。依托山东沿运地区文化资源，认真筛选，精心设计，打造世界遗产经典旅游、运河古镇记忆旅游、水利文化科普旅游、儒风文化访圣旅游、美丽乡村生态旅游、红色文化追忆旅游等文化旅游产品和精品旅游线路。

（六）加强统筹协调，建立健全体制机制

山东运河遗产数量多、范围广、内容丰富，但多以点状分布，开发利用难度大。在大运河国家文化公园建设过程中，要加强省级层面协调指导，建立健全工作领导机制。要打破行政区划界限和壁垒，建立会商合作及定期联席会议制度，实行"总体规划、统筹协调、整体保护、统一利用、共同推进"的管理运行模式。沿线五地市要立足形成大运河沿线完整、统一、协调的工作运行机制，建立健全大运河建设相关的公共服务体制机制，提升大运河建设公共服务水平，创新大运河文化带合作机制，推动形成文化带命运与利益共同体，打造区域协同发展的样板。

五 结语

建设大运河国家文化公园，是深入贯彻习近平总书记关于"大运河是祖先留给我们的宝贵财富，是流动的文化，要统筹保护好、传承好、利用好"重要批示精神的重大举措，是彰显中华文化自信的新时代创新表达和促进文化建设高质量发展的新时代创新探索。大运河山东段位于京杭大运河中部，纵贯山东西南部地区，是贯通运河南北的重要河段。沿线地区与苏皖豫冀四省交界，人口众多、资源丰富，产业基础较好，是全省最具发展潜力的地区，是运河文化活态性、融合性的典型代表，在大运河国家文化公园建

设中具有十分重要的地位，具备开展大运河国家文化公园建设的良好条件。山东省要紧紧抓住大运河国家文化公园建设这一重要历史机遇，以习近平新时代中国特色社会主义思想为指导，以山东省大运河沿线一系列主题明确、内涵清晰、影响突出的文物和文化资源为主干，生动呈现中华文化的巨大价值和齐鲁文化的鲜明特色。努力建设全国大运河文化保护传承利用示范区，创造国家文化公园建设的"山东模式"，为新时代现代化强省建设提供重要支撑，为社会主义文化强国建设做出新的更大贡献。

参考文献

周书云：《旅游景区运营管理》，广东高等教育出版社，2017 年第 142 期。

王健、王明德、孙煜：《大运河国家文化公园建设的理论与实践》，《江南大学学报》（人文社会科学版）2019 年 5 期。

熊海峰：《大运河文化带的内涵解析与建设对策研究》，《人文天下》2017 年第 23 期。

郑民德：《"运河文化带"视阈下的遗产保护与利用研究》，《华北水利水电大学学报》（社会科学版）2019 年第 1 期。

郑小云、赵晓宁著《国际视野下旅游地的开发与保护研究》，四川大学出版社，2016 年第 103 期。

王虎华主编《扬州运河世界遗产》，南京师范大学出版社，2016 年第 308 期。

邹统钎等著《遗产旅游发展与管理》，中国旅游出版社，2010 年第 16 期。

郭春著：《环境法的建立与健全：我国环境法的现状与不足》，山西经济出版社，2017 年第 25 期。

胡郑丽：《文化资源学》，光明日报出版社，2016 年第 84 期

孙雪亮编著《高校教材管理实务》，复旦大学出版社，2010 年第 86 页。

孙国学、赵丽丽编著：《旅游产品策划与设计》，中国铁道出版社，2016 年 10 月。

龚良：《大运河：从文化景观遗产到国家文化公园》，《群众》2019 年第 24 期。

B.19
山东运河的水工特色
与大运河文化带建设

李德楠*

摘　要：　山东运河是大运河沿线最具水工特色的河段，具有开展大运
河文化带建设得天独厚的特点和优势。山东运河拥有人工开
挖最长的河段以及数量多且技术含量高的水工设施，河道频
繁变迁，水工设施不断改进。今后要紧扣齐鲁文化的地域特
色，开展深层次多角度的大运河综合研究和比较研究；要紧
跟时代需求，搞好顶层设计，注重体制机制创新，将大运河
文化带和黄河生态经济带建设结合起来；还要深入挖掘山东
运河的文化内涵，加大宣传力度，讲好新时代的山东运河
故事。

关键词：　山东运河　水工技术　地理特色　大运河文化带

中国大运河沟通五大水系，运河各段皆"因地为号"，地域特征明显。
明代运河自北而南称为大通河、白漕、卫漕、闸漕、河漕、湖漕、江漕、浙
漕等，其中闸漕即山东运河的别称。近年来，随着南水北调、大运河申遗以
及大运河文化带战略的提出，运河研究得到了前所未有的重视，相关成果大
量涌现，集中于遗产保护、文化特色、文化价值、文化传承、旅游开发等方

---

* 李德楠，淮阴师范学院教授，历史学博士，中国商业史学会副会长兼大运河专委会副主任，
主要从事黄河运河史研究。

面。比较之下，文化热潮下的运河水工本体研究相对薄弱。山东运河是整个运河沿线最具典型的地段，挖掘山东运河的水工特色，有助于讲好运河故事，推动大运河文化带建设。

一 山东运河的历史变迁

运河是南北交通大动脉和王朝生命线，可将南方粮食等物资运送到北方都城所在地。隋唐宋时期的运河漕运以当时的都城洛阳、开封为中心，其线路是自淮扬运河入淮河，然后再经通济渠北上。元朝定都北京，形成了政治重心在北而经济重心居南的局面，官府机构以及军队百姓的粮食供应"无不仰给于江南"[1]。当时唐宋时期遗留下来的运道已淤塞不堪，最好的办法是不再绕道河南，而是弃弓走弦穿山东地区北上，于是自元代以后山东运河得到了多次开挖与整治。元代济州河、会通河的相继开凿，标志着贯穿山东的南北大运河的形成。明初对山东河道进行了大规模整治，到明后期基本定型，清代以后变动较小。

1. 元代运道的开挖变迁

至元十九年（1282）开挖了南起任城、北至须城安山的济州河，利用安山西侧汶水入济的故道，将大清河、汶水、泗水与黄河沟通起来，最初称"济州汶泗相通河道"[2]，沿线建有师家庄、任城东、会源、袁口、安山等船闸，以节制水势。济州河的开凿使汶、泗河流得以贯通，漕船可自徐州北上入大清河，至利津入海，然后转海运到直沽。由于开凿时间仓促，济州河水量浅涩，影响了漕粮转运数量，于是又寻求开挖东平至临清间的会通河。

至元二十六年（1289）兴工开挖会通河，南起东平路须城安山西南，南接济州河，"引汶绝济"，由寿张西北经沙湾、张秋、东昌，又西北至临清达卫河，全长250余里。清代蒋作锦《东原考古录》中明确记载，元代

---

① （明）宋濂等：《元史》卷93《食货志一》，中华书局，1975，第2364页。

② 姚汉源：《京杭运河史》，中国水利水电出版社，1998，第104页。

所开运道由袁口西北经安民山南的安山闸,又西八里经寿张闸,又西北达于张秋。而且该线路原无河渠,是经过实地勘察研究之后平地新开挖的河道,相比旧河道而言,新运道在安山闸以北东移了 20 多里。

2. 明代运道的变迁

明代山东运道发生过四次迁移,分别是济宁以北的袁口改线以及以南的南阳新河、李家口河和泇河改线。元代虽开通了会通河,但水源问题没得到根本解决,黄河在较长时间内多支并存,运道时通时塞。于是永乐九年(1411)重新疏浚会通河,形成了由济宁至临清的 385 里河道,并在河道沿线设置水柜、斗门,分别用以蓄水和泄涨,同时修筑戴村坝,遏汶水至南旺,然后南北分流济运,并设置几十座闸坝以节制水势。从此,徐州至临清约 900 里间,万余艘漕船装载 400 万石粮食,轻松通过。明初重开会通河的同时进行了袁口改线,改线后的新运道不再经过寿张闸,而是从袁口东移,经靳口、安山镇、戴庙至寿张沙湾接老河道,西距元代寿张旧运道 30 余里①。东移后的新运道由安山南改为经行安山北,沿金线岭以东,由袁口向北经过安山湖中。

明中期以后,黄河对运道的干扰多集中于济宁至徐州间,其中南阳镇至沛县运道因地势低洼,最受黄河影响。嘉靖七年(1528),总河盛应期雇募河夫 65000 余人,在地势较高的昭阳湖东岸开凿新河,因遭遇旱灾,再加上盛应期被罢官,新河半途而废达 40 年之久。嘉靖四十四年(1565)七月,黄河决沛县,济宁至徐州间 200 余里运道几乎成为陆地,于是工部尚书朱衡征派 91000 余名河夫,沿盛应期所开河道重新开浚,至隆庆元年(1567)五月,开成了南阳至留城间的 141 里新运道。新运道从昭阳湖西移至湖东,地势上舍低就高,成功遏制了黄河决口对运河的侵扰,"黄水不东侵,漕道通而沛流断矣"②。

南阳新河的开凿减少了夏镇以北运道受黄河的侵扰,但夏镇以南至徐州

---

① (清)蒋作锦:《东原考古录·元明运河考》,载《梁山文史资料》第 4 辑,1988,第 124 页。
② (清)张廷玉:《明史》卷 83《河渠志一》,中华书局,1974,第 2040 页。

间仍为黄运交汇。万历十九年（1591）大水，微山湖水面扩张，夏镇至留城间运道与湖面不分，行船艰难。于是总河潘季驯主持改开李家口河，自夏镇吕公堂至徐州北内华闸，连接新开镇口河，全长100余里。李家口河的开凿使运道再次东移，但因新运道很快为微山湖扩展的积水所困，李家口河最终淹没于湖中。

南阳新河改善了南阳至留城间的运道，但留城以下徐邳段运道仍遭受黄河侵扰。隆庆三年（1569），总河都御史翁大立提出开泇河以避徐州上下黄河之险的建议，未付诸实施。万历二十一年（1593），黄河决汶上，下灌徐沛，冲毁运河大堤近200里。次年总河舒应龙自微山湖东岸的韩庄挑河40余里入泇河，但未能通漕。万历二十八年（1600）后，总河刘东星与夏镇分司梅守相继开凿，因工程艰巨而未完成。万历三十一年（1603）黄河决单县苏家庄及曹县，冲溃沛县四铺口太行堤，横冲运道。次年在总河侍郎李化龙的主持下开通了泇河，避开了330多里的黄河二洪之险，避免了徐州、茶城一带的黄河淤塞，"曹、单黄流与运远隔，得不为患"[①]。

3. 清代运道的局部变动

清代山东运河以维修疏浚为主，河道总体上相对稳定。咸丰五年（1855）黄河铜瓦厢决口，运河被拦腰截断，漕运中断十余年，仅民间船只在黄河南北两段通行，山东运河失去沟通南北的作用。同治、光绪年间，清政府力图恢复漕运，围绕临黄段运河进行了一些局部治理，主要有三次小规模的运道东移。

第一次运道东移是光绪四年（1878），针对临黄运口断流以及运道淤积的情况，将山东北运河南口从张秋镇东移25里至陶城铺，形成了自陶城铺至阿城镇的新河段，张秋镇至阿城镇运道遂废弃不用。另两次小规模的局部改道均位于今黄河以南：一次是光绪二十七年（1901），因漕粮改行海运，安山以西运河逐渐淤塞，于是由安山镇运河渡口向北开挖坡河，绕镇北东流

---

① （清）叶方恒：《山东全河备考·自序》，《四库存目丛书·史部》第224册，齐鲁书社，1996，第340页。

至东平境内，东北至张家口入大清河。另一次在光绪三十四年（1908），为避十字河沙淤而开挖惠通新河，自夏镇水火庙东开新河，由河口穿南庄抵郗山，入旧渠。两次改道均相对短小，或不久淤废，或很快淹没于湖中。

二　山东运河的水工特色

山东运河是整个运河沿线最具典型的地段，拥有人工开挖最长的河段以及数量多且技术含量高的水工设施，河道频繁变迁，水工设施不断建设和改进。

1. 深受黄河影响，避黄特色突出

山东运河深受黄河的影响，黄河泛滥是影响运河变迁和水工建设的重要因素。黄河是一条多泥沙的河流，明代前期以开封、原阳、阳武、封丘一带决溢最多，决口后往往向东北或东南辐射。如向东北决口，则济宁以北的山东运河首当其冲，张秋、沙湾一带多遭冲决。元代京杭运河贯通后，关系更加错综复杂，"河即运，治河必先保运"[1]"河遂与运相始终矣"，许多河工建设都是围绕解决黄运关系进行的。明弘治年间，黄河决河南封丘荆隆口，山东运道被淹。针对黄河势猛水浊、来则冲决、去则淤塞、迁徙不常、害多利少的特点，徐有贞、白昂、刘大夏等大臣"极力排塞，不资以济运"[2]。最后在黄陵冈东西各筑长堤300余里，在荆隆口东西各筑长堤200余里，于是张秋之决堵塞。"北堤南分"的治河方略使黄河北流减少，有效地防止了黄河水对山东北段运河的冲决。但太行堤修筑后，黄河北决地点下移至鲁西南地区，济宁南段运河不断受到黄河的冲决，因此南阳新河、泇河、李家口河等运道的开凿很大程度上是为了避开西来的黄水的侵扰。到1855年黄河北徙夺大清河入海后，山东运河南段受黄河的侵扰不复存在，但北段东阿至临清间运道仍需考虑黄河影响下的引黄、过黄问题。

---

① （清）叶方恒：《山东全河备考·黄运相关始末》，《四库存目丛书·史部》，第224册，齐鲁书社，1996，第425页。
② 《明世宗实录》第249卷，嘉靖二十年五月丁亥。

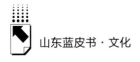

2. 以临清为界，南北地理差异明显

山东运河是南北大运河的重点地段，以今黄河为界，南段为泰沂山地和南四湖湖区，北段为广阔的鲁西平原，南北分属淮河和海河水系。历史上，山东运河临清以北段主要利用南运河自然河道。南运河历史较悠久，可上溯至隋唐时期的永济渠以及宋代的御河。该段运道水流湍急，不宜设置节制闸，于是采取"三湾抵一闸"的办法，靠增加弯度来减小水流速度及落差。历史上南运河常苦于水患，原因是该地区地势低洼，又承太行山千溪万壑奔冲之水，积贮于此，泛滥横溢，因此需考虑加强堤防建设，多开减水河道，于是在运河东侧修建减水河、减水闸、减水坝等减水工程，直接泄水入海，故该段运河节制闸工程较少，更多的是减闸和堤防工程，工程类型相对单一。

临清以南为人工河道会通河，该段运河"由于自然条件的原因，在开凿过程中，不仅用工甚多，人工设施也极为复杂，形成以后，又是京杭大运河中，通航困难最多、治理最难和管理最为复杂的一段"①。水源不足、利用泉水供水、利用湖泊存水、利用闸坝节水是会通河的突出特色，故需要引汶泗及湖泉水济运，沿途多置闸座，因此有闸河、泉河之称。该运道几乎全部为人工开挖而出，线路经过袁口改线、南阳新河改线、李家口改线、迦河改线等多次更改，部分地段的老河道被新河道所代替。该段运河与泉源以及北五湖、南四湖等湖泊水柜关系密切，工程治理涉及黄河、汶河、泗河以及诸多湖泊泉源，突出地表现为南旺分水枢纽工程的修建、水柜的设置、节制水闸的修建以及泉源的开发等。

水源问题是山东运河的根本问题，该运河所以能够开通，得益于鲁中丘陵众多河流山泉提供水源，故又称泉河，"东省运河，专赖汶河之水，南北分流济运，而汶河之水，尤藉泉源以灌注"②。汶、泗、沂发源的鲁中山地泉源众多，为确保有足够的泉水济运，政府大力开发泉源，将泰安、新泰、莱芜、宁阳、汶上、东平、平阴、肥城等州县泉源纳入运河水系，形成了

① 邹逸麟：《山东运河开发史研究》，载陈桥驿主编《中国运河开发史》，中华书局，2008，第115页。

② （清）张伯行：《居济一得》第4卷，《疏浚泉源》。

汶、泗、沂、洸、济五水济运的格局。为保护泉源，专门设立工部管泉分司，制定了"漕河禁例"，规定"凡决山东南旺湖、沛县昭阳湖堤岸及阻绝山东泰山等处泉流者，为首之人并迁充军，军人犯者徙于边卫"。

明清时期山东运道的多次不断东移，很多情况下是为了更加接近泉水水源地，利用运河以东较高地势中的湖泊"水柜"为运河提供水源，而运河以西地势较低的湖泊"水壑"只能泄水。嘉靖末年南阳新河开凿后，将运道由昭阳湖以西移至湖东，随着河道发生变化，引水河流也相应有所变化，滕县诸泉入蜀山、吕孟诸湖以达南阳新河，于是疏凿王家口，导引薛河入赤山湖，疏凿黄浦，引沙河入独山湖，"旱则济运，涝则泄之昭阳湖"①。万历年间伽河开凿以后，将彭河、丞河、沂河等纳入运河水系，洪水季节，沙河、薛河、彭河诸水可通过闸坝入湖蓄存，枯水季节放入运河济运，增加了水源，方便了运河的通航。

三 山东大运河文化带建设

2014 年 6 月 22 日，中国大运河成功入选世界文化遗产名录，在海内外知名度大大提升。2017 年 2 月和 6 月，习近平总书记两次就大运河文化带建设做出指示和批示。2019 年 2 月中办国办公布了《大运河文化保护传承利用规划纲要》。在此背景下，如何进一步推进山东运河文化带建设是值得思考的现实问题。

1. 协同推进黄河、运河国家战略，加强生态运河建设

山东运河沿线河湖水系众多，历史上的黄运关系密不可分，运道治理既利用黄河水源，又防止黄河泥沙干扰。黄河从新乡一带决口往往冲决山东张秋运河，故有明弘治间刘大夏修筑太行堤。明清时期不仅采取引黄济运、借黄行运的措施，还另辟新道避黄河行运，先后开挖了南阳新河、伽河等新运道，使黄运分离。针对以上情况，今后要大力开展山东运河故道、黄河故道

---

① （清）靳辅：《治河奏绩书》第 1 卷，《河决考》。

以及当代卫河、黄河的综合研究，要组织力量对黄河影响下的运河进行系统阐述和全面解读，揭示其独特的漕运文化、商贸文化、水利文化、城市文化等内涵。

2. 借鉴其他省份经验，深入推进大运河文化带建设

当前的大运河文化带建设引起了沿线各级政府的高度重视，山东作为大运河流经的省份，虽然仅济宁以南运河通航，济宁以北失去了通航功能，但沿线众多的遗产点足以显示其重要的历史文化价值。针对当前大运河文化带建设的现状，有必要借鉴江苏省成立"大运河文化带建设研究院"及分院的模式，成立专门的协调管理部门，建立省级的综合研究机构，各地级市成立分支机构；可考虑加强区域合作，对接京津冀建设生态运河示范区，改善运河沿线的生态环境，深入挖掘运河历史文化内涵，设立重大专项课题，挖掘、整理、研究、宣传运河文化。

3. 立足齐鲁特色文化，加强运河景观比较研究

比较研究有助于增强研究的深度与广度，通过比较，可以突出运河文化的鲜明特色，对运河文化内涵有更清晰的认识。其一是中外比较，突显中国大运河在世界中的特性与价值；其二是古今比较，突出大运河的历史价值与现实功能；其三是区域比较，提炼出各段最突出的特点，揭示出大运河的历史和价值。山东运河拥有源远流长的历史内涵和生态原真的文化遗存，今后要立足齐鲁文化特色，加强区域和跨区域的比较研究。《大运河文化保护传承利用规划纲要》中提出了建设京津、燕赵、齐鲁、中原、淮扬、吴越六大文化高地的构想，其中山东的齐鲁文化名列其中，因此可以开展六大文化高地的比较研究。

4. 利用好大数据，拓展研究的深度和广度

大数据全面冲击着人文社会科学研究，以大数据为视角进行研究和考察的成果不胜枚举，更加精确的大数据可为运河资源分析提供新的理念、系统、技术与手段，因此要紧跟大数据的时代潮流，充分利用运河文化这一独特的人文资源，从整体上系统地挖掘运河的价值，为运河资源保护与开发提供坚实的数据支撑。一是利用大数据拓展研究思路和领域，立足运河河道与

漕运两大系统，开展数据的搜集整理，创建运河资料数据库，建设运河资源数字化平台；二是重视数据的运用，充分利用大数据产业带来的机遇，推动精准型、跨学科的运河研究，根据大数据分析结果推动文化产业进一步深化；三是重视数据的交流开放，开展大数据的交流共享，为地域文化品牌建设提供创新性和推广渠道。

5. 加大非遗研究，推进文旅融合

大运河文化遗产内容丰富，既包括有形的物质文化遗产，又包括无形的非物质文化遗产。这些类型多样、特色鲜明的运河文化遗产，凝结了劳动人民的创造智慧，具有很高的历史、科学和艺术价值。物质文化遗产最能体现运河的突出普遍价值，是传承利用的重要载体，但由于山东运河变迁频繁，许多河段早已废弃，运河物质文化遗产遭到破坏，为弥补文化遗产相对不足的缺憾，需要加强运河沿线非物质文化遗产的调查与研究。今后要对相关的非物质文化遗产进行抢救性发掘和保护，进行合理的基于文旅融合的旅游开发，打造文创产品，展示运河魅力，体验运河文化，让运河真正"活"起来。还要加大宣传教育的力度，讲好特色运河非遗故事，在全社会形成保护传承大运河非遗的良好氛围。

小　结

大运河文化带建设是一项功在当代、利在千秋的系统工程，山东运河具有得天独厚的特点和优势。山东运河开发与治理不可忽视地理条件的重要性，在运河已经成为世界文化遗产的情况下，部分地段实施新旧运道并存的复线格局，可成为解决运河开发与遗产保护矛盾的一条途径，形成以运河为纽带的旅游热线。今后要紧扣齐鲁地域特色，开展深层次多角度的大运河综合研究、比较研究和数据库建设；要紧跟时代需求，搞好顶层设计，注重体制机制创新，将大运河文化带和黄河生态经济带建设两大国家战略结合起来，协调好二者的关系，发挥二者合力；要深入挖掘运河文化内涵，加大宣传力度，讲好新时代的运河故事。

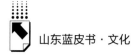
参考文献

邹逸麟：《山东运河历史地理问题初探》，《历史地理》创刊号，上海人民出版社，1982。

邹宝山、何凡能、何为刚：《京杭运河治理与开发》，水利电力出版社，1990。

王云：《明清山东运河区域社会变迁》，人民出版社，2006。

陈桥驿主编《中国运河开发史》，中华书局，2008。

李德楠：《明清黄运地区的河工建设与生态环境变迁研究》，中国社会科学出版社，2018。

B.20
山东济宁发现元代大运河建闸碑记

顾大志*

摘　要：　济宁市石桥镇辛闸村近来发现一元代碑记《会通河黄楝林新闸记》。其发现地为元代大运河黄楝林新闸故地。此碑的内容主要记述了元代至正元年（公元1341年）在大运河上修建黄楝林闸的始末。此碑刻是全国现存唯一元代时修建运河船闸碑记，且是目前全国已发现最早的大运河船闸碑记，其内容可与众多重要文献相对照，并可纠正前人对元明清大运河认识的诸多错讹。此碑的发现，对于元明清之际大运河漕运系统的研究具有至关重要的意义。

关键词：　大运河　漕运　会通河　济州河

2014年6月22日，第38届世界遗产大会宣布，中国大运河项目成功入选世界文化遗产名录，成为中国第46个世界遗产项目。济宁段的南旺分水枢纽、柳林闸、寺前铺闸等被录为世界文化遗产的遗产点。

济宁段大运河始凿于元代，并在元明清三代不断建设完善。元代时为解决运河水道落差问题，决定于济州河段附近层层设闸。后因船闸设置不合理，又于济州城南黄楝林处新设"黄楝林新闸"，即此次发现建闸碑记的船闸。明代沿袭元代闸漕系统并加以完善，形成了大运河南旺分水工程。明清

---

*　顾大志，四川大学考古文博学院硕士研究生，研究方向为秦汉至元明考古学。

两代，大运河济宁段密布水柜①、斗门②、船闸、河坝、月河等大运河水利设施及诸如浅铺③等维护设施，这些配套设施同大运河河道一起，构成了明清大运河完整的漕运系统。

清代后期，黄河决口后将大运河破坏，大运河整体遂废，但尚可部分通航。此时的清政府也再无力修复大运河。在此之后，各地修建铁路，大运河逐渐走向湮灭。新中国成立后，各地为满足水运需要而新修大运河。有的地市将原有旧河道拓宽使用，从而破坏掉了很多文物。而济宁市在50年代另选址开挖新运河河道（即城西梁济运河），从而在实现运河通航的同时，保留了原有古运河上丰富的文物古迹，造就了今天"运河之都"的美誉。

元明清大运河所途径的任城区石桥镇，时至今日仍留存有丰富的运河文物古迹。诸如新店村的新店闸遗址、新闸村的新闸遗址，两座船闸皆建于元代，是全国现存为数不多的两座元代船闸，对于研究元代漕运历史有重要作用。

一 大运河船闸的设置及具体作用

元代建立，中国首都迁都北京。以往始建于隋朝的运河由于绕道河南，已不能适应元代迁都后将南方的粮食等物产高效运输至北京的需要。因此，元代早期，南方粮食多借助海运送达北京。但海运多不可靠，船只亦多有失事，人员及物资损失十分严重。

于是，新开凿一条不绕道河南而直接经由山东的新运河，成了此时元朝政府的当务之急。1283～1293年，元朝先后挖通了北京到通县的通惠河、山东临清到东平的会通河、东平到济宁的济州河。把运河改成直线后，比隋

---

① 水柜：大运河上一种水利设施，即蓄水湖泊。明代时济宁设南旺湖、蜀山湖等与大运河相连的"水柜"，雨季蓄水于湖内，旱季由湖内向运河放水，以保障旱季运河河道水位。
② 斗门：即小水闸。常设于水柜与河道之间，按期起闭，以调节运河水位。
③ 浅铺：大运河旁一种管理机构，用于组织浅夫定期对河道进行深挖，以避免船只搁浅。

代京杭运河缩短了900多千米。如今在济宁市梁山县的元代大运河故道上，仍存有纪念当时元代新开挖运河的《大元新开会通河记》石碑，因其文物价值特殊，被公布为山东省重点文物保护单位。

但新开凿的运河随即遇到问题：由于河道系人工开凿，诸多河段因地势太高而无水，船只纷纷搁浅。即使之前设计了众多河道将一些自然河道中的水引入运河，但依旧不能解决大运河因地势落差问题而造成的部分河段河水不足，船只搁浅。千辛万苦新开通的河道不能行船，元代工程师在发现问题之后，便将各个河道以船闸隔断，每隔一段设船闸挡水。各个船闸错开时间起闭，使得船只得以通过。元代建造的船闸群中就包括如今石桥镇的新店闸和新闸。今天南美洲著名的巴拿马运河船闸，与当年元代的运河船闸系统原理基本一致。包括新闸和新店闸在内的元代运河船闸系统，比如今的西方船闸技术早了七八百年，是中华民族宝贵的科技创造。

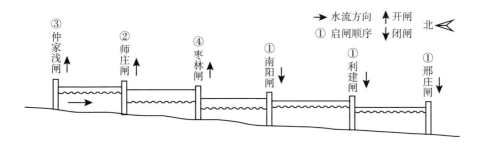

图1 运河船闸起闭示意图

图片来源：钟行明：《明清山东运河船闸的空间分布与管理运作》，《建筑与文化》2016 年第 5 期。

明代时，为了进一步解决大运河山东段河道高低落差这一问题，工部尚书宋礼采纳民间的运河"老人"（一种管理运河日常治理的低级官吏）白英的建议，将大汶河水引至整条运河海拔最高的南旺段（位置参见本文图 2），又在南旺设了几处水柜"南旺湖""蜀山湖"等用以蓄水。同时在南旺以南、以北的河段重新修缮元代已经设置过的包括新闸、新店

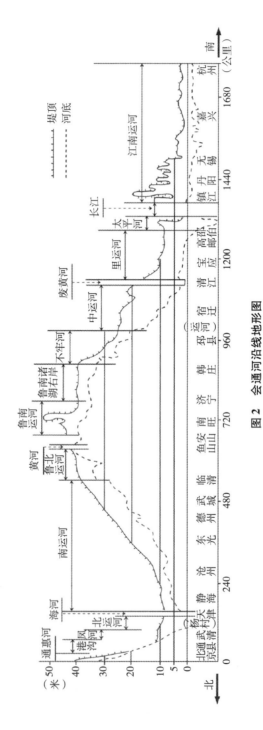

图 2　会通河沿线地形图

图片来源：陈桥驿主编《中国运河开发史》，中华书局，2008，第 126 页。

闸在内的船闸，又新建了几处船闸，彻底解决了运河高海拔河段的缺水问题。2014 年，南旺分水枢纽工程被录为世界文化遗产京杭大运河的子项目，受到联合国教科文组织的保护和宣传，成为了全世界人民共同的宝贵文化遗产。

二 大运河山东段船闸群部分船闸保护现状

大运河废弃之后，其河道逐渐湮灭。有的河道甚至已经完全填平，变为良田。除济宁市区河段较为完好外，自城西向北直到安山湖的河段多已淤塞，成为断断续续的垃圾沟。石桥镇大运河河段多被村庄及农田等覆盖，现仅存有断断续续的水坑，但原有河道及船闸等遗迹事实上仅埋于地下而并未遭到破坏，今后发掘恢复有望。在新闸以南至南旺镇的微山县部分河段，大运河保护情况则更不理想，河道多变为断续的水沟，昔日的船闸被改建为水泥桥。

由南旺至南阳，元明两代设了十三座船闸。尽管如今城外部分多已荒废，但大多船闸因为无人问津反而保存完好。上图中，保存基本完好的船闸有南旺闸（柳林闸）、寺前闸、通济闸、新店闸（埋于地下）、新闸（埋于地下）、仲家浅闸、师家庄闸、枣林闸、南阳闸；尚存闸基遗址而仅在河道无水时可见的船闸有天井闸（即今所谓"大闸口"）、赵村闸、石佛闸。

如今，这些船闸因其历史价值特殊，也得到了妥善的保护。其中南旺闸、寺前闸因政府重视程度较高，在 21 世纪初便进行了修缮及考古发掘，并最终录选为世界文化遗产。城西火头湾村的通济闸，因其保存完好，也被录为济宁市文物保护单位。而天井闸遗址、新店闸、仲家浅闸、师家庄闸、枣林闸、南阳闸则被录为山东省文物保护单位。赵村闸、石佛闸、新闸则仅为未定级文物，亟待保护。

三　石桥镇新闸及建闸碑记《会通河黄楝林新闸记》发现始末

始建于元代的新闸及元代建闸碑记在大运河废弃之后，逐渐湮灭于地下。2007～2009年，第三次全国文物普查展开，济宁地区的文物普查工作人员发现了新店闸、仲浅闸等大运河船闸。新闸则由于已经为民房完全覆盖而并没有被发现。但细心的文物普查工作人员在新闸村发现了一块不明年代及具体内容的残碑，遂将其记录在册，并命名为"新闸残碑"。① 由于此碑残段并没有年号题刻，且无进一步线索，故其年代被暂记为"待定"。

在此之后，济宁地区的文物爱好者盛凯（微博账号@吉嘉军宾凶），按照全国第三次文物普查公布的文物列表找到了新闸村此处残碑，并依据碑的位置推定碑与元代古船闸新闸有关。但对碑的年代及内容则依旧没有结论。

近年，石桥镇政府大力实施乡村振兴战略，打造美丽乡村，并注重发掘石桥镇各地的碑文石刻及文物古迹。在此过程中，笔者依据盛凯微博账号上此碑的照片，决定详细调查新闸村此块残碑。在镇政府工作人员陪同下，经过实地走访调查及深入研究并比对古籍，笔者发现此块碑刻即历史上著名的《会通河黄楝林新闸记》，是元代在大运河河道上新建黄楝林新闸后，为记载建闸始末而立的碑刻。大运河上的黄楝林新闸之修建为元代工程，故其修闸碑记亦为官方所立，其碑文为元代当时的翰林学士楚惟善所撰。碑首为雕龙碑首，篆额现存"林新牐口记"几个字，其内容残字尚可看到且能辨认的还有数十个字（残字见文后附录3）。

笔者依据其碑文残字，比对古籍，最终得知此碑为《北河记》《漕运通志》《济宁直隶州志》等古籍中皆录有全文或碑文一部分的《会通河黄楝林新闸记》。此碑在如此多重要古籍中皆见录有全文，足可见其历史重要性。

---

① 新闸残碑，总序号1367，分类序号4-86，据山东省济宁市文物局：《山东省济宁市第三次全国文物普查新发现》，上海人民美术出版社，2010。

之后，依据各种古籍中对此碑原文的抄录，我们可以大致复原出原碑内容（整理后的全文见附录4）。其碑文内容涉及黄楝林新闸建造始末、耗费人力物资、修建公署等内容，具有极重要的文献价值。

在后续的调查走访中，笔者了解到，在其碑发现位置以西不远处的大运河故道上，即为元代黄楝林新闸闸体所在，如今已为民房占压，但仍有发掘复原之可能。石碑立于船闸以西，视碑文"西岸创公署"的记载，其碑刻所立位置极有可能位于原闸西公署的大门之外，对于此公署遗址的后续发掘具有重要的指导性作用。

笔者在发现此碑之后，第一时间对于此碑刻所在的附近住户进行了教育叮嘱，采取了必要的文物保护措施。

四 《会通河黄楝林新闸记》保存现状

据碑记旁的新闸村住户介绍，黄楝林新闸记起初为村中修路发现，并被挖掘机断为两截。由于修路碍事，村中便打算将此碑丢弃于村旁垃圾坑之中。此举为碑旁住户制止，最终村中施工人员将石碑残块暂时保存于发现碑刻原处旁的路边花坛之中，其余残块则仍浅埋于地下。

现存碑刻残块共3块。第一块在最东，为碑额。第二块在第一块之西数尺，竖放，背面为灌木遮挡，残字众多但难以尽录，正面残存数十个字。第三块在紧靠第二块，在最东，仅可见碑刻背面，残存5个字（残存碑刻录文见附录3）。

三块出土残石皆保存较好，其中第二块残石存字最多，其中也有许多新发现（详后）。据村民介绍，第二块与第三块原为一块，系出土时破坏为两块。故推测第三块之正面当有更多存字，但目前第三块残石正面朝下，尚难翻面。

在碑刻现存处以东有处街巷，据村民介绍即为新闸之故址。

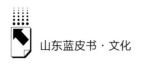

五 《会通河黄楝林新闸记》发现意义

此次元代会通河黄楝林新闸记的发现，在诸多方面皆有其巨大意义。

第一，此碑是中国目前已发现唯一的元代修建船闸碑记，也是中国目前已发现最早的运河船闸修建碑记。

依据文献记载，此碑应立于新闸建成后不久，其年代当为元至正元年（公元1341年），是中国现存最早的运河船闸修建碑记。上文已述，目前大运河尚存有为数众多的元明船闸遗迹，且不少已跻身世界文化遗产，但其建闸碑记则多已丢失。而建闸碑记尚存的，如今全国仅新闸一处。现存的新闸村元代修闸碑记，是中国大运河元代修闸碑记的孤例，是中国元代已掌握较成熟船闸建造技术的重要物证。

第二，新闸因此碑而为国内大运河船闸中唯一碑闸俱存的船闸。

新闸目前深埋地下，但仍保存完好。在上一条中已述，大运河船闸中存有建闸碑记的，全国仅新闸一处。新闸之闸体与建闸碑记俱存，这在全国运河遗存中是唯一一处。

第三，已发现残石上的残存文字，纠正了诸多运河史料中存在了近千年以讹传讹的文字错误。

明代谢肇淛撰《北河记》、明代杨宏撰《漕运通志》、清代傅泽洪主编《行水金鉴》、清代徐宗干主编《济宁直隶州志》等文献皆记载元代时新闸所在地为"黄栋林"或"黄洞"，其闸名也多录为"黄栋林新闸"。但看如今发现之建闸碑记，则实为"黄楝林"。历来所谓"栋（楝）"实为"楝"字之误。

考二字之本意，"栋"意为房屋木构架之脊檩，而"楝"为树名，即今所谓苦楝。可见新发现残石中"黄楝林"用字才是正确的。此碑原石的发现，纠正了众多重要运河文献中此字的讹误，对大运河相关历史研究至关重要。

第四，碑文内容对于研究元代黄楝林新闸的完整布局具有重要作用，将填补国内古船闸配套建筑考古的空白。

新发现之碑刻在原新闸位置之西。其残存碑文有"神祠西岸刓公……"（见附录3）的字样。查看明代《北河记》中对此碑的录文，知道其完整内容应为"又于东岸创河神祠，西岸创公署，为屋以间计者十有五。署南为台，构亭其上。"（见附录1）通过这段记载，可以得知元代的黄棟林新闸西侧还建有公署十五间，公署以南有台，台上有亭。

对于船闸配套建筑的发现与研究，在目前来看则多为空白。全国第三次文物普查时，曾于微山县利建闸旁发现有清代看闸人居住的房屋三间①。新闸村元代建闸碑记中对于公署的记载，点明了元代新建船闸之后于闸旁设公署的事实。新闸村数百年来并没有大规模乡村建设，此处公署，或许至今仍埋于闸址西侧，而碑刻位置则很有可能就是在原元代船闸公署的大门一侧。日后对新闸村元代大运河船闸公署的考古发现，也将成为大运河考古中的孤例，其重要意义不言而喻。

第五，碑文内容对于研究元代建闸流程、功限制度及官式建筑营造具有重要意义。

残石中"讫工扵夏五月……" "木大小以株……" "……五人用糧……"等残字②，对照《北河记》中碑文，知其完整内容为"经始于至正改元春二月己丑，讫工于夏五月辛酉"。"凡用石方尺长丈，为块计三千有奇。木大小以株计四千六百五十八，坙以斤计二十五万，铁以斤计一万六千有奇，甓一十五万二千五百，麻炭等物称是，工匠繇卒千八十有五人，用粮千七百五十斛，楮币四万缗。"

依据以上内容，我们可以知道两个事实：其一为建闸所有工程开工于至正元年二月，完工于当年五月，历时三四个月；其二为各种功耗的具体数字。初看起来，此两方面内容似为多余，但实则不然。元代以前的北宋便有

---

① 山东省济宁市文物局：《山东省济宁市第三次全国文物普查新发现》，上海人民美术出版社，第42页。

② 第三块残石的正面仍反扣于地，不能抄录。

完整的官式建筑①制度，并有朝廷工部所修、用作建筑预算的书籍《营造法式》，其中便有对于不同建筑类型分别所用建筑时间及材料、人力的详细规定。而元朝则至今没有发现官式建筑营造制度书籍传世。新闸村元代建闸碑记中对于建闸用时、耗费人力及物资的详述，是元代官式建筑严格的营造制度的反映，这对于研究元代官式建筑营造制度，具有重要意义。

第六，碑文内容对于研究元代其他方面的历史具有重要的史料价值。

依据残存碑文及明清相关典籍对碑文的辑录，我们还可以解决更多相关的历史问题。譬如碑文中还记载了修闸当时"时适荐饥"，现在的新闸村在彼时发生了一场大饥荒，这在正史中并无记载。此记载对于研究济宁地方史有重要意义。

第七，保护此碑，对济宁运河文化的传承发扬、石桥镇及济宁市经济文化的发展、中国大运河世界遗产名录的增补具有重要意义。

前文已述，此碑在各个方面均拥有难以替代的重大历史意义。因此，此碑的发掘保护，对于现如今石桥镇及济宁运河文化事业发展也具有重大意义。2017年6月，习近平总书记做出重要批示指出，大运河是祖先留给我们的宝贵遗产，是流动的文化，要统筹保护好、传承好、利用好。这一重要指示，为推动大运河文化带建设提供了基本遵循。2019年2月，中共中央办公厅、国务院办公厅印发《大运河文化保护传承利用规划纲要》，提出以文化保护传承利用为引领，统筹大运河沿线区域经济社会发展。

济宁市向来以运河之都闻名。对于运河文化遗产的保护，济宁颁布了《关于贯彻实施〈山东省大运河遗产济宁段保护管理办法〉的实施意见》《济宁市大运河生态经济区概念规划纲要》《大运河山东省济宁段遗产保护规划》《济宁市城区河湖水系综合整治规划》等重要文件，深入贯彻落实了习主席的重要批示。新闸村元代建闸碑记的发现，将会成为济宁市发掘运河文物、发扬运河文化的重要契机，其碑刻的发现，以及后续碑刻残石的发

---

① 官式建筑：指朝廷主持修建的建筑。其相对于民间建筑有不同的建筑风格及制度，故称官式。

掘、新闸闸体的考古发掘、船闸公署的考古发掘等活动，将会成为济宁市运河之都文化建设新的增长点，对于带动石桥镇及济宁市的经济文化发展具有重要作用。

2014 年，中国大运河申请世界文化遗产成功，但前文已述，包括新闸在内的众多重要的大运河文化遗产尚在大运河世遗点之外。新闸村元代建闸碑记的发掘及后续工作，对于世界文化遗产"中国大运河"遗产点的下一步增补具有重要意义。

六 对于新闸村元代建闸碑记下一步保护工作的建议及设想

此元代建闸碑记的发现，在各个方面均具有重要意义。针对其特殊价值及相关情况，笔者提出以下保护建议及设想。

第一，及时将此项发现继续上报上级文物部门，引起政府及学术界相关重视，并给予恰当的文物保护等级。尽管此碑学术价值重大，但目前政府及学术界尚无过多关注，且其文保等级仅为最低级的登记文物。据此情况，应当将此碑及相关遗存及时申报下一批山东省文物保护单位，甚至是全国重点文物保护单位。

第二，此碑原地保护，最好不要异地保护。前文已述，此碑所在位置至关重要，当为元代黄楝林新闸船闸公署大门门外之一侧。碑刻的位置本身也是重要的历史信息，对于今后公署遗址的发掘、船闸内涵的解读具有重要意义。同时，碑刻本身是石桥镇新闸村悠久历史的见证，碑刻的原址保存对于新闸村乡村文化的发扬具有重要意义。综上，建议就地修建保护室或保护亭进行原址保护。

第三，及时对此碑相关的文物遗迹进行勘探，必要时进行考古发掘，建设遗址公园。前文已述，新闸之闸体及元代船闸公署，时至今日仍有很大可能尚完整保存于地面以下。另外，此碑众多残块也在附近的地下浅埋。下一步工作，有必要对碑刻剩余残片进行发掘出土，同时对新闸船闸闸体及公署

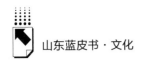

遗址进行考古勘探，以大体了解其遗存状况。如若保存状况良好，则可考虑对船闸及公署遗址进行考古发掘。同时，对新闸村以北不远的新店闸进行勘探及考古发掘，两闸共同建成考古遗址公园，带动石桥镇经济文化发展。

结　语

2017 年 6 月，习近平总书记作出重要批示指出，大运河是祖先留给我们的宝贵遗产，是流动的文化，要统筹保护好、传承好、利用好。这一重要指示，为推动大运河文化带建设提供了基本遵循。2019 年 2 月，中共中央办公厅、国务院办公厅印发《大运河文化保护传承利用规划纲要》，提出以文化保护传承利用为引领，统筹大运河沿线区域经济社会发展。这为济宁地区运河文化遗产的保护及传承利用指明了方向。

济宁市任城区石桥镇发现的元代《会通河黄楝林新闸记》，是中国现存最早的大运河修建船闸碑记，也是中国现存唯一的大运河船闸修建记。石桥镇的新闸遗址也成为全国现存唯一碑闸俱存的大运河元代古船闸。对于碑刻的下一步保护，以及对于新闸遗址的勘探及发掘、研究、宣传，将成为济宁地区乃至全国运河文化遗产保护的一件大事。

附录 1：明谢肇淛撰《北河记》中此碑录文①

會通河黄楝林新牐記　楚惟善

會通河導汶泗，北絕濟，合漳；南復泗水故道，入于河。自漳抵河，袤千里。分流地峻，散渙不能負舟，前後置牐若沙河若穀亭者十三。新店至師氏莊猶淺澀有難處，每漕船至此，上下畢力，終日叫號，進寸退尺，必資車於陸而運始達。議立牐，久不決。都水監丞也先不華分治東平，之明年，思緝熙前功，以紓民力；慨然以興，作為己任。乃躬相地宜，黄楝林適居二牐間，遂即其地。庀徒藏事，經始於至正改元春二月己丑，訖工於夏五月辛

---

① 原文无断句，标点为笔者所加。

酉。牐基深常有四尺，廣三，其深有六尺，長視廣又尋有七尺；牐身長三分基之一崇，弱五寸不及身之半。又於東岸創河神祠，西岸創公署，為屋以間計者十有五。署南為臺，構亭其上，凡用石方尺長丈，為塊計三千有奇。木大小以株計四千六百五十八，堊以斤計二十五萬，鐵以斤計一萬六千有奇，甓一十五萬二千五百，麻炭等物稱是，工匠縣卒千八十有五人，用糧千七百五十斛，楮幣四萬緡。制度纖悉，備極精緻。落成之日，舟無留行，役者忘勞，居者聚觀，往來者懽忭稱慶。僚佐耆宿棐相與謀：謂不伐石以識，無以彰公之勤。且懼來者之功不繼而前功遂隳也。先是，民役於河，凡大興作，率有既廩為常制。是役將興，時適薦饑。公因預期遣官，赴都稟命冀得請。俾貧寠者得竄其身，藉以有養。及久未獲命，不忍坐視斯民餓且莩，遂出公帑，人貸錢二千緡，約來春入役還官。無何，糧亦至，民爭趨令其輮，民瘼如此。又初開月河於河東岸，闢地及岊，礓礫錯出，畚鍤無所施。迨營牐基近西數舉武黃壤及泉訖無留礙，雖國家洪福所致，抑公精誠，感格天地鬼神，亦陰有以相之也。公哈剌乞台氏，明敏果斷，操守絕人，讀書一過目輒不忘。律學醫方，靡不精究。始由近侍三轉，官受今除。是役也，董工於其所者：令史李中壕寨官薛源，政奏差韓也先不華。工師徒長不能備載，具列碑陰。

附录2：清咸丰九年徐宗干撰《济宁直隶州志》卷二山川志·漕运一节中此碑录文[①]

元楚惟善

會通河黃洞新閘記

畧云：

會通河導汶泗，北絕濟，合漳；南復泗水故道，入于河。自漳抵河，袤千里。分流地峻，散渙不能負舟，前後置牐若沙河若穀亭者十三。新店至師氏莊猶淺澁有難處，每漕船至此，上下畢力，終日叫號，進寸退尺，必資車於陸而運始達。議立牐，久不決。都水監丞也先不華分治東平，之明年，思

緝熙前功，以纾民力；慨然以興，作爲己任。乃躬相地宜，黃棟林適居二牐間，遂即其地。庀徒蒇事，經始於至正改元春二月己丑，訖工於夏五月辛酉。先是，民役於河，凡大興作，率有既廩爲常制。是役將興，時適薦饑，公因預期遣壕塞官李獻赴都禀命冀得請。俾貧窶者得竄其身，藉以有養，及人未獲命，不忍坐視斯民饑且殍，遂出公帑，人貸錢二千緡，約來春入役還官。無何，糧亦至，民爭趨令其軫，民瘼如此。又初開月河於河東岸，闢地及岊，礓礫錯出，畚鍤無所施。迨營牐基近西數武，舉黃壤及泉訖無留礙。雖國家洪福所致，抑公精誠，感格天地鬼神，亦陰有以相之也。推是心以徃，何任弗克？負荷何政不能舉？行將見接武夔龍不晚矣。公哈喇乞台氏始由近侍三轉，官受今除。是役也，董工於其所者：令史李中壕塞官薛源，政奏韓也先不華。工師徒長不能備載，其列碑陰。

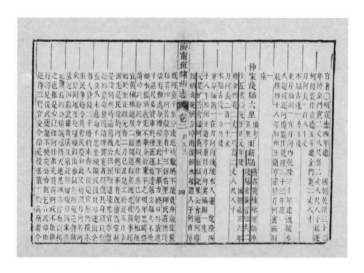

图 17　清咸丰 9 年（1859）徐宗干主编《济宁直隶州志》中
对于新闸及元代建闸碑记的记载

图片来源：徐宗干主编：《济宁直隶州志》，1859。

附录3：现存新闸村残碑尚可见碑文①

……林新牐口②记③（以上为碑额录文）

……通河黄楝林……

會通河道汶泗北絕……

施氏莊猶淺……

之明年思績熙前……

訖工扵夏五月……

神祠西岸朔公……

木大小以株……

……五人用糧……（以上为第二块正面录文）

……林吳金姜成（以上为第三块录文）

附录4：经整理校订后的《会通河黄楝林新闸记》碑文（附注解）④

会通河黄楝林新闸之记　　楚惟善⑤

会通河导汶、泗，北絕济，合漳；南复泗水故道⑥，入于河⑦。自漳抵河，袤千里⑧。分流地峻，散涣不能负舟⑨，前后置闸若沙河若谷亭者十

---

① 碑石尚还有一大块者正面朝下，其石厚重，难以翻面，故暂不录之。

② 此字疑为"之"。

③ 此行字为撰文碑额。

④ 标点、分段为笔者所加。为方便阅读，暂以简体字整理。

⑤ 楚惟善：元代文学家，字伯宝，又字臣父。元代朝城县（今莘县朝城镇）人。生卒年不详，曾任翰林学士等职。

⑥ 元代会通河于今鲁桥镇附近借用了古泗河的故道，并没有新开凿河道。

⑦ "河"指黄河。元代会通河由鲁桥向南，经今南旺镇，又经谷亭（今鱼台县城）、沛县，于徐州注入当时的黄河。

⑧ 指会通河北至漳河南至黄河的河段，大致上即对应今山东境内的河段。

⑨ 指部分河段地势高亢，水位过低，船只容易搁浅。

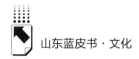

三①。新店②至师氏庄③犹浅涩有难处④，每漕船至此，上下毕力，终日叫号，进寸退尺，必资车于陆而运始达。

议立闸，久不决。都水监丞也先不花⑤分治东平，之明年，思续熙前功，以纾民力；慨然以兴，作为己任。乃躬相地宜，黄楝林适居二闸间⑥，遂即其地。庀⑦徒戭⑧事，经始于至正改元⑨春二月己丑，讫工⑩于夏五月辛酉。闸基深常有四尺，广三，其深有六尺，长视广又寻有七尺；闸身长三分基之一崇，弱五寸不及身之半。又于东岸创河神祠，西岸创公署⑪，为屋以间计者十有五。署南为台，构亭其上。凡用石方尺长丈，为块计三千有奇。木大小以株计四千六百五十八，垩以斤计二十五万，铁以斤计一万六千有奇，甓一十五万二千五百，麻炭等物称是，工匠繇卒千八十有五人，用粮千七百五十斛，楮币⑫四万缗。

制度纤悉，备极精致。落成之日，舟无留行；役者忘劳，居者聚观，往来者欢忻称庆。僚佐耆宿⑬众相与谋，谓不伐石以识⑭，无以彰公之勤。且惧来者之功不继而前功遂隳也。⑮

先是，民役于河，凡大兴作，率有既廪⑯为常制。是役将兴，时适荐

---

① 此句指在河道上层层设闸挡水，以保障河道各处水位正常，船只不会搁浅。
② 新店：今石桥镇辛店村，大运河经过，今存古船闸遗址。
③ 师氏庄：今微山县鲁桥镇师庄村，大运河经过，今存古船闸遗址。
④ 新闸即在辛店到师庄庄的大运河河段之中。此河段中还有仲浅闸，明清时仲浅村除船闸外又设浅铺按时疏浚河道以进一步解决河道易搁浅问题，仲浅村以所设浅铺故名。
⑤ 也先不花：元代人名。
⑥ 指黄楝林（今新闸村）在新店闸和师庄闸之间。仲浅闸为明代所建，彼时尚无仲浅闸。
⑦ 庀：音 pǐ，具备。
⑧ 戭：音 chǎn，完成、解决。
⑨ 至正改元：至正元年，公元 1341 年。
⑩ 讫工：完工。
⑪ 此碑原石位置或当在此公署大门前。
⑫ 楮币：纸币的别称。
⑬ 耆宿：德高望重的老者。
⑭ 伐石以识：指立碑刻文纪念。
⑮ 隳：音 huī，毁坏。此句意为立碑者惧怕新建的船闸在后代因无人修缮而逐渐毁坏。
⑯ 既廪：古代官府发给的给养。既，通"饩"。

饥①。公因预期遣官，赴都禀命冀得请，俾贫窭者得审其身，藉以有养。及久未获命，不忍坐视斯民饿且殍，遂出公帑，人贷钱二千缗，约来春入役还官。无何，粮亦至，民争趋令其轸，民瘼②如此。

又初开月河③于河东岸，辟地及卹，礓砾错出，举锸无所施。迨营闸基近西数武，举黄壤及泉，讫无留碍。④虽国家洪福所致，抑公精诚，感格天地鬼神，亦阴有以相之也。公哈剌乞台氏，明敏果断，操守绝人，读书一过目辄不忘。律学医方，靡不精究。始由近侍三转，官受今除。是役也，董工⑤于其所者：令史李中壕塞⑥官薛源，政奏差韩也先不花。工师徒长不能备载，具列碑阴。

参考文献

（明）谢肇淛：《北河记》，四库全书本。

（明）杨宏、谢纯：《漕运通志》，方志出版社，2006。

（清）佚名：《自江苏至北京运河全图》，清代。

（清）徐宗干主编《济宁直隶州志》，1859。

（清）傅泽洪、黎世序等主编《行水金鉴　续行水金鉴》，凤凰出版社，2011。

陈桥驿主编《中国运河开发史》，中华书局，2008

嵇果煌：《中国三千年运河史》，中国大百科全书出版社，2008。

山东省济宁市文物局：《山东省济宁市第三次全国文物普查新发现》，上海人民美术出版社，2010。

钟行明：《明清山东运河船闸的空间分布与管理运作》，《建筑与文化》2016 年第 5 期。

---

① 荐饥：连年灾荒。

② 瘼：疾苦。

③ 月河：又称越河。运河上一种绕过船闸的辅助性河道。

④ 此上两句指一开始于运河东岸开凿月河时，刚挖下去一点便全是料姜石，开挖困难，而等到之后建造闸西部基座时，土挖到很深都没有料姜石阻碍，立碑者认为此是鬼神相助。

⑤ 董工：主持施工。

⑥ 两处录文中的"壕寨官"似应作"壕塞官"。壕塞官为宋元之际管理水利之官。诸多文献皆作"壕寨官"，笔者认为似误，权备说于此。

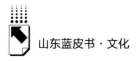

樊树志:《明清漕运述略》,《学术月刊》1962 年第 10 期。

李云鹏、吕娟、万金红、邓俊:《中国大运河水利遗产现状调查及保护策略探讨》,《水利学报》2016 年第 9 期。

B.21
新时代战略背景下运河生态文化的
国际传播研究

摘　要： 在中国特色社会主义进入新时代的背景下，保护和开发运河生态文化资源，是大运河文化带建设的重要内容，是文化强国战略的有机组成部分，也是文化国际传播的重要途径，对我国社会经济文化的繁荣具有重要价值。当前运河生态文化传播存在传播主体单一，形式和内容不深刻鲜活，传播手段保守，社会的重视不够等问题。对此，可从完善顶层设计与政策架构，推进形式和内容创新，借力新媒体，注重传播的针对性等方面入手来提升运河生态文化的传播力，发掘大运河的全球性战略意义。

关键词： 新时代　运河　生态文化　国际传播

京杭大运河，秉承千年文脉，兼容并蓄、源远流长。当下，大运河带不仅在经济、文化领域发挥着重要作用，它也是我国重要的生态堡垒，在国家生态保护与安全中扮演着重要的角色。习近平总书记指示："大运河是祖先留给我们的宝贵遗产，是流动的文化，要统筹保护好、传承好、利用好"，《大运河文化保护传承利用规划纲要》（中办发〔2019〕10号）表明"重新

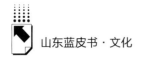

擦亮大运河'世界文化名片'""加强'千年运河'文化品牌的国际化传播",这些呈现出了运河在国内、国际的重要地位。在大运河文化的形成与传承中,生态文化作为重要的组成部分,千百年来,对于社会的发展,发挥了重要作用。新时代战略背景下,如何建设、传播好运河生态文化,深刻挖掘运河文化的时代价值,具有重要意义。

一 运河生态文化考

随着运河的开凿,运河生态应运而生,在人类认识、利用、保护运河的系列活动中,运河生态文化、生态文明一步步建立,走向成熟。运河生态文化形成了网状的系统,它包含了运河流域内人与运河、人与人、人与社会的关系。大运河生态文化可被诠释为劳动人民在运河流域内,长期的生产生活实践中,逐渐形成的认识运河自然生态、利用运河、保护运河生态环境,实现运河生态可持续发展的意识形态和行为方式综合体。它是劳动人民实践的总结、智慧的结晶。大运河生态文化从根本上来说是"流域内民众自觉协调与生存环境关系的一种文明形态,以尊重、维护大自然生态环境为前提;以人与自然和谐共生为宗旨,以建立可持续的生产生活方式为内涵。它既追求人与生态的和谐,也追求人与人的和谐"。

运河生态文化特征明显,主要体现在以下四个方面:

一是长期性。随着人类开发、认识运河,运河生态文化就开始了,并且随着时代的更迭,社会的进步,运河生态文化越来越与人际社会关联在一起,大运河生态文化被赋予了自然与社会的双重属性。

二是可持续性。可持续发展,是我们人类提出的与生态社会和谐共生的理念。对于原本的运河生态来说,具有可持续性。运河带,绿水长流,绿荫萦绕,绿水青山,绿色廊道,绿堤湿地,充满了运河古老又年轻的自然生态诉求。运河生态文化的可持续发展,应该以资源友好型生态发展为前提,绝不能盲目、无限度的开发。

三是时空性。千百年来，运河以其博大的胸襟孕育了流域内的生态文明。每一段文明的成长，都与运河息息相关。千年之前的运河文明我们还在延续，当下的新的文明，我们正在创制。运河跨越了时空，却没有隔断与人际社会的联系，反而更是牢牢地把人与自然，人与环境，人与社会紧密地联系在一起。

四是和谐性。运河生态文化秉承的是人与自然和谐发展。在千百年的运河发展过程中，时时刻刻都体现着人与人、人与自然、人与社会的和谐相处。大运河融会贯通中华南北文化、水域文化，孕育了富有运河特质的生态文明。生态运河熠熠生辉，在促进人与自然、社会的和谐共生中，发挥了巨大的作用。

二 运河生态文化国际传播的意义与问题分析

（一）运河生态文化国际传播的意义探究

党的十九大报告用大量篇幅阐述了"坚定文化自信，推进国际传播能力建设，讲好中国故事，提高国家软实力，推动社会主义文化繁荣兴盛"等系列内容。这是新时代国家的重要举措，这给予我们在新时代加强运河带建设以启迪，指明了运河文化发展的方向。打造好生态运河、加强运河生态文化的国际传播，有利于我国文化和旅游产业融合发展，推动文化旅游建设；有利于传承地区传统文化，增强人民文化自信；有利于推进国际传播能力建设和国家软实力的提高；促使运河区域文化融合，促成多元一体的大一统文化；促成运河区域与世界接轨，传承中华优秀文化；建设"生态＋生产"的运河发展新模式，促成人与自然、社会的和谐共生；更加丰富运河区域文化的内容，对大运河非物质文化遗产的发掘、保护和传承具有现实意义。在国际视野下对运河生态文化带建设进行创新分析，有助于提升社会各界对运河的文化认同，为促进运河的可持续发展奠定现实基础。

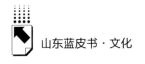

（二）运河生态文化国际传播的问题

一是传播主体缺失严重，流域内发展极不平衡。多半是政府出台相关政策，各相关部门开会学习、通知下达，执行部门相对执行、作业不彻底。基本上都是政府、相关部门在做一些力所能及的事，没有发动好社会全员参加、参与。

二是传播内容不够深刻和鲜活，尚未形成具有代表性的"标志性文化"。给受众带来的是千篇一律、大同小异的内容。在新时代战略背景下，"标志性文化"不突出，运河生态文化产品、衍生品同质化严重，不能满足小众化、分众化的消费需求，进而导致了消费者的审美疲劳。

三是传播手段相对落后，缺乏新兴媒体、技术的运用。不言而喻，各种媒体肩负着传播、弘扬运河生态文化的责任，但是为了迎合市场需求，收视率等的需要，运河文化传播的内容少、频率低、收视效果差。落实到运河生态文化方面的传播则更是屈指可数。传统媒体没有开设专门的运河生态栏目，新兴媒体虽然涉及了运河生态文化，多以碎片化形式呈现，不系统、不深刻、不具体，不具有代表性、权威性。

四是传播效果还不能激发起"生态文化认同感"。运河生态文化研究、传播滞后，作为新时代主力军的青少年群体，很少感知、接收到具体的、系统的运河生态文化的内容，更谈不上如何传播了。

五是国际性传播还没有引起社会的足够重视。大运河生态文化的对外传播研究明显滞后，研究的文献不多，内容单薄，形式单一，成果寥寥，这使得运河生态文化国际化传播知之者甚少，参与者更是寥寥无几。

三 运河生态文化国际传播路径探索

运河生态文化的国际传播以人类命运共同体为核心出发点，扩充传播主体，拓展传播场域，优化传播结构，以期促进历史文化保护与现代城市功能的有机融合，达成国际性共赢共享的格局。

（一）加强运河文化带建设与国家战略对接，政府支持多方参与

运河生态文化传播需要政府的大力扶持。一是出台相关政策，鼓励、加强运河生态文化方面的建设、传播工作，调动运河流域内的单位、团体、组织、个人等的传播积极性、有效性；二是在经费上给予一定的支持，设立运河生态文化研究专项经费，扶持运河生态文化的研究、传播。三是新时代战略背景下，采取运河文化带建设与国家战略相对接。可以与"一带一路"倡议对接，从传播基础、传播渠道、传播内容层面与国家"一带一路"倡议统一起来，形成运河生态文化传播的国际交流圈。可以与国家区域发展战略对接，依托长三角、京津冀的经济发展和运河带良好的基础设施条件、公共服务水平、文化产业实力，形成运河生态文化发展共同体，为"生态运河"提供内生性动力，吸引更多的海外资源。例如，在天津，运河在这里与海河交汇，形成了著名的三岔河口，运河因海河一分为二，南运河和北运河。南北文化从这里碰撞，东西文化在这里交融。承载起了天津的发展，在河道水系治理管护、文化和旅游融合发展等方面取得了突破性进展，"水清鱼美"的景色在大运河得以重现，运河水活起来了，运河文化亮起来了。

（二）完善顶层设计与政策架构，打造新时代生态运河国际品牌

立足省域，依托沿运各地市、区县，利用地方特色资源，协同打造新时代生态运河的世界地位。对于山东省而言，集儒家文化之长，同时兼具泰山、黄河、海洋等生态文化资源，山东省可以集合区域内的文化资源，建设具有山东地域特色的运河带生态文化品牌，打造中华（大运齐鲁）生态文旅综合体品牌，进而带动地区的整体复兴和城市活力的提升。

借助国际性的运河、生态、环境相关论坛、博览会等活动和日常性运河生态文化宣传推介体系，整合旅游节庆资源，开发运河带极富地域本土特质的相关工程、项目，积极开展"走出去"的战略。如枣庄运河带开展枣庄运河美食文化节，邀请国际其他运河城市的友人一同参赛，国内、国际的游

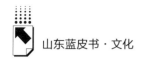

客前来品鉴。辣子鸡、羊肉汤、菜煎饼等枣庄地方名吃亮相节日。美食文化的传承人绝活不断，特别是辣子鸡大赛，把枣庄的饮食文化推向国际。

（三）借力新媒体，搭建快捷有效的生态品牌传播平台

通过大数据建立"运河带运河生态文化资源数据库"，对运河生态文化资源进行管理、维护，实现运河生态资源保护的预控，并渗透到建设规划的各个阶段。通过全媒体进行"生态运河"全新形象塑造和传播。加强与国际知名微媒体（微博、微信公众号、网络大 V 等）的联系对接，开展有效传播。建构"屏幕＋运河""融媒体＋运河"等模式，将粉丝和意见领袖请进门参与互动，释放"运河带生态"品牌内涵，提升国内外影响力。

通过数字媒体实现运河文化的可视化传播。运用数字影视、数字网络、数字动画、数字博物馆、"VR＋旅游"等技术手段，利用好沿运各省市运河文化馆、博物馆、展览馆等馆厅资源，把运河生态文化在展陈空间中充分呈现，利用现代先进技术，多维度传播。让运河水系、运河湿地、运河生态廊道等真正火起来，实现运河生态文化的可视化传播。

（四）增强运河生态品牌的国际话语权，构建运河本土化国际传播

采取开放多元的国际视野，在传播手段上，增强线上推介能力，充分利用"互联网＋"技术，把大运河生态文化推向国际，实现具有本土化、民族特色的大运河生态文化的国际化传播。

在传播内容层面，创作具有国际范儿的、消费者喜闻乐见的内容，积极寻找大运河生态文化与世界其他国家在文化上的相通之处，从而挖掘出具有中国特色的大运河生态文化价值。

可以在重要的国际、国内纪念日中，比如世界水日、世界环境日、中国水周等主题日，把大运河生态文化融入进去，创建运河生态文化主题日品牌。利用全媒体平台挖掘、传播运河生态文化，纪录片、专题片、动画片、新闻报道、摄影、征文、知识大赛等手法，促成运河生态文化的国际化传播。

在传播者的选择和传播渠道方面，借助国外已有的文化协会、行业协会和联盟等民间组织，担当京杭运河本土文化的推广。国际友人的京杭运河知识普及是先决条件，充分利用互联互通渠道，把我国大运河的相关知识传播给国际友人、组织等，再通过他们进一步的在国外进行传播。

（五）打造"运河特色生态城市"，发掘大运河的全球性战略意义

以"世界视野，中国高度，生态特色"为主旨，依托浙江、江苏、山东、天津、河北、北京运河带省市，打造"运河特色生态城市"，让流淌的运河"活"起来，建设大运河生态文化景观。如文化长廊、文化园林、文旅设施、码头、渡口等。山东为大运河文化带建设立法让古老运河璀璨生光，2020年4月8日，发行《山东省大运河文化保护传承利用实施规划》，为大运河文化的系统、长效、可持续传承保驾护航。北京、江苏、浙江等省、直辖市也相继出台了相关政策，保护和传承运河文化。

开发运河"世遗采风"系列产品，包括运河水利观光与研学游、"运河味道"餐饮体验游、运河泛舟休闲运动游、运河生态养生休闲游。挖掘生态运河的价值和树立运河国际化的地位，让京杭运河这个世界文化遗产绽放华彩，影响全人类。

结　语

习近平总书记在国际上曾多次提出"共筑人类命运共同体"，要建设一个"清净美丽的世界"，这深刻体现了中国在生态环保、生态文化、生态文明等方面的决心和作为。新时代战略背景下，生态运河建设任重而道远。保护和开发大运河生态文化资源，建设、完善生态运河是推进大运河带国际化的重要举措，对我国社会、经济、文化等方面的繁荣发展具有重要的作用和价值。我们要充分利用新的科技手段，全方位、多渠道、立体化的保护和传承运河生态文化，让千年运河在世界上熠熠生辉，把东方文明在全世界发扬光大。

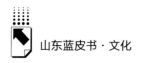
参考文献

赵建中：《做好大运河保护和利用大文章》［EB/OL］。http：//www. qunzh. com/zddd/201806/t20180601_ 39503. html，2018 – 06 – 01。

新华网，国务院办公厅印发《大运河文化保护传承利用规划纲要》［EB/OL］。http：//www. xinhuanet. com/2019 – 05/09/c_ 1124473457. htm，2019 – 05 – 09。

陈超：《新时代黄河生态文化传播路径研究》，《新闻爱好者》2019 年第 11 期。

新华社：《习近平在中国共产党第十九次全国代表大会上的报告》［EB/OL］。http：//cpc. people. com. cn/19th/GB/n1/2017/1018/c414305 – 29594501. html2017 – 10 – 18。

习近平：《构建人类命运共同体》，《实现共赢共享》，新华社每日电讯，2017 年 1 月 20 日。

文化发展大事记

2020年山东省文化发展大事记

王占一 李颖 编*

1月

1月5日 中国文联批准立项、中国舞蹈家协会主办,中国文学艺术基金会支持的首届"中国舞蹈优秀作品集萃"发布,山东省文化艺术学校舞蹈原创作品《面朝大海,春暖花开》作为山东省入选的两部作品之一榜上有名,另一部作品是来自山东艺术学院的《拧巴·拧吧》。"中国舞蹈优秀作品集萃"是全国范围针对新创舞蹈作品推优项目,经过专家学者推选,共入选134部作品。山东省文化艺术学校舞蹈作品此次入选,是继该校校原创剧目《小嫚》《喜鹊》《鼓子少年》先后获得"桃李杯"舞蹈比赛一等奖、全国舞蹈比赛一等奖之后,舞蹈专业在新时代不断发展壮大的又一重要教学成果。

---

* 王占一,文学博士,山东社会科学院文化研究所助理研究员。李颖,山东新世纪嘉华电影城有限公司经理。

281

1月6日 2020年全国文化科技卫生"三下乡"活动启动仪式暨山东集中示范活动在山东省临沭县举行。文化和旅游部党组成员、副部长李群，副省长于杰出席启动仪式，省文化和旅游厅党组书记、厅长王磊主持。李群强调，希望临沂能够以此次"三下乡"活动为契机，以习近平新时代中国特色社会主义思想为指导，认真学习贯彻党的十九届四中全会精神，动员和激励广大农民群众积极投身决胜全面建成小康社会，开创新时代乡村振兴工作新局面。于杰强调，希望全省各领域的专家、艺术家认真贯彻中央和省委省政府的部署要求，坚持到群众中去，深入基层、深入村镇，广泛开展各项活动，着力为基层群众做好事、办实事、解难事，切实把党和政府的温暖送到广大群众心坎上；各级各有关部门要进一步整合资源，创新方式，深入开展科普大篷车万里行、春蕾计划等品牌活动，着力提升工作实效；要加强协作，凝聚合力，推动活动持续开展，实现"常下乡""常在乡"，为实现乡村"五个振兴"提供有力支撑。

1月8日 省文化和旅游厅举行发布会，省文化和旅游厅党组成员、副厅长王廷琦，博物馆与社会文物处、文物保护与考古处相关负责同志出席发布会解读：中共山东省委办公厅、山东省人民政府办公厅印发了《关于加强文物保护利用改革的实施方案》（鲁办发〔2019〕21号，以下简称《实施方案》）。《实施方案》有总体目标、主要任务、组织领导3个部分，明确了16项工作任务、47条政策措施。

1月9日 从山东省文化和旅游厅了解到，今年起，山东拟加快建设本省文博专家智库，包括加快文博领军人物和专业人才队伍建设，加大力度培养文物修复、水下考古、彩绘彩画等急需紧缺人才。未来5年，山东还将落实文物保护工程从业资格管理制度，建立岗位动态调整机制，按照有关规定适时开展文物领域表彰奖励。

1月10日 省文化和旅游厅举行新闻发布会，介绍2020年"山东省非物质文化遗产月"主要安排及活动内容。2020年"山东省非物质文化遗产月"内容丰富，亮点纷呈。

1月14日至15日 2020全省文化和旅游工作会议在济南召开，传达学习全国文化和旅游厅局长会议、文物局局长会议，以及省委十一届十次全会、省委经济工作会议精神，总结2019年文化和旅游工作，部署2020年重点任务。2019年，山东省文化和旅游系统干部职工认真贯彻习近平总书记视察山东重要讲话、重要指示批示精神，紧紧围绕"走在前列、全面开创"目标定位，树立"大格局、贡献度、内涵建设、融合发展"四个文化和旅游工作理念，全力以赴抓执行、抓推进、抓落实。2020年，山东文化和旅游系统将重点抓好6个方面工作：对接国家战略持续发力，着力在推动文化和旅游更好服务大局上求突破；聚焦高质量发展持续发力，着力在提高文化和旅游产业发展水平上求突破；聚焦全面建成小康社会持续发力，着力在保障改善民生上求突破；聚焦品牌塑造持续发力，着力在做强做优宣传推介上求突破；聚焦文化遗产保护持续发力，着力在提升保护、利用、传承水平上求突破；聚焦市场管理持续发力，着力在营造良好市场环境上求突破。

1月16日 省文化和旅游厅在山东剧院举行"2020年山东省非物质文化遗产月"启动仪式，省非遗保护联席会议成员单位负责同志及各界群众1000余人观看了启动文艺演出。

1月17日 省文化和旅游厅官方微博"文旅山东"夺得"全国十大文旅微博"、"全国十大文旅管理微博"、"山东十大文旅系统微博"三项第一。

1月29日 中央广播电视总台《国家宝藏》栏目携手黄河流域博物馆联盟共同打造的2020新春特别节目"黄河之水天上来"国宝音乐会在央视综艺频道播出，山东省山东博物馆、孔子博物馆、济南市博物馆、菏泽市博物馆、济宁市博物馆、东营市黄河文化博物馆作为黄河流域博物馆联盟的首批发起单位在节目中亮相。此次节目播出进一步凸显了博物馆人坚定文化自信、服务全国大局的使命担当，在广大观众中引发强烈反响。

2月

2月21日 第六届意大利国际考古及文化旅游大会在佛罗伦萨开幕。山东博物馆作为中国唯一一家博物馆受邀参加。虽然山东博物馆代表团未能

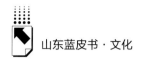

前往大会现场，但是经与大会主办方积极沟通协调，通过多种方式参与活动，向意大利民众宣传山东文化遗产和旅游资源，推介山东博物馆文物收藏和品牌交流展览。

3月

3月3日至5日 省文化和旅游厅机关党委受厅党组委托，分别走访慰问了5名家属远赴湖北支援或在山东省相关医院隔离病区工作的干部，为他们送去了慰问金和慰问信，并要求所在单位安排专人负责对接联系，及时了解家庭需求，积极协助解决遇到的困难和问题，有针对性地解除后顾之忧。

3月5日 山东出台《促进旅游民宿高质量发展的指导意见》（以下简称《意见》），促进全省旅游民宿规范、有序和健康发展。《意见》明确了发展目标。到2022年，全省三星级旅游民宿达到500家以上，四星级以上旅游民宿达到160家以上，规模化旅游民宿集聚区达到16个以上，基本形成独具特色、管理规范、服务一流、全国领先的旅游民宿格局，为推进全省旅游业高质量发展提供有力支撑。

3月5日 于杰副省长主持召开精品旅游专班工作会议，认真贯彻落实省新旧动能转化综合试验区建设领导小组扩大会议精神，总结分析全省精品旅游产业发展形势，安排部署全年工作任务，推动精品旅游产业高质量发展。于杰指出，一年来，工作推进体系不断完善，产业基金初具规模，重点工作取得新突破，旅游效益持续提升，山东省精品旅游产业发展取得了新的成效。虽然山东省旅游产业发展工作成效显著，但仍然存在一些短板和问题，比如，资源开发利用整合不够，旅游结构不优，淡旺季现象突出，谋划储备优质项目不够，品牌内涵挖掘不深等。

3月6日 省文化和旅游厅一级巡视员李国琳，率部分省直文化和旅游单位女干部、女艺术家、女人大代表和政协委员赴山东省胸科医院走访慰问医务工作者。在捐赠活动中，山东歌舞剧院捐赠了艺术家们精心创作的抗疫歌曲光盘30套，省图书馆捐赠500余册图书报刊、200张医学文献数据库检索卡, 山东美术馆捐赠了画家们为"最美逆行者"创作的书画作品, 省旅游推广中心捐赠了省内旅游景点导览宣传品, 希望可以帮助奋战在一线的医务工作者有效的放松身心, 更好的投入工作。

3月6日 为进一步培养居民健康生活习惯, 省文化和旅游厅、省旅游饭店协会联合向全省旅游饭店 (住宿、餐饮) 行业发出倡议, 全省16市19家旅游饭店 (餐饮) 行业协会迅速行动, 全省1532家旅游饭店承诺背书、积极响应, 在全省旅游饭店 (餐饮) 行业推广实行"分餐制、公勺公筷双筷制", 共同遵守、落实落地、务实推进, 争做齐鲁大地餐桌文明的倡导者、宣传者、践行者、监督者。推广"分餐制、公勺公筷双筷制", 能有效防范交叉感染及食源性疾病传播, 保障消费者身体健康, 营造和谐文明的用餐文化, 树立文明餐桌新风尚。

3月11日 省政府新闻办召开发布会, 省文化和旅游厅副厅长孙树娥, 省财政厅副厅长孙庆国, 省委宣传部文改办主任刘皓出席发布会, 介绍山东促进文化和旅游产业健康发展相关情况, 并回答记者提问。

3月13日 文旅行业已由停工停业进入严格防控下的有序复工复产时期。省政府办公厅厅业务主管的98家社会团体、民办非企业, 积极作为, 主动发挥政府、市场和企业的桥梁纽带作用, 通过发布倡议、编制指南、政策咨询、线上培训等措施, 助力文旅企业复工复产。一是精心谋划, 助推精品旅游产业高质量发展。二是发布行业倡议, 引导企业有序开展复工复产。三是发挥智库作用, 提供政策建议。四是加强行业线上培训, 提升企业复工复产能力。

3月17日 省文化和旅游厅迅速传达学习全省"重点工作攻坚年"动员大会精神, 省文化和旅游厅党组书记、厅长王磊主持召开党组扩大会, 认真传达学习全省"重点工作攻坚年"动员大会精神。会议指出, 在决胜全面建成小康社会的关键时期, 省委召开"重点工作攻坚年"动员大会, 对重点改革攻坚任务作出安排部署, 充分体现了省委、省政府求真务实抓改革、促发展的鲜明导向, 体现了"走在前列、全面开创"的使命担当。

3月17日 省古建筑保护研究院、省文物工程公司与惠民县文化和旅游局积极协调配合，启动省级文物保护单位惠民英国教会医院牧师楼维修保护工程。该文物保护单位始建于清末民初，原名如己医院，由英国循道公会圣道堂创办，是一组中西合璧式近代建筑群。自建成至今，历经民国、抗日战争、解放战争和社会主义建设几个历史时期，承载了较多的历史信息，具有较高的文物价值，现存"山字楼"、院长楼、牧师楼（两座）、教堂、平房6栋建筑，总建筑面积4200平方米。该文物保护单位的修缮保护工程由省古建筑保护研究院负责勘察设计，省文物工程公司组织施工。

3月25日 山东省编制《山东省大运河文化保护传承利用实施规划》。规划核心区为运河主河道流经的18个县（市、区），拓展区为德州、聊城、泰安、济宁、枣庄沿运5个市，规划实施期为2020至2035年，展望到2050年。从空间布局上，按照重点突破、融合互动、整体推进的原则，集中力量加快突破核心区，统筹推动拓展区和辐射区建设，形成核心区引领、拓展区融合、辐射区联动的发展格局。从发展布局上，统筹考虑大运河文化资源、区位特征、水系特点、河道现状和沿线经济社会发展基础条件，着力构筑"一条主轴、一个高地、五大片区、多点联动"的空间格局框架，提升运河文化带主轴，打造齐鲁文化高地，重塑五大沿运片区，促进多点融合联动。

3月25日 济南市8家主要文化场馆恢复开放。上午9点，济南市图书馆迎来了第一批客人，在馆内的"智慧墙"上，实时显示到馆人次、注意事项等。开馆后一个多小时，348人次到馆。"老馆自习室开放了90个座位，已有将近50位读者在阅读自习。每个自习室都设有安全座椅，馆内会根据严格的标准规定读者的安全距离。工作人员随时对借阅机器、借阅区、自习区座椅等进行消杀。"济南市图书馆老馆借阅部副主任张帆说。预约门票、测量体温、佩戴口罩、定时消杀等是景区普遍采取的措施，多数景区还对入园人数加以控制，引导游客错峰游览，并提倡无接触式消费和服务。

3月26日 于杰副省长到文化和旅游厅调研，听取当前重点工作汇报，研究部署下一步工作。省政府副秘书长辛树人，省文化和旅游厅厅长王磊出席会议。会上，于杰听取了文化和旅游厅关于应对当前形势，促进文化和旅游业健康发展政策、"重点工作攻坚年"工作打算及旅发大会筹备、有关规划编制等工作情况的汇报。

3月27日 央视新闻频道《新闻直播间》栏目，以《"景区智慧码"助力旅游业复工复产》为题，点赞报道了复苏旅游业中的"山东经验"。山东省文化和旅游厅依托好客山东网智慧文旅公共服务平台，结合大数据、云计算等科技手段，推出"景区智慧码"。"景区智慧码"在好客山东网微信小程序的基础上，整合线上线下信息，通过"一园一码"的方式，在山东各景区陆续上线，为文旅产业复工复产提供科技支撑。

3月30日 省文化和旅游厅厅长王磊到山东省图书馆、山东博物馆、山东美术馆、山东省文化馆等省直公共文化场馆调研，实地查看场馆恢复开放准备工作。在山东省图书馆，王磊厅长一行在严格进行体温检测、扫码登记、安全检查后，认真查看了借阅室、办证处等场所。在山东博物馆，检查了入口处的体温检测设备，体验了"智慧导览讲解设备"服务，详细了解展厅通风及展品保存等情况。在山东美术馆，先后查看一楼展厅、文创体验馆等区域，详细了解美术展品存放、馆内环境保洁、安全保卫等情况。在山东省文化馆，到非遗展厅、书画展厅等公共区域，了解线上预约和线上公益培训情况。

3月 省文化和旅游厅认真贯彻落实省委"四进"攻坚行动决策部署，强化责任担当，第一时间动员部署，选派3个工作组15名同志分赴济南市港沟街道、济宁市太白湖新区、聊城莘县开展"四进"工作。省派工作组到位后，主动对接，深入调研，帮助基层、企业解决实际困难，各项工作扎实有序开展。

4月

4月2日 省吕剧艺术保护传承中心（省吕剧院）在分期分批组织演职员复工排练的同时，在全院党员中开展"亮身份、践承诺、树形象、做表率"主题实践活动，院领导班子成员带头，两个在职支部共计35名老、中、青三代党员面向全院职工和广大吕剧观众一一做出公开承诺，自觉接受

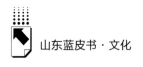

监督。

4月7日 省政府召开常务会议，研究文化旅游融合发展、村庄规划编制、能耗指标收储使用管理等工作。会议强调，要推动文化与旅游深度融合，在资源共享、优势互补、协同共进上下功夫，加快文化旅游与一二三产业跨界融合，拓展优化文化旅游产业链，培育发展新业态，增强文化旅游发展新动能。要大力实施文化旅游精品工程，丰富产品供给，提升服务质量，加快打造全域旅游示范省、文化旅游融合发展新高地、国际著名旅游目的地。

4月8日 山东省委书记刘家义主持召开黄河流域生态保护和高质量发展专题会议，深入学习贯彻习近平总书记关于推进黄河流域生态保护和高质量发展的重要论述，听取有关规划编制情况汇报，研究部署下一步工作。省委副书记杨东奇出席会议。刘家义在讲话中说，习近平总书记非常关心黄河流域生态保护和高质量发展，多次发表重要讲话、做出重要指示，为我们做好工作提供了根本遵循。我们要深入学习领会总书记重要指示要求，把握好黄河流域生态保护和高质量发展的原则，加快规划编制，狠抓工作落实，全力以赴做好这篇大文章。

4月22日 省文化和旅游厅与携程集团召开合作研讨会，共商文旅产业发展事宜。双方表示将遵循政府引导、市场运作、资源共享、创新驱动原则，在共建现象级文旅IP活动、创建文化旅游资源整合体系、联动开发重点文化旅游项目、打造全国文旅营销示范工程等方面开展紧密合作。双方近期将重点围绕"山东人游山东"、"畅游齐鲁·好客山东好时节"等活动，培育周末游、亲子游、近郊游等主题产品线路，推出系列宣传推广内容，全面助力"好客山东"开展品牌形象建设，强强联合，稳步助推疫后文化旅游产业回暖。下一步，将进一步深化战略合作，深度挖掘山东丰厚的文化旅游资源，讲好"好客山东"故事，整合山东全域文化和旅游资源，高标准、高效率助力山东文旅精准、快速复兴，塑造山东文旅复兴模式。

4月23日 山东省委书记刘家义主持召开全球汉籍合璧工程专题会议，听取工程协调推进和工作进展情况汇报，研究解决具体问题，安排部署下一步工作。刘家义指出，中国古代文献典籍是中华优秀传统文化的载体，是我们无比珍贵的文化遗产。习近平总书记视察山东时强调，要加强对中华优秀传统文化的挖掘和阐发，推进创造性转化和创新性发展。实施全球汉籍合璧工程，是贯彻落实习近平总书记重要指示要求的实际行动，是一项功在当代、利在千秋的重大文化工程，对传承发展中华优秀传统文化具有重要意义。必须集中各方力量，千方百计把事办好，确保向党中央交上一份合格答卷，为文化强国建设做出山东应有贡献。

4月25日 第四届山东文化和旅游惠民消费季暨山东人游山东活动在济南百花洲历史文化街区举办。省政府副秘书长辛树人，省文化和旅游厅厅长王磊，省委宣传部正厅级干部王少杰，中国人民银行济南分行副行长董龙训，济南市副市长尹清忠，以及第四届山东文化和旅游惠民消费季组委会成员单位、济南市相关负责同志出席活动。省文化和旅游厅副厅长张鲲主持启动仪式。本届消费季将于4月至10月举办，推出一系列惠民措施，联合24个省直有关部门和全省16市，组织开展"乐游齐鲁""乐赏齐鲁""乐购齐鲁""乐享齐鲁""乐活齐鲁""乐智齐鲁"六大系列2137项主题活动。

4月28日 由省文化和旅游厅主办、省文化馆承办的大家创·"风雨同舟 守望相助"美术作品展在省文化馆开幕。省文化和旅游厅一级巡视员李国琳，山东大学齐鲁医院党委书记侯俊平，山东大学齐鲁医院第一、二、三、四批援鄂医务领队及医护代表等人参加了活动。本次展览共展出征集到的全省群文美术干部创作的100余幅作品，包括国画、油画、水彩、漫画、招贴画等艺术形式。

4月 文旅惠民消费季启动，全省506家A级旅游景区恢复开放，提前启动山东文化和旅游惠民消费季，全省文化和旅游行业逐步回归正常运行轨道。为激发文旅消费潜力，省文化和旅游厅在全省实施"畅游齐鲁·提振文旅"六大行动。截至4月12日，全省公共文化场馆恢复开放398家，其中，山东博物馆共接待观众9818人次，省图书馆共接待读者4733人次，借还书刊24626册，已呈现升温态势；全省A级旅游景区恢复开放506家，其中5A级景区恢复开放11家，占总数的92%；4A级景区恢复开放162家，

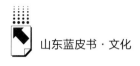

占总数的 72.3%，部分景区已呈现"回暖"迹象。

4 月　省文化和旅游厅启动"旅游景区旅游民宿行业非法资讯信息专项清理整治"行动，会同省市场监管局联合印发了《关于开展旅游景区、旅游民宿行业非法资讯信息专项清理整治的通知》，自 4 月 9 日至 30 日，重点对 A 级旅游景区、旅游民宿经营企业利用传统媒体、新媒体以及室内外场所、空间、工具、设施等发布以下旅游资讯信息的行为，依法查处，并及时发布旅游景区、旅游民宿资讯信息红黑名单。

5月

5 月 18 日　山东省委书记刘家义主持召开黄河流域生态保护和高质量发展第二次专题会议，深入学习贯彻习近平总书记关于黄河流域生态保护和高质量发展重要论述，听取山东省黄河流域生态保护和高质量发展实施规划编制情况汇报，研究部署下一步重点工作。刘家义指出，我们要坚持以习近平新时代中国特色社会主义思想为指导，深入贯彻落实习近平新时代中国特色社会主义经济思想、习近平生态文明思想和习近平总书记关于黄河流域生态保护和高质量发展的重要论述，把总书记重要指示要求和党中央决策部署落到实处。

5 月 19 日　省直文化和旅游系统召开防范化解矛盾、维护社会稳定专题会议。省文化和旅游厅党组书记、厅长王磊出席会议并讲话。王磊厅长要求，要提高政治站位，把思想和行动统一到省委部署要求上来，落实工作举措，坚决扛起维护社会稳定的政治责任。认真做好矛盾问题风险点排查防控，切实履行部门管理职责，切实落实安全生产责任制。要完善工作机制，形成工作合力。加强统一指挥和综合协调，实行严格的信息报送机制和"零报告"制度，实行严格的值班备勤机制，严格执行领导干部外出请假制度，实行快速反应的应急处置机制，确保文化和旅游系统安全形势稳定。

5 月 19 日　山东"六好"优质文化和旅游产品暨 2020 年中国旅游日山

东省活动发布会在济南举行。省文化和旅游厅党组书记、厅长王磊出席活动。王磊厅长表示，当前，全省文化旅游产业呈现出有序复苏的良好局面。在中国旅游日当天举办发布会，旨在进一步提振全行业信心，继续提升旅游品质，优化旅游环境，促进文化旅游产业复苏发展，在全省新旧动能转换中发挥重要作用。

5月25日 省文化和旅游厅会同省自然资源厅下发通知，正式启动山东省全国重点文物保护单位、省级文物保护单位保护范围和建设控制地带的勘定工作。此次勘定工作，将区分轻重缓急，率先完成第八批国保单位保护范围和建设控制地带的勘定工作，其次对已经公布的第一至七批全国重点文物保护单位、第一至五批省级文物保护单位保护范围和建设控制进行校正。相关成果将上报省政府批准后公布。此次勘定工作由省古建筑保护研究院、乡土文化遗产保护国家文物局重点科研基地组成项目组具体承担。

5月27日 省文化和旅游厅与中国工商银行山东省分行在济南签署了《助力文旅企业纾困 推动产业高质量发展战略合作协议》。这是省文化和旅游厅、中国工商银行山东省分行深入贯彻习近平总书记关于统筹推进经济社会发展工作的重要指示精神，落实党中央、国务院和省委省政府决策部署，扎实推动文化和旅游企业复工复产，激发文化和旅游投资、消费潜力和活力，促进文旅产业高质量发展的一项重要举措。

5月 省文化和旅游厅组织人民网、新华网、大众日报、山东电视台等14家主流媒体记者，开展"好客山东·精品民宿"媒体采风活动。采风团先后走进济南、青岛等11市，深度探访30余家富有地方特色的精品民宿，与当地文化和旅游部门、民宿投资人和经营管理者进行面对面交流，聚焦旅游民宿发展的新政策、新趋势和新模式。通过实地探访和亲身体验，采风团以图文报道、短视频、音频、微博、Vlog等融媒体手段发稿130余篇，多视角、多选题、多媒体宣传推广山东省精品旅游民宿，展现山东省旅游民宿发展的特色、亮点以及各市在民宿发展中的典型做法，为山东省旅游民宿提档升级、高质量发展提供有益参考。

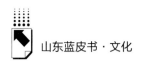

6月

6月3日　中国文化遗产研究院、山东省文化和旅游厅分别在北京、济南市以视频会议的方式举行《文化遗产保护战略合作框架协议》签约仪式。中国文化遗产研究院院长柴晓明、山东省文化和旅游厅厅长王磊分别在仪式上讲话并签署协议，山东省文化和旅游厅副厅长王廷琦主持仪式，中国文化遗产研究院相关领导、相关处室负责同志，山东省文化和旅游厅相关处室及直属单位的负责同志共同见证协议签署。根据协议，双方本着"诚信合作、相互支持、共同发展"的原则，在山东省未来十年的文化遗产保护发展战略、区域性文化遗产保护规划、世界文化遗产申报管理、重大文化遗产保护工程、文化遗产保护体系等方面以及国家文化公园、国家文物保护利用示范区、黄河文化带山东段建设等重大项目上开展合作。

6月9日　山东黄河文化经济发展促进会成立大会暨第一次会员代表大会在济南召开。中国黄河文化经济发展研究会会长、原国家旅游局局长何光暐，山东省政府副省长于杰，副秘书长辛树人，省文化和旅游厅厅长王磊等相关单位同志出席成立大会。黄河是中华民族的母亲河、中华文明的摇篮。黄河在山东，既是生态大河，也是文化大河，在山东孕育发祥了儒家文化、泰山文化、红色文化、海洋文化、运河文化和泉城文化，在全省经济社会发展中具有十分重要的地位。

6月10日　省文化和旅游厅举行2020年"文化和自然遗产日"新闻发布会。今年的"文化和自然遗产日"是6月13日，正值总书记视察胶东两周年，将在烟台市举行山东省主场城市活动，这既是贯彻总书记视察胶东两周年讲话精神的重要举措，也是"传承文化瑰宝 倡导健康生活"的山东实践。今年"文化和自然遗产日"的主题是"文物赋彩，全面小康""非遗传承，健康生活"。活动由山东省文化和旅游厅（省文物局）、烟台市人民政府主办，烟台市文化和旅游局（市文物局）承办。

6月11日　省文化和旅游厅召开提振文化和旅游消费座谈会。会议提出，贯彻落实山东省委关于提振文化和旅游消费的要求，借鉴其他省市经验做法，不断创新产品、丰富场景、改进方式、强化措施，切实拉动文化和旅游消费。省文化和旅游厅党组书记、厅长王磊强调，当下，消费需求不断升级，需要进一步提高文化和旅游服务质量和管理水平。下一步将强化宣传推广，办好文化惠民消费季，大力发展乡村旅游，不断提升智慧旅游建设，积极推动景区夜间旅游消费，大力拓展自驾游市场，发展规范民宿产业，进一步推进供给侧结构性改革，形成山东文化和旅游高质量发展的重要助推力。

6月13日 文旅产业指数实验室发布2020年5月省级文旅新媒体传播力指数TOP10榜单。通过对省级文旅部门的微信公众号、微博、头条号和抖音号的传播情况进行综合评价，2020年5月省级文旅新媒体传播力指数TOP10排序为：山东省、江苏省、福建省、浙江省、四川省、安徽省、北京市、广西壮族自治区、河北省、陕西省。文旅新媒体传播力指数研究由中国旅游报社、中国社会科学院中国舆情调查实验室和阿里巴巴集团共同组建的文旅产业指数实验室主导，联合清博大数据、抖音、问卷网等新媒体与大数据联盟成员机构共同实施。

6月13日 省文化和旅游厅（山东省文物局）在烟台市召开文化遗产保护利用座谈会，来自青岛市、烟台市、威海市以及厅直属文博单位的相关负责人，主要围绕胶东文化遗产保护等议题，进行了讨论交流。山东省文化和旅游厅党组成员、副厅长王廷琦参加并作总结讲话。会上，与会代表围绕各自近年来开展的工作，特别是在文化遗产保护领域的成绩及存在问题，进行了交流。

6月17日 省政府新闻办召开新闻发布会，介绍打造乡村振兴齐鲁样板有关情况。省文化和旅游厅党组书记、厅长王磊出席发布会，并就山东乡村文化振兴进展情况回答记者提问，并指出重点把握了以下五个方面：一、让文明乡风树起来。积极培育文明乡风、良好家风、淳朴民风，不断焕发乡村文明新气象。二、让村容村貌美起来。我们深入践行"绿水青山就是金山银山"的理念，把推动乡村文化振兴与发展乡村旅游有机结合，充分挖掘乡村特色资源，助推美丽乡村建设，打造了一批乡村旅游精品景区。三、让广大农民乐起来。坚持重心下移、资源下移、服务下移，为农民朋友多送"文化大餐"，并逐步实现由"政府端菜"到"群众点菜"的转变。四、让乡村文化活起来。推动乡村文化振兴，必须保护利用好优秀传统文化资源。五、让农民腰包鼓起来。除了大力发展乡村旅游，我们还实施"非遗助力脱贫、推动乡村振兴"工程，让"指尖技艺"成为"指尖经济"，培育了一批木雕、木版年画、剪纸、刺绣等专业乡、专业村。

6月21日　由山东省文化和旅游厅、聊城大学主办，聊城大学运河学研究院承办的大运河文化数据平台、《中国大运河蓝皮书：中国大运河发展报告（2019）》发布会暨"大运河文化学术研讨会"在济南举行。现场，国内首个大运河文化数据平台发布运行，以推动运河文化研究和大运河文化带建设。

6月25日　山东省柳子剧团的演员们带妆亮相百花洲历史文化街区，为市民们面对面展现传承了600年历史的山东传统戏曲的魅力，吸引了市民驻足欣赏。山东省文化和旅游厅党组书记、厅长王磊前来百花洲活动现场，为大家送来端午祝福，并强调，要积极探索建立长效机制，结合景区、夜市的特点和需求，发挥好艺术院团的优势，使展演常态化、机制化，真正让艺术走近广大市民，提升景区和夜市的文化品位。

6月30日　省委省政府在济南举行第二届儒商大会暨青年企业家创新发展国际峰会。大会以"抢抓新机遇 共谋新发展"为主题，来自20个国家和地区的7000多名海内外优秀企业家、创新创业者、知名人士等云端相聚、线上交流，共叙儒风乡情，共商发展大计，助力山东高质量发展。省委书记刘家义出席会议并与嘉宾视频连线，省委副书记、代省长李干杰致辞，省委副书记杨东奇主持。

7月

7月2日　山东省科技创新大会在济南举行，深入学习贯彻习近平总书记关于科技创新的重要论述，总结工作，表彰先进，吹响加快科技强省建设的冲锋号。省委书记刘家义出席会议并讲话，省委副书记、代省长李干杰主持，省政协主席付志方出席。会上，宣读了《山东省人民政府关于 2019 年度山东省科学技术奖励的决定》，授予山东省农业科学院研究员万书波省科学技术最高奖，授予 29 项成果山东省自然科学奖、13 项成果山东省技术发明奖、199 项成果山东省科学技术进步奖，授予皮特·谭伯格教授等 3 名外籍专家山东省国际科学技术合作奖。

7 月 4 日 山东文旅扶贫带货大汇在临沂市兰陵县压油沟景区启动，来自全省 16 市的网红达人带领网友远程参观文旅扶贫村的农产品原产地，多个市、县文旅局长纷纷走进直播间，通过直播推荐当地特色文旅扶贫产品。本次文旅扶贫带货大汇征集了全省 16 市 50 多类直播带货产品，70 多种展览产品，涵盖了土特产、美食、非遗、民宿、休闲度假等产品。山东蒙阴晏婴故里果品专业合作社理事长牛庆花说，山东省重点扶贫地区形成了一大批乡村景区，推出了兰陵县压油沟、淄博市上好峪、泗水县南仲都等一批文旅扶贫典型，并将 78 个符合村庄景区化条件的贫困村，纳入了全省验收，6 个村推荐进入文化和旅游部乡村旅游重点村。

7 月 19 日 从山东省文化和旅游厅获悉，随着国内跨省游逐步开放，山东省将推出"好客山东游品荟"系列活动，为文旅行业复工复产注入"强心剂"。"好客山东游品荟"系列活动将于 7 月 24 日在山东日照启动，从当日起至 9 月 24 日持续推出系列活动。山东省文化和旅游厅届时将联合各地市推出"避暑亲子游、消暑滨海游、丽暑自驾游、cool（酷）暑夜间游、嘉暑健身游、眷暑乡村游"等主题产品，目前全省已有五万家文旅企业参与，涵盖了景点门票、酒店客房、精品线路、度假产品、特色旅游商品等百万余个产品。

7 月 24 日 副省长凌文到省广电局开展工作调研，进行座谈交流，对做好下步广播电视工作提出要求。在听取省委宣传部副部长兼省广电局党组书记、局长李昌文工作汇报后，凌文副省长对全省广播电视工作给予肯定。他指出，近年来，在省委、省政府的正确领导下，省广电局紧紧围绕中心、服务大局，担当作为、狠抓落实，广播电视舆论宣传、精品创作、文化惠

民、改革发展、阵地监管等取得积极成效，为新时代现代化强省建设做出了贡献。

7月25日 由省文化和旅游厅主办，省文化馆、济南市文化和旅游局、齐鲁晚报承办，济南市文化馆、九如山度假风景区协办的2020艺术进景区启动仪式——"百姓大舞台"走进九如山活动在九如山度假风景区举行，该活动是贯彻落实"五个大家"品牌系列活动"大家演"版块的一项重要内容。省文化和旅游厅一级巡视员李国琳等领导出席活动，并与现场近2000余名市民游客一同观看了演出。

7月28日 山东省艺术研究院举办艺术科研系列讲坛活动——"山东艺术讲坛"，讲座由中国文艺评论家协会副主席、国务院学位委员会第七届学科（戏剧与影视学）成员傅谨教授主讲"戏曲研究的重点和难点"，山东艺术学院周爱华教授、山东师范大学张丽军教授参与本期活动，省艺术研究院全体艺术科研及创作人员参与学习。讲坛由林凡军院长主持。傅谨教授从基础理论与现实研究的辩证关系出发，论述了艺术研究院所以及艺术理论工作者的责任和使命。

7月31日 省政府新闻办召开发布会，介绍《山东省文化旅游融合发展规划（2020—2025年)》相关情况。省文化和旅游厅党组成员、副厅长张鲲出席发布会，介绍相关情况。省委、省政府对编制《山东省文化旅游融合发展规划》高度重视，省委、省政府主要领导、分管领导先后多次召开会议听取汇报、提出指导意见。《规划》经省委常委会会议、省政府常务会议审议、省政府批复后印发实施。本《规划》力求通过发挥齐鲁文化优势，推动文化与旅游深度融合，大力发展精品旅游，建设红色文化旅游基地、优秀传统文化旅游基地，打造文化旅游融合发展新高地、国际著名文化旅游目的地。

8月

8月4日 省文化和旅游厅在枣庄市台儿庄区举办2020年全省文化市

场综合执法培训班。来自全省 16 市和重点县（市、区）文化和旅游局、文化市场综合执法支队的一线执法人员等近 200 人参加培训。省文化和旅游厅一级巡视员周晓波出席开班仪式并讲话。

8 月 6 日　《中国文化报》头版头条刊文《"好客山东"，变局开新局》。

8 月 6 日　省文化和旅游厅召开加强石窟寺遗址保护利用工作座谈会，贯彻落实习近平总书记关于石窟寺的重要指示批示和国务院专题会议要求，研究推进山东省石窟寺遗址保护利用工作。山东省文化和旅游厅副厅长、省文物局副局长王廷琦出席会议并讲话。

8 月 12 日　山东省旅游饭店协会向全省旅游饭店企业及广大会员单位发出"坚决制止、抵制餐饮浪费行为"的倡议书，号召积极行动，坚决遏制"舌尖上的浪费"。树立行业新风、营造良好氛围。倡议书强调，各饭店企业通过张贴放置"浪费可耻、节约为荣""光盘行动""谁知盘中餐、粒粒皆辛苦"等宣传标语、店内海报、视频、点餐提示等多种形式，营造文明用餐、浪费可耻、节约为荣的氛围，将厉行节约作为饭店餐饮业常态化发展重要任务，使"珍惜食品、剩余打包、杜绝浪费"的消费理念深入人心。

8 月 14 日　山东省文化创意设计行业协会第二次会员代表大会暨 2020 山东文创行业发展研讨会在济南召开。省委宣传部、省文化和旅游厅厅、济南市委宣传部、济南市文旅局相关领导参加会议。大会表决通过了协会新修订的章程，审议通过了协会会费管理办法、协会专业委员会管理办法，就 2020 年山东文化创意设计行业发展问题进行了专题研讨。

8 月 17 日　山东省文化产业发展协会成立大会暨第一次会员代表大会在大众传媒大厦召开。来自全省各地的文化协会代表、行业专家以及山东省文化产业发展协会首批会员单位代表汇聚一堂，共同聚焦山东省文化产业发展，见证协会揭牌成立。省委宣传部正厅级干部王少杰，大众报业集团（大众日报社）党委副书记、总编辑赵念民，省文旅厅党组成员、副厅长张明池以及省民政厅、省统计局等相关领导和嘉宾出席仪式。中国文化产业协会以及十余家省外文化协会为协会成立发来贺信。

8 月 21 日　山东省石刻艺术博物馆举办了围绕石刻保护、研究、展陈等为主题的学术论坛，来自国内外高校、文博单位的专家学者近六十人参会。论坛共安排八位报告人作学术发言，分别是南开大学吴若明的《形式与意义——汉画像石原境、叙事及图像学的几点反思》、伦敦大学学院王博杨的《反思图像志——沂南北寨画像石墓上的双头鸟形象探究》、中国政法大学王硝鹏的《汉〈宋伯望刻石〉释文补正》、山东大学孙齐的《碑刻讲述的中古道教史》、南开大学项泽仁的《世侯的遗泽：元〈东平学玺书碑〉及相关问题》、伦敦大学亚非学院樊华杰的《后殖民视角下的敦煌石窟艺术：试析美国哈佛艺术博物馆和盖蒂中心的陈列展览》、山东省石刻艺术博物馆王海玉的《汉画像石中的晏子》和山东省石刻艺术博物馆孙洋的《近取诸身，远取诸物——图像所见汉代人对兔的情感》。

8 月 21 日　山东省京剧院复排的现代京剧《奇袭白虎团》在山东省委党校上演，获得现场观众多次热烈的掌声。《奇袭白虎团》是山东省京剧院的"看家戏"，其复排难度非一般人能想象。而选择在今年这个时间节点，把"看家戏"重新立上舞台，原因是在 2020 年这个特殊的年份，山东省京剧院迎来了建院 70 周年。

8 月 23 日至 24 日　省文化和旅游厅、菏泽市人民政府主办，中共菏泽市委宣传部、菏泽市文化和旅游局承办的全省山东梆子中青年专业演员比赛在菏泽大剧院举行。此次比赛将由来自五个地市八家院团的 18 位中青年山东梆子优秀演员进行激烈角逐。全省山东梆子中青年专业演员比赛既是山东梆子演员艺术才艺的比拼，也是山东梆子艺术传承发展的全面展示。演员涵盖面广，既有市级院团又有县区院团。

8 月 25 日　省属企业文化旅游、医养健康资产重组整合工作推进会议在济南召开。会上传达了省委、省政府关于省属企业文化旅游、医养健康资产重组整合的决策精神，正式宣布山东省国欣文化旅游发展集团有限公司、山东国欣颐养健康产业发展集团有限公司成立，同时公布了重组整合后的国欣文旅、国欣颐养领导班子；有关省属企业主要负责同志分别与国欣文旅、国欣颐养主要负责人签订了资产委托管理协议。

8月26日 以"深化行业合作，实现产业共赢"为主题的对话山东——"好客山东"文化和旅游产品线路推介会在济南成功举办。省文化和旅游厅党组书记、厅长王磊出席推介会并致辞，推介会通过线上方式，日本和歌山县观光局局长中岛宽和、中国驻东京旅游办事处主任王伟、中国驻大阪旅游办事处主任石泽毅线上致辞，日本驻青岛总领事井川原贤、日本宫崎市市长户敷正、宫崎县观光协会会长菊池为推介会发来致辞视频，东京中国文化中心主任罗玉泉出席会议。省文化和旅游厅党组成员、副厅长张明池主持推介会。

8月26日 省政府新闻办召开发布会，介绍2020山东省旅游发展大会暨首届中国国际文化旅游博览会，及大型交响音乐会《黄河入海》有关情况。省文化和旅游厅党组书记、厅长王磊出席发布会，并介绍2020山东省旅游发展大会暨首届中国国际文化旅游博览会有关情况。为提升"好客山东"品牌美誉度和大会影响力，此次旅游发展大会与首届中国国际文化旅游博览会、《黄河入海》大型交响音乐会共同举办，全力打造一次集工作推进、经验交流、博览交易、宣传推广、艺术展演于一体的综合性旅游盛会。

8月 国家文物局向社会推介100项2020年度"弘扬优秀传统文化、培育社会主义核心价值观"主题展览，重点推介项目20项，推介项目80项。山东共有7项展览入选，其中，孔子博物馆《大哉孔子》入选重点推介项目，山东博物馆《初心——山东革命历史文物展》、青岛市博物馆《会讲故事的博物馆儿童展》等6项展览入选推介项目。

9月

9月3日 值此中国人民抗日战争暨世界反法西斯战争胜利75周年纪念日，国务院发出通知，公布第三批80处国家级抗战纪念设施、遗址名录，山东共有10处入选。目前山东共有30处国家级抗战纪念设施、遗址，数量在全国各省市中居首。入选第三批国家级抗战纪念设施、遗址名录的有：鲁中抗日战争展览馆、黑铁山抗日武装起义纪念馆、马鞍山抗战遗址、玉皇顶抗日武装起义遗址、牛头镇抗日武装起义纪念碑和陈列馆、徂徕山抗日武装起义磨山峪旧址、大青山革命烈士陵园、渊子崖烈士纪念塔、苏村烈士陵园、湖西革命烈士陵园。

9月6日 山东千里黄河风景廊道打卡游暨万人自驾沿黄9市25县（市区）活动在滨州邹平启动。黄河山东流域9市、沿黄25县（市、区）、全省骑游爱好者、自驾爱好者500余人参加黄河自驾发车仪式。活动公布了沿黄25家区县自驾游最佳打卡点并授予黄河沿线最美自驾游打卡点称号，500余名自驾游爱好者从邹平出发，领略黄河沿岸风景，采摘蜜梨、无花果、桃子等各种特色林果。

9月7日 文化和旅游部资源开发司发布全国国内旅游宣传推广典型案例名单，好客山东短视频融合营销项目入选。随着移动互联网和智能手机的普及，近年来短视频服务在以移动、社交和视频等功能为基础的新媒体平台上迅速崛起。山东省文化和旅游厅紧跟时代需求和热点，依托深厚文化底蕴和得天独厚自然风光，开启了短视频平台营销传播的"好客山东"之路。

9月7日 省文化和旅游厅、青海省文化和旅游厅主办的"春雨工程"文化志愿者边疆行——山东省书画名家走进海北"大展台""大讲堂"活动在海北藏族自治州启动。此次活动以"大展台""大讲堂"为载体，融合文化、志愿、边疆、少数民族4个元素，积极搭建文化帮扶与交流的有效平台。为期5天的时间里，来自山东省的12名书画名家在海北藏族自治州开展了书画展览、专题讲座、交流笔会、采风创作等文化交流活动，为促进当地文化建设、文化服务做出积极贡献。

9月10日至12日 国家文物局副局长关强一行3人到山东调研工作，先后调研了山东博物馆、孔子博物馆、济南市章丘博物馆、三涧溪村史馆以及齐河博物馆群，出席了山东省博物馆联盟成立大会。副省长凌文会见了调研组。关强副局长对孔子博物馆文物预防性保护及数字化保护工作的推进情况给予肯定，并指出要进一步加强珍贵文物的防震保护措施，同时进一步健全、完善可移动文物预防性保护硬件设施和工作机制，为藏品提供更好的环境保障。

9月16日 2020山东省旅游发展大会暨首届中国国际文化旅游博览会启幕。这是一次总结山东文旅发展经验、展示山东文旅发展成就的大会，也是促进山东文旅产业高质量发展、扩大"好客山东"美誉度的盛事，得到了社会各界的高度关注。省文化和旅游厅党组书记、厅长王磊表示，举办2020山东省旅游发展大会暨首届中国国际文化旅游博览会，从长远看，对研究谋划新时代山东旅游发展思路和布局，解决制约高质量发展的问题与短板，厚植发展基础，增强发展动力，加快文化旅游强省建设，具有深远影响。

9月16日 2020山东省旅游发展大会暨首届中国国际文化旅游博览会在济南奥体中心东荷体育馆隆重开幕。大会以"文旅融合发展，乐享好客山东"为主题，来自38个国家和地区的友好宾朋，跨越空间阻隔，相约线上交流，共同推动山东文化和旅游业发展谱写新的篇章。省委书记刘家义出席开幕式并讲话，省委副书记、省长李干杰主持，文化和旅游部副部长李群致辞，省委副书记杨东奇出席。

9月17日 2020山东省旅游发展大会工作会议在济南大明湖超然楼广场举行，深入贯彻习近平总书记对山东工作的重要指示要求，研究部署全省文化旅游发展重点任务，加快推动文化旅游高质量发展。省委副书记、省长李干杰出席并讲话，省委副书记杨东奇主持会议。

9月17日至21日 召开的首届中国文旅博览会设立了沿黄文旅展区。2019年举办的第八届山东文博会，首次设立了沿黄省区文化产业联展，为沿黄省区的交流协作搭建了良好平台。今年的首届中国文旅博览会借鉴已有经验，设立了沿黄文旅展区，将沿黄九省（区）生态环境保护与绿色发展的蓝图浓缩其中。

9月20日 山东省文物保护修复中心、山东大学文化遗产研究院联合举办的"山东省文物保护修复中心发展与可移动文物保护半岛基地建设咨询会"在山东大学（青岛校区）举办。开幕式上，山东省文化和旅游厅党组成员、副厅长王廷琦，山东大学（青岛校区）副校长曹现强致辞。中国文物保护技术协会原会长李化元、原副会长潘路，中国文物保护技术协会副会长赵西晨，西北工业大学文化遗产研究院教授杨军昌，河南省文物考古研究院副院长陈家昌，中国社科院考古研究所副研究员李存信，湖北省文物考古研究所研究员李玲出席会议。省文化和旅游厅（省文物局），青岛市文物局，省文物保护修复中心，山东大学历史文化学院、文化遗产研究院、青岛校区博物馆相关人员参加会议。山东大学历史文化学院、文化遗产研究院院长方辉主持会议。

9月24日　省文化和旅游厅召开新闻发布会。著名艺术家、艺术教育家、文艺理论家、中华文化促进会副主席张继钢先生，省文化和旅游厅党组书记、厅长王磊等有关领导和嘉宾出席并介绍话剧《孔子》有关情况。省文化和旅游厅一级巡视员李国琳主持发布会。2020年，是我国古代伟大的思想家、政治家、教育家孔子诞生2571年，为纪念这位影响中华民族两千多年的至圣先师，弘扬中华优秀传统文化，由山东省文化和旅游厅出品、著名艺术家张继钢担任导演、山东省话剧院倾力打造的山东省重点舞台艺术创作项目——话剧《孔子》，将于9月28日、29日在山东省会大剧院首演。

9月27日　2020中国（曲阜）国际孔子文化节、第六届尼山世界文明论坛在尼山讲堂开幕。来自17个国家和地区的160多位专家学者、嘉宾，以线上、线下方式出席开幕式。今年孔子文化节的主题是：纪念孔子诞辰2571年；尼山世界文明论坛的主题是：文明照鉴未来。全国人大常委会副委员长陈竺讲话并宣布开幕。全国人大常委会原副委员长、中国（曲阜）国际孔子文化节（尼山世界文明论坛）组委会名誉主席许嘉璐，联合国前秘书长潘基文致贺信。省委书记、省人大常委会主任刘家义讲话。

9月27日　省委副书记、省长李干杰在济宁曲阜市调研文化和旅游产业发展。他强调，要深入贯彻落实习近平总书记关于文化和旅游工作的重要论述，牢牢把握正确导向，坚持守正创新，推动文化和旅游深度融合发展。李干杰来到孔子博物馆，认真观摩"孔子的时代""孔子的一生""孔子的智慧""孔子与中华文明""孔子与世界文明"等展示内容。他指出，要大力弘扬和培育社会主义核心价值观，深入挖掘和阐发中华优秀传统文化讲仁爱、重民本、守诚信、崇正义、尚和合、求大同的时代价值，始终把社会效益放在首位，进一步做好儒家文化等中华优秀传统文化的研究阐发、教育普及、保护传承、传播交流等工作，不断推动中华优秀传统文化创造性转化、创新性发展。在尼山圣境，李干杰详细了解项目规划、开发进展、游客数量、生态保护等情况，与项目负责人就做好文化与旅游融合进行交流。他说，文化与旅游融合是一篇大文章，要高标准规划、高水平建设，坚持开发与保护并重，加大水资源保护和植被绿化力度，精雕细琢，下足绣花功夫，打造集文化体验、修学启智、生态观光、书院民宿、休闲度假于一体的世界级人文旅游目的地。要聚力培育文化旅游融合发展新业态，积极培育文化旅游市场主体，加大重点文化园区、文化旅游企业培育力度，补齐基础设施短板，加快推进项目落地见效。

10月

10月12日 山东省重点文艺创作推进会在济南召开。会议传达学习了中宣部重点文艺创作推进会精神，对全面建成小康社会和建党百年两个节点重点文艺创作工作进行了安排部署。山东省委常委、宣传部部长于杰出席会议并讲话。于杰指出，要深入学习贯彻习近平总书记关于文艺工作的重要论述，贯彻落实中宣部重点文艺创作推进会会议精神，强化责任担当，坚持目标导向、问题导向、结果导向，打好重点文艺创作这场硬仗。要紧紧围绕全面建成小康社会和建党百年两个重大题材和重要时间节点，精准策划，全面发力，强化项目推进，精心打磨提升，着力讲好故事，切实抓好重点作品的创作生产。要进一步提高组织化程度，省市一体，协同合作，加强人才建设，紧盯重点选题，全程介入抓创作、保质量，确保项目如期顺利推进。要注重宣传推介，多渠道传播、多平台展示、多终端推送，放大优秀作品的效应。

10月13日 省文化和旅游厅党组书记、厅长，省文物局局长王磊到济南市历城区大辛庄商代遗址，就遗址保护、考古发掘和遗址公园规划建设工作进行调研，出席专题座谈会并讲话，对学习贯彻习近平总书记"9.28"重要讲话精神，落实刘家义书记和省委决策部署，进一步做好考古和文物保护工作提出要求。省文化和旅游厅副厅长、省文物局副局长王廷琦主持座谈会，山东大学党委副书记张永兵省出席，山东大学历史文化学院院长方辉，济南市文化和旅游局局长郅良，历城区委、省文物考古研究院、省水下考古研究中心负责人等参加。

10月19日至23日 山东省博物馆联盟、山东博物馆（山东省文物鉴定中心）、国家文物进出境审核山东管理处联合主办的山东省文博系统青铜器鉴定培训班在山东博物馆成功举办。山东省文化和旅游厅副厅长王廷琦出席开班仪式。本次培训历时5天，来自全省16个地市、48家单位的60名学员参加了本次培训。山东大学方辉教授及来自故宫博物院、上海博物馆、河南省社会科学院、山东省水下考古研究中心等单位的专家学者为学员讲授各历史时期中国青铜器、钱币和青铜镜的器型、纹饰和铸造工艺及鉴定辨伪等方面的知识。本次培训以青铜器鉴定为主题，旨在加强山东省文物鉴定技能型人才的培养，提高山东省青铜器鉴定专业技术人员从业能力和鉴定水平，并以此为契机，不断深入研究齐鲁文化的形成、发展、演变，及其在华夏文明发展进程中所起的重要作用，不断增强文化自信。

10月23日 济南国际时尚创意中心，气势磅礴、各具特色的兰州太平鼓、安塞腰鼓、开封盘鼓、商河鼓子秧歌恢宏登场。文化和旅游部副部长李群、山东省副省长凌文、济南市市长孙述涛出席开幕活动，并共同击鼓为第六届中国非物质文化遗产博览会启幕。中国非物质文化遗产博览会是非遗领域的重要品牌活动，每两年举办一届，已连续举办五届。中国非物质文化遗产博览会由文化和旅游部、山东省人民政府共同主办，山东省文化和旅游厅、济南市人民政府承办。本届博览会以"全面小康 非遗同行"为主题，采取"线上为主、线下为辅，线上线下相结合"的方式，全面展示非遗保护传承成果，集中展示非遗在脱贫攻坚、乡村振兴、黄河生态保护等国家重大战略中发挥的重要作用，为广大非遗传承人和非遗扶贫就业工坊搭建展示和推介的重要平台。本届博览会线下展馆还设有黄河流域非遗展和非遗助力精准扶贫展版块。

10月23日至27日 文化和旅游部、山东省人民政府共同主办的第六届中国非物质文化遗产博览会在山东济南举办，以"全面小康 非遗同行"为主题，三大线下展览、"网红非遗"直播带货、主题论坛等形式多样的活动，短时间内就登上热搜榜，在线上、线下掀起了非遗热。人们在体验非遗所带来的生活美感的同时，为深植于民间的创造力所震撼，真切感受到非遗在脱贫攻坚、乡村振兴、黄河文化保护传承弘扬过程中发挥的重要作用。

10 月 26 日 第六届运河论坛暨大运河企业家峰会在济南举办，论坛重点围绕"大运河文化保护传承利用""大运河国家文化公园建设""大运河文化和旅游融合发展"等议题，进行探讨、研究和交流，并提出意见建议。本届论坛共征集论文 58 篇，邀请了近 100 位专家学者和企业家参加会议，省发改委、省民政厅、省文化和旅游厅、省社科联等部门相关同志参加活动。论坛强调，要以习近平新时代中国特色社会主义思想为指导，为深入贯彻习近平总书记关于大运河文化带建设的重要指示精神，积极对接《大运河文化保护传承利用规划纲要》《长城、大运河、长征国家文化公园建设方案》《大运河文化和旅游融合发展规划》，深入实施《山东省大运河文化保护传承利用实施规划》，努力在建设具有山东特色的大运河文化带上下功夫、创新篇，推动大运河文化保护传承利用，促进打造大运河齐鲁文化高地，推进大运河文化和旅游融合发展。

10 月 26 日 省文物保护修复中心主办的"全省可移动文物保护修复网络体系建设工作现场会"在沂源召开。省文化和旅游厅党组成员、副厅长王廷琦出席会议并讲话。王廷琦指出，习近平总书记就文物和考古工作发表重要讲话为山东省的考古、文物修复和历史文化遗产保护工作指明了方向，提供了根本遵循。希望大家认真学习贯彻总书记关于文物、考古系列重要指示批示及讲话精神，自觉担负起时代赋予我们的历史责任。王廷琦对实现推动山东省文物修复和保护利用工作走在全国前列的目标任务，提出六点要求：一要提高站位，牢固树立保护历史文化遗产责任的重大观念。二要做好十四五规划，策划、实施一批重点项目、重点工程。三要规范管理，优化全省文物保护的网络布局。四要聚焦重点，打造一批精品示范项目。五要多措并举，加大基础理论研究，积极培养和吸纳人才。六要讲好文物故事，促进

文旅融合，推动文物保护利用工作融入发展新格局。

10 月 30 日 山东省图书馆"新时代党建书房"举行揭牌仪式，省直机关工委分管日常工作的副书记石光亮，省文化和旅游厅党组书记、厅长王磊共同为山东省图书馆"新时代党建书房"揭牌。省文化和旅游厅党组成员、副厅长胡上山，省图书馆党委书记、馆长刘显世出席揭牌仪式。"新时代党建书房"的揭牌，标志着省图书馆"八个一"党建工作体系已全面建立。"新时代党建书房"作为"八个一"党建工作体系的重要组成部分，是为广大读者、党员干部、基层党组织打造的党建学习、交流的"红色阵地"，由主题展览区、阅读分享区、交流活动区三部分组成，提供党建图书、党建电子图书借阅、党建音视频资源查阅、党建资料数据库访问以及红色文化展览等内容的服务，是目前全国同行业内面积最大、功能较全的党建书房。"新时代党建书房"将采取预约方式向社会开放。

10 月 省文化和旅游厅党组开展第九次理论学习中心组专题集体学习，传达学习习近平总书记在中央政治局第二十三次集体学习时的重要讲话精神，交流学习体会，研究贯彻落实的思路举措。10 日，召开学习贯彻习近平总书记重要讲话精神座谈会，厅有关处室和省直文博单位负责人结合工作实际，坚持问题导向，查摆问题和短板，提出工作意见和建议。省文化和旅游厅党组书记、厅长、省文物局局长王磊强调，要切实把思想和行动统一到习近平总书记重要讲话精神上来。当前文物事业改革发展迎来了历史最好时期，文物领域改革政策框架基本形成，加上已形成的良好工作格局、已积累的丰富保护经验，我们越来越有能力、有条件乘势而上、不失时机地做好文物工作。

11月

11 月 6 日 山东省人民政府新闻办公室召开新闻发布会，邀请省委宣传部、省文化和旅游厅、省文联负责同志等介绍大力推动乡村文化振兴，为乡村振兴提供重要支撑情况。省文化和旅游厅二级巡视员付俊海出席发布会，并回答记者提问。在乡村文化振兴过程中，省文化和旅游厅始终把基层综合性文化服务中心建设工程作为重点，大力推进。截至目前，全省68500多个行政村（社区）基本建成综合性文化服务中心；8654个省扶贫重点村全部建成综合性文化活动室，提前完成了文化扶贫任务。依托这些场所，省文化和旅游厅不断创新，大力提升农村公共文化服务供给质量。

11月8日　2020"冬游齐鲁·好客山东惠民季"启动仪式在威海市荣成市樱花湖体育公园隆重举行。山东省人民政府副省长孙继业，山东省人民政府办公厅副主任张连三，山东省文化和旅游厅党组书记、厅长王磊，威海市委书记张海波，韩国驻青岛领事馆总领事朴镇雄，日本驻青岛领事馆首席领事吉田智久美等领导和嘉宾出席启动仪式。"冬游齐鲁·好客山东惠民季"活动将继续加大优惠力度，丰富特色产品，让民众感受到冬游齐鲁的魅力并得到共享山东文旅融合发展新成果的实惠。王磊厅长在致辞中表示，省文化和旅游厅在全省开展"冬游齐鲁·好客山东惠民季"活动，大力出台一批优惠政策，着力丰富一批冬游产品，创新推出一批线路活动，用实际行动进一步挖掘旅游潜力，激活发展动能，提振市场信心，拉动整体消费，为全省经济社会发展做出文旅新贡献。

11月12日　中共山东省委宣传部、省文化和旅游厅指导，山东省文化馆、中共济宁市委宣传部、济宁市文化和旅游局主办，济宁市文化馆承办的"大家演"追寻红色足迹·重温革命经典——四省八市群众艺术展演走进济宁文艺演出圆满落幕。山东省文化和旅游厅、济宁市、嘉祥县有关负责同志与广大市民、文化爱好者等一起观看了首场演出。省文化馆副馆长赵新天介绍，"大家演"追寻红色足迹重温革命经典——四省八市群众艺术展演系列活动，已成功举办了三年，在四省八市遍地生花，蓬勃开展，惠及基层群众20余万人。

11月8日至14日　2020年山东省文旅系统标准化和信息化培训班在济南举办，来自全省文化和旅游系统、重点文旅企业50多名学员参加培训。本次培训班深入学习习近平总书记关于文化和旅游工作的重要论述和党的十九届五中全会精神，认真落实省委、省政府关于文化旅游发展的决策部署和

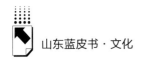

全省旅游发展大会精神。分别邀请中国科学院、山东大学、同程集团等单位的知名文旅专家，围绕新形势下文旅大数据应用、高科技赋能文旅产业、标准化创新实践、智慧文旅建设等专题，进行专题辅导讲授。组织参训学员赴济南开创科技集团、齐河党员教育体验基地和博物馆群等开展现场教学。培训期间，班委会、党支部和五个学习小组，多次召开座谈会，组织学员开展专题讨论，交流学习心得和体会。

11 月 17 日至 18 日 山东省研学旅游现场推进会在曲阜举行。本次推进会由省文化和旅游厅、省教育厅、省外办共同举办。省文化和旅游厅党组成员、副厅长张鲲，济宁市人民政府副市长李海洋，省教育厅、省外办等相关领导出席了大会。省文化和旅游厅党组成员、副厅长张鲲指出，近年来，山东省研学旅游发展取得良好成效，已成功打造出一批在海内外具有较高知名度的目的地、线路、示范基地与产品。结合《山东省文化旅游融合发展规划（2020—2025 年）》贯彻实施，山东将开发陶瓷文化研学之旅、岱崮地貌研学之旅等 6 条研学旅游主题文化旅游线路，并将"游学山东"作为全省计划打造的八大要素产品体系之一，精心打造"尼山圣境（儒家文化）"、"稷下学宫（齐文化）"、"蒙山沂水（红色文化）"三大游学地标品牌，策划打造孔孟儒家研学游产品、兵学研学旅游产品、博物馆研学旅游产品等13 个产品为核心的精品研学旅游产品体系，积极推动研学旅游朝着规范化、特色化、专业化方向发展，努力培育"齐鲁游学"品牌。

11 月 18 日 省文化和旅游厅组织开展了"文旅融合大讲堂"专题讲座，邀请国务院特殊津贴专家、山东博物馆馆长郑同修讲述《山东考古的那点事》。厅党组书记、厅长王磊，在济厅领导班子成员，以及厅机关党员干部和省直文化旅游单位负责人近两百人现场聆听了讲座。在两个小时的时间里，郑同修结合数十年的考古工作经历，以图文并茂的形式，回顾了老一辈考古工作者"苦中作乐"的工作生活，介绍了历代考古学者对山东考古工作做出的突出贡献和取得的一系列重要成果，诠释了考古发现必然性与偶然性的关系，讲述了重要考古成果、考古工作和文物背后的故事，分析了当前山东考古发展面临的新形势和新机遇，展望了山东考古工作美好前景，提出了在文旅融合的大环境下充分发挥考古工作作用、实现文物保护利用的思路方法。

11 月 23 日 第四届山东文化和旅游惠民消费季"文旅惠民 冬游齐鲁"媒体行活动在省文化和旅游厅启动。人民网、中新社、中国文化报、中国旅游报等 20 余家主流媒体,对青岛、烟台、潍坊三市的重点文旅企业、冬季旅游热点开展为期一周的深入采访,全面展示第四届山东文化和旅游惠民消费季成果和亮点,推介"冬游齐鲁·好客山东惠民季"特色产品。本届山东文化和旅游惠民消费季按照"政府引导、文旅融合、市场运作、普惠大众"的原则,从供给和需求两端发力,财政直补和商家优惠折扣相结合,全省协同组织发放文化和旅游惠民消费券,集中开展一系列群众性文旅惠民消费活动,大力激发文旅消费潜力,提振市场信心,实现了社会效益和经济效益的"双丰收"。

12月

12 月 2 日至 4 日 山东省非物质文化遗产保护工作会议暨文化生态保护区建设现场经验交流活动在青州市举办。省文化和旅游厅二级巡视员付俊海,潍坊市人民政府副市长马清民等出席会议并讲话。付俊海表示,近年来,非遗保护政策法规体系及机构建设逐步健全,全省颁布了《山东省非物质文化遗产条例》,出台了《山东省非物质文化遗产传承发展工程实施方案》,全省非物质文化遗产保护传承体系不断健全,保护传承水平不断提高。付俊海强调,全省非遗保护工作要以习近平新时代中国特色社会主义思想为指导,落实好习近平总书记关于传承弘扬中华优秀传统文化的重要论述,秉持"见人见物见生活""融入现代生活、弘扬当代价值"等理念,坚持创造性转化、创新性发展。要学习贯彻"五中全会"精神,遵循"十四五规划和二〇三五远景目标",传承弘扬中华优秀传统文化,加强文物古籍保护、研究、利用,强化重要文化和自然遗产、非物质文化遗产系统性保护,健全非遗项目体系,壮大传承人队伍,推动非遗与旅游融合发展,助力脱贫攻坚，围绕国家、省重大战略发力，积极加强大运河文化保护传承利用、黄河流域生态保护和高质量发展等重大国家战略中的非物质文化遗产保护传承。

12 月 3 日 省政府新闻办召开发布会，介绍"和动力——首届济南国际双年展"相关情况，省文化和旅游厅党组成员、副厅长胡上山出席发布会并回答记者提问。"和动力——首届济南国际双年展"由山东省文化和旅游厅、济南市人民政府主办，山东美术馆、济南市文化和旅游局承办，济南市美术馆协办。其中山东美术馆将展出策展人提名作品展览，济南市美术馆将展出青年策展项目展览。展览将自 2020 年 12 月 13 日至 2021 年 3 月 12 日期间向公众免费开放，展期 3 个月。

12 月 7 日 以"守信互信 共践共行 携手推进网络诚信建设"为主题的 2020 中国网络诚信大会在山东曲阜举行。中央宣传部副部长，中央网信办主任、国家网信办主任庄荣文，山东省委书记、省人大常委会主任刘家义，国家发展改革委党组成员、副主任连维良，市场监管总局党组成员、副局长孙梅君，商务部党组成员、部长助理任鸿斌出席开幕式并致辞。中央网信办副主任、国家网信办副主任盛荣华主持开幕式。

12 月 17 日 文化和旅游部在威海荣成市举办"学习贯彻党的十九届五中全会精神 推进全域旅游、大众旅游发展"培训班，现场公布了第二批国家全域旅游示范区名单，山东省威海荣成市、临沂沂南县、烟台蓬莱区、德州齐河县、济南章丘区 5 个县（市、区）成功入列。这是自国家全域旅游示范区评定以来，山东省连续两年获得"大满贯"，加上 2019 年首批被认定的潍坊青州市、青岛崂山区、济宁曲阜市，目前，全省已有 8 个县（市、区）成功入选国家全域旅游示范区。

12 月 21 日 省委召开文物保护工作、大运河（山东段）文化和旅游融合发展专题会议。省委书记刘家义、省委副书记省长李干杰出席主持会议并讲话。刘家义书记强调，山东省是文物大省，也是大运河流经省份，必须认真贯彻落实习近平总书记重要指示要求，坚决抓好文物及大运河保护传承利用，助推山东由文化大省加快向文化强省转变。

12月 省文化和旅游厅扎实推进数字政府建设"四个一"重点任务攻坚工作。数字政府建设是新时代提升政府行政效率和政务服务水平、推进治理体系和治理能力现代化的必然要求。省文化和旅游厅高度重视数字政府、数字文旅建设，按照省委、省政府部署要求，围绕抓好流程再造攻坚，大力推进"一个平台一个号，一张网络一朵云"工程，成立工作专班，建立工作台账，细化责任分工，明确任务要求，重视沟通交流，及时向省大数据局汇报工作情况，加强与各类专项工作专班及技术服务团队配合，共同推进任务落实，截至目前各项工作取得显著成效。

12月 从省财政厅获悉，为深化财政体制改革，创新财政资金投入方式，2020年省财政安排资金2000万元，在文化旅游产业领域进行股权投资改革，首次以财政股权投资方式，支持文化旅游重点项目。股权投资改革通过创新财政投入方式，变无偿拨款为资本金注入，变"奖补"为股权，优化财政资源配置，提高财政资金使用绩效。财政资金按市场运作方式使用，业务主管部门负责确定股权投资计划，委托专业投资机构开展尽职调查及投资意向谈判，按市场化方式安排财政资金投向，积极帮助被投企业解决生产经营困难，助推项目做强做优。

Abstract

To promote the construction of Shandong as a strong cultural province to achieve major breakthroughs in "The Fourteenth Five-Year Plan", implementation of the new development philosophy and the new development paradigm are necessary. We adhere to the core-leading, belt-through, concentrated development, and strive to form a strategic layout of "three cores, five belts and fifteen-city cluster". In the new era, new progress of the inheritance of Yimeng Spirit should be made in terms of the inheritance object, discourse system, carrier and mode. The construction of "New Era Civilization Practice Stations" should adhere to the Party's leadership and the "people-oriented" development concept, and organically combine economic construction, cultural construction, ideological construction and ecological environment construction. The tradition and classic education practice has achieved notable results, playing a role in carrying forward Chinese culture, aggregating national emotions and nurturing good folk morals. Rural culture revitalization must take the unique rural culture as the core, and give full play to the principal role of farmers in the inheritance and revitalization of rural culture to truly realize its "endogenous growth". Films has such traits as mass participation, communication, high-tech and internationalization, serving as an important way to realize "creative transformation and innovative development" for the excellent traditional culture. The whole province's radio and television and network audiovisual business continues to maintain a good development trend, making a positive contribution to the construction of Shandong Province as a strong economic and cultural one. In the new development pattern, with the domestic circulation as the main body and the domestic and international double circulations mutually reinforcing, the high-quality development of tourism has become an important force for economic and social development, and tourism will be more deeply and extensively integrated into and serve the overall development of the country. Promoting the high-quality development of animation industry in Shandong Province should improve the originality, promote industrial agglomeration, improve the profit model, develop network animation and create animation brand. The development of Shandong Museum should focus on improving and optimizing the museum system, enhancing its public service effectiveness, improving the level of cultural relics protection, and promoting the construction of intelligent museum. Library cultural and creative product will gradually move towards benign development and eventually form an industry. There is still a long way to go to build a "literary army" in Shandong Province, and we should cast our own literary soul, develop a strong team of critics, expand publicity, enhance the sense of innovation, and learn from life. Urban architecture is a part of urban culture, which influences the direction and pulse of cultural development. During the process of building a national central city, we should focus on the shaping of its "cultural soul", put human needs first, and shaping a wonderful and vibrant urban cultural space with the construction of differentiated cultural zones and the diversified presentation of urban culture. Adhering to the principles of authenticity and integrity, coordinated development, sustainable development and operability, The construction of the Grand Canals National Cultural Park should explore the cultural connotation of the canals, highlight the regional cultural characteristics, strengthen the protection of heritage, innovate the mode of inheritance and utilization, establish and perfect the management system and coordination mechanism.

Keywords: Shandong; Strong Cultural Province; Cultural Pattern; Traditional Culture; Rural Culture; Urban Culture; Canal Culture

Contents

I General Report

Abstract: 2020 is the ending battle of "The Thirteenth Five-Year Plan"
. Despite the complicated and challenging domestic and international situation, the
culture construction in Shandong Province makes progress while ensuring stability
and has still achieved remarkable results. At present, the cultural development of
Shandong Province is in a critical period when opportunities and challenges
coexist. Whether we can build on our strengths and avoid our weaknesses and take
advantage of the situation faces a huge test. During the "Fourteenth Five-Year
Plan" period, we should take the spirit of the Fifth Plenary Session of the 19th
Central Committee as our guide, implement the new development concept,
build a new development pattern, and put people first. Taking promoting high-
quality development as the theme, led by the core socialist values, we will strive
to enhance the level of social civilization, promote the creative transformation and
innovative development of excellent traditional culture in Shandong Province,
improve public cultural services, build a modern cultural tourism industry system,
promote the modernization of cultural governance system and governance capacity,
expand the influence of Qilu culture in the world, continuously meet the cultural

needs of the people and enhance the spiritual power of the people, and promote the construction of a strong cultural province to achieve major breakthroughs.

Keywords: The Fourteenth Five-Year Plan; Strong Culture Province; New Pattern; High Quality

Ⅱ   Cultural Heritage Section

B. 2   A Survey on Building a "New Era Civilization Practice
　　　 Station" in Yuyuan Village of Juye County   *Wang Zhanyi* / 036

Abstract: In 2018, a high standard "New Era Civilization Practice Station" was built in Yuyuan Village of Juye County, Heze, serving as a Party development platform for the whole village who adheres to the Party leadership and the "People-centered" development concept and actively mobilizes the mass to join the rural construction, especially rural cultural revitalization. In practice, economic construction, cultural construction, ideological construction and ecological environment construction were organically combined, forming an appropriate path of "New Era Civilization Practice" and providing experience and inspirations for rural cultural revitalization and habitat construction.

Keywords: Yuyuan Village; New Era Civilization Practice Station; Rural Cultural Revitalization

B. 3   Research on the Inheritance and Revitalization Path of
　　　 Rural Culture in Shandong Province under the Strategy
　　　 of Rural Revitalization   *Tian Yun* / 046

Abstract: Rural culture is an important manifestation of the uniqueness of the countryside and an intrinsic driving force to sustain the comprehensive

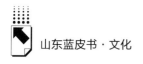
development of the countryside. Rural cultural revitalization is not only an inevitable requirement of the construction of a new socialist countryside and a harmonious society, but also an effective way to show the vitality, charm and value of the countryside as well as the soft power to promote the overall revitalization of rural areas. This paper analyzes in depth the connotation, modern values and recession root cause of rural culture. Based on the practice of Shandong Province, this paper studies the inheritance and revitalization path of rural culture under the strategy of rural revitalization. Such three paths as inheritance, development and enhancement of excellent traditional culture, rural cultural restructuring led by socialist core values and rural cultural revitalization with rural tourism as the carrier are proposed with a view to providing practical reference and guidance for rural cultural revitalization in Shandong Province.

Keywords: Rural Culture; Inheritance and Revitalization; Cultural Revitalization

B.4　Paths of Realizing Creative Transformation and Innovative Development of the Excellent Qilu Traditional Culture in Films　　　　　　　　　　　　　　　*He Jian* / 059

Abstract: Under the guideline of "creative transformation and innovative development", the excellent Qilu traditional culture has been well inherited and developed, and has been exploring more forms of transformation and innovation in recent years. As a comprehensive art form, films have such traits as mass participation, communication, high-tech and internationalization, serving as a way to realize "creative transformation and innovative development" for the excellent Qilu traditional culture that should not be ignored. During the Fourteenth Five-Year Plan period, relevant departments and the film industry should dig deeply and research on the contents of excellent Qilu traditional culture that are suitable for presentation in films, make full use of films to realize transformation and innovation. Through films, the profound Qilu traditional culture can be integrated into modern life, lead the spiritual style, go international and promote Shandong as a "strong cultural province" to achieve major breakthroughs.

Keywords: Creative Transformation; Innovative Development; Excellent Qilu Traditional Culture; Film

Ⅲ Culture Industry Section

B.5 Report on the Development of the Radio, Television

and Network Audiovisual Industry in Shandong

Province in 2020 *Ni Guanghong, Zhou Shen* / 068

Abstract: The radio and television and network audiovisual industry in Shandong Province maintain a good development trend, and it can be seen from the remarkable improved public opinion guidance ability, the prosperous content creation and production, the further reformed institutional mechanism, the increased industry development vitality, the quality and efficiency of the radio and television benefit project. China's main contradictions have changed profoundly, a new round of scientific and technological revolution and industrial revolution momentum continues to release, and the radio and television and network audio-visual industry is facing challenges and opportunities at the same time. we must continue to consolidate and expand the mainstream public opinion positions, strengthen the creation and production of audiovisual products in the new era, improved the quality and efficiency of public services of radio and television, accelerate the construction of intelligent radio and television projects, perfect the modern market system and the modern monitoring and supervision system, and improve the industry's governance capacity.

Keywords: Radio and Television; Network Audio-visual; Intelligence Radio and Television; High Quality Development

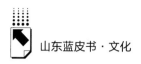
B. 6　Report on the Tourism Development of Shandong

　　Province in 2020　　　　　　　　　　　*Wang Shuang* / 081

Abstract: With the COVID − 19 sweeping the world, the tide of anti-globalization increasingly rose, and the global tourism development was greatly impacted. Under the new development pattern, with the domestic circulation as the main body and the domestic and international double circulations mutually reinforcing, the high-quality development of tourism has become an important force for economic and social development, and tourism will be more deeply and extensively integrated into and serve the overall development of the country. 2021 is the opening year of the Fourteenth Five-Year Plan. Facing the development requirements of the new era, we should continue to promote the high-quality development of tourism in Shandong Province, create a new platform for the integration of culture and tourism industry development, enrich the boutique tourism product system, build a number of world-class tourist attractions and resorts, expand the influence of the "Friendly Shandong" Brand, and accelerate the construction of high-quality scenic infrastructure.

Keywords: Tourism; High Quality Development; Integrated Development of Culture and Tourism

B. 7　Report on the Animation Industry Development

　　in Shandong Province　　　　　　　　　　*Yang Mei* / 094

Abstract: Because of the unexpected COVID − 19, large-scale animation conventions could not be held in 2020. Anti-epidemic animation online was unprecedentedly active and animation workers were concentrating on the creation. Shandong TV animation has developed rapidly. By October, the total length of TV animation recorded by the State Administration of Radio, Film and

Television has exceeded 10, 000 minutes, ranking the 5th in China and achieving a historic breakthrough. the total length of TV animation recorded by the National Radio and Television Administration has exceeded 10, 000 minutes, ranking the 5th in China and achieving a historic breakthrough. The number of works selected by "YUANDONGLI", a China's original animation publication support program has soared from 1 last year to 6 this year. However, there are still some problems in animation industry in Shandong Province, such as fewer animation brands, small scale of animation enterprises, and weak promotion of animation parks. To promote the high-quality development of Shandong animation industry, we should put content first and improve its originality; promote industrial agglomeration and perfect the profit mode; adapt to the media revolution and develop network animation; play the cultural advantage and build the animation brand.

Keywords: Animation Culture; High Quality Development

B. 8   Report on the Development of Museums in Shandong
Province   *Yan Na* / 106

Abstract: With the rapid development of the museum enterprise in Shandong, the number of museums and the number of museum visitors continues to grow. Museums have gradually become the space for urban culture and symbol of urban civilization, as well as an important place for the daily cultural activities of the people. Shandong Province attaches great importance to the development of museum enterprise, cultivates and forms a museum system with local characteristics, and gives full play to the role of museums in inheriting the urban culture, protecting the environment, enhancing the city image, popularizing culture education. The museum enterprise has become an important force in building Shandong as a strong cultural province in the new era.

Keywords: Museums; Urban Cultural Space; Public Cultural Service

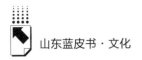

B.9　Research and Thoughts on the Current Situation of
the Development of Cultural and Creative Products
in China's Public Libraries　　　　*Zhang Qian* / 116

Abstract：Under the background of policy support, the domestic cultural and creative industry has shown a vigorous development. This paper analyzes the new model of cultural and creative work in libraries in Shandong Province, discusses the current situation of the industry in China and the problems in the development process, and proposes development ideas with a view to provide reference for the cultural and creative work in public libraries.

Keywords：Cultural and Creative Product; Public Library; Shandong Provincial Library

Ⅳ　Typical Cases Section

B.10　Study on the Innovation and Development of the
Equestrian Industry in Jinan　　*Jiang Xiaoqiong*, *Liu Limin* / 126

Abstract：Equestrian sports, the only Olympic event completed by the cooperation of humans and animals, are developing rapidly in China. In Shandong, Jinan has always been in a leading position in the development of equestrian sports. There is a great development potential in equestrian training and teaching, equestrian events, equestrian promotion and the number of riders and students, as well as international exchanges and cooperation. An industry of leisure and entertainment brand with horse as the core element is built, and a healthy leisure complex integrating horse industry, horse culture, equestrian training, equestrian events, winery, homestay and relative leisure sports is created. With fashion, leisure and healthy life as the core, with the sport and leisure attributes of equestrian and horse culture as the elements, with winery, homestay as the carrier, and with equestrian carnival as the highlight, the development of equestrian industry is improved, which is built into a beautiful name card of Jinan and even the whole Shandong province. Based on the talent training of equestrian industry, the industry-training-research development projects of equestrian are driven, and the talent demand of equestrian industry is met, which promotes the development of equestrian sports in China, and drives Jinan to build the top brand of equestrian education in China.

Keywords: Equestrian Industry; Cultural Sports and Education

B. 11　Facilitating the Construction of Community Culture and Creating a New Template for Community Cultural Services

　　—Taking Jinan International Choir Festival as an Example

Du Yumei / 139

Abstract: Jinan International Choir Festival is a mass cultural activity jointly organized by Jinan Municipal Propaganda Department, Jinan Municipal Federation of Literary and Cultural Affairs and other departments, which is a well-known cultural brand that Jinan takes efforts to build. In the past six years, in the process of promoting chorus art in the community, Jinan International Choir Festival takes grass-roots party building as the lead, takes art promotion as the starting point, and takes volunteer services as the carrier. Closely relying on the organization and the position construction, Jinan International Choir Festival combines the cultural festival with entertaining the people through training the backbone of community literature and art and cultivating the artistic aesthetics of the public, putting the notion of benefiting the people with culture into practice. By cultivating the unique culture of the community and creating a harmonious atmosphere, Jinan International Choir Festival finds a new way of facilitating community cultural construction with the help of cultural brand, and explores a new model for the construction of community culture that can be used for reference, duplicated and promoted.

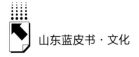

Keywords: City Culture Brand; Community Cultural Construction; Jinan International Choir Festival

B.12   On the Innovative Practice of Enterprise Culture from the
Perspective of the Development of Women's Housekeeping
Industry in Shandong Province   *Zhao Zhen* / 148

Abstract: Women's housekeeping service industry in Shandong is in the primary stage of development, and there is a huge space for growth. As an important part of the tertiary industry, it can increase employment, help improve people's livelihood, stimulate domestic demand, and optimize the industrial structure, etc. , which has won the attention and support of the provincial Party committee, provincial government and provincial women's federation. This subject conducted a sample survey on housekeeping companies and their managers, housekeeping workers and housekeeping customers with 2240 electronic questionnaires. The current development situation and the existing problems of women's housekeeping service industry in Shandong Province are analyzed from the aspects of supply, demand and enterprise culture construction. The housekeeping service industry is closely related to the protection of the employment of residents, the basic livelihood of the people, the market entities, and the stability of the industrial chain and supply chain. It plays an increasingly prominent role in promoting consumption and employment especially. Therefore, the development of corporate culture plays an important role in enhancing the centripetal force of employees and promoting the upgrading of the housekeeping industry.

Keywords: Standard; Honesty; Love; Brand; Innovation

V Regional Culture Section

Abstract: Chinese literature stands on its own in the forest of world literature. Shandong literature has been a unique branch of Chinese literature since ancient times. In the new period, born on the land of Qilu, the literary army of Shandong grew up in the hometown of Confucius and Mencius, containing profound historical and cultural deposits. With its distinctive regional characteristics and creative achievements, it stands erect in the forest of our large cultural country. As time changes, a group of new forces emerged in the literary army of Shandong, which expanded the depth and breadth of Shandong literature and aroused wide attention in the literary field. The new generation of the literary army of Shandong responded to the ideological confusion of the relation between righteousness and interest with profound moral and rational thinking, which set off another tide of era and contributed to another rise of the literary army of Shandong. It is necessary to deeply explore the inheritance, development and trend of the literary army of Shandong and review the development and achievements of Shandong literature. From the perspective of the national and even the world literature, the local characteristics, cultural deposits and aesthetic characters of Shandong literature should be focused on. The gain and loss in literary creation of Shandong writers need to be analyzed, and the ideas and measures should be sought in order to achieve new breakthroughs in Shandong literature.

Keywords: The literary Army of Shandong; Literary Pioneers of Shandong; Seeking Breakthrough

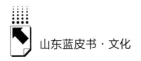
B.14 On the Cultural Support System of Jinan in Constructing

National Central City during the Fourteenth Five-Year

Plan Period   *Xu Dong* / 178

Abstract：China's nine national central cities have accumulated valuable and rich experience in creating cultural characteristics of the cities, building cultural brands, and integrating the development of culture and tourism through the excavation and integration of natural geographical advantages and historical and cultural resources, and have taken the lead in the country. During the 14th Five-Year Plan period, to strive to build itself into a national central city, Jinan should seize the historical opportunity. It is crucial to study the typical experience and successful practices of the nine cities in cultural construction, and find "a road for the spring city" that meets the requirements of the times, conforms to the law of practice, and embodies the characteristics of Jinan.

Keywords：The Fourteenth Five-year Plan; Jinan; National Central City; City Culture

B.15 Building Jinan into a Culture City of East Asia：Reflections

and Suggestions Based on City Cultural Space Theory

Shi Zhaohong / 190

Abstract：The construction of city culture space is one of the important strategies to enhance the identification of city culture and build the competitive advantages of a city in the context of globalization. Jinan has been selected as a candidate city of Culture Captial of East Asia in 2022. The main blueprint of the overall thought and arrangement for the shaping of city culture space is as follows. Taking building cultural brands with distinctive characters, cultural services with high qualities, and cultural development and foreign exchanges with high level as the goal, it revolves around a cultural core layer, three cultural driving axes and five cultural zones. With the construction of differentiated cultural zoning and the diversified presentation of city culture, a colorful and vibrant city culture space will be shaped to help the application and construction of "Culture Capital of East Asia".

Keywords: Competition among Cities; Culture Capital of East Asia; Cultural Space Shaping

B . 16 Applying to be one of the International Cities of Peace and Build a New Pattern for the Development of the Cultural Tourism in Weifang *Zhang Xinying, Zhang Hua* / 208

Abstract: The modern historical and cultural heritage group of Weifang, represented by Ledao Compound & Concentration Camp of Wei County, not only witnessed the cultural exchanges between China and the West, but also reflected the peaceful spirit of Chinese people's selfless dedication to foreign fellow sufferers during the Pacific War. Weifang has included the applying to be one of the International Cities of Peace in the major strategies of the 14th Five-Year Plan in order to practice Xi Jinping's scientific concept of building a community with a shared future for mankind, enhance Weifang's international influence and reputation, and build a new pattern for the development of the cultural tourism in Weifang. Weifang possesses a large number of peaceful heritages, so it has advantages in historical origin and peaceful culture. Therefore, Weifang has a relatively sufficient reserve for the application of International Cities of Peace, and the work is carried out efficiently and orderly. The application can contribute to the expand of the cultural tourism territory in Weifang and the development of a new pattern of the international peace tourism.

Keywords: International Cities of Peace; Concentration Camp of Wei County; Cultural Tourism Development in Weifang

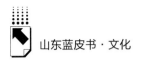

Ⅵ Canal Culture Section

B. 17   On the Regional Development Strategies of the Grand Canal
Culture Belt and Shandong & Northern Jiangsu

—*From the Perspective of the Transformation of Transportation
and the Kinetic Energy of Modern Transportation Channels*

Wei Mulei, *Wei Hongxiao* / 220

Abstract: Seizing the historic strategic opportunities of the construction of
the Grand Canal cultural belt and the National Culture Park, high-speed rail and
highway connection lines should be planned and constructed. In this way, the
strategic transportation channel can be opened up, which can "integrate Xiongan
and Beijing-Tianjin-Hebei on the north and lead to Shanghai-Hangzhou and
Yangtze River Delta on the south" in the west of Shandong and the north of
Jiangsu, and which goes along the Grand Canal cultural belt. And by taking the
cultural and economic advantages of the two provinces, the high-quality
development belt of "National Grand Canal Culture +" with higher cultural
level, better ecological environment and higher integration of culture and
economy should be built. These measures can promote the replacement of
traditional energy with new ones in Shandong and Jiangsu and the implementation
of the *Guidelines for the Protection*, *Inheritance and Utilization of the Grand Canal
Culture* and the *Plan on the Construction of National Culture Parks for the Great Wall*,
the Beijing-Hangzhou Grand Canal and the Long March. In this way, the strategy for
the cultural ecological economic zone of the grand canal can be carried forward,
and the high-quality development of the west of Shandong and the north of Jiangsu
can be better planned in the implementation of important development strategies of
the country.

Keywords: Grand Canal Culture; Reform of Transportation; Transformation
of Economic Energy

Contents

B.18   On the Construction Principle and Path of the National
        Culture Park for the Grand Canal in Shandong Province
                                                    Hu Mengfei / 233

Abstract: The section of the Grand Canal in Shandong is located in the middle of the Beijing-Hangzhou Grand Canal, which is an important section connecting the north and south of the Canal and plays an important role in the construction of the National Culture Park for the Grand Canal. Due to the lack of relative knowledge, research results and practical experience, there are inevitably problems and deficiencies in the construction of the park in Shandong, such as unclear concept understanding, uncertain construction and management subjects, insufficient heritage excavation and weak overall planning and coordination ability. In the face of these problems and deficiencies, Shandong should adhere to the principles of authenticity and integrity, coordinated development, sustainable development and operability, etc. While exploring the cultural connotation of the canal and highlighting regional cultural characteristics, we should strengthen the protection of heritage and innovate the mode of inheritance and utilization. Special think tanks should be set up; academic research should be strengthened; major projects should be carried out; tourist routes with distinctive features should be developed; and the management system and overall coordination mechanism should be established and improved. Efforts should be made to build the National Culture Park for the Grand Canal (Shandong section) into a demonstration area for the protection, inheritance and utilization of the Grand Canal culture with distinctive features, rich connotations and strong attraction.

Keywords: National Culture Park for the Grand Canal; Principles; Path

B.19 Hydraulic Characteristics of Shandong Canal and the

Construction of the Grand Canal Cultural Belt *Li Denan* / 245

Abstract: Shandong Canal is the most distinctive section in hydraulic characteristics in the Grand Canal, with unique characteristics and advantages in constructing the Grand Canal cultural belt. Shandong Canal has the longest man-made section and a large number of hydraulic facilities with high technology. The river course changes frequently and the hydraulic facilities are constantly improved. In future, comprehensive and comparative studies of the Grand Canal should be carried out in a deep and multi-angle way according to the regional characteristics of Qilu culture. According to the requirements of the times, top-level design should be done well, institutional innovation should be valued, and the construction of the Grand Canal cultural belt and the Yellow River ecological economic belt should be combined.

Keywords: Shandong Canal; Hydraulic Technology; Geographical Features; The Grand Canal Cultural Belt

B.20 The Finding of an Inscriptional Record of the Sluice

Construction of the Grand Canal in the Yuan Dynasty

in Jining, Shandong *Gu Dazhi* / 255

Abstract: Recently, in Xinzha Village, Shiqiao Town, Jining City, an inscriptional record of Yuan Dynasty titled "The Records of the New Sluice of Huitong River and Huanglian Forest" was discovered in the site of the new sluice of Huanglian Forest of the Grand Canal in the Yuan Dynasty. It mainly records the process of constructing the sluice of Huanglian Forest on the Grand Canal in the first year of Zhizheng of the Yuan Dynasty (1341 A. D.). This inscription is the only existing one that records the construction of the canal lock in the Yuan Dynasty in China, and is the earliest one found in China at present. Its contents

Contents

can be compared with many important documents, and can correct many mistakes and errors in the understanding of the Yuan, Ming and Qing Grand Canal. The discovery of this inscription is of great significance for the study of the canal transport system during the Ming and Qing Dynasties.

Keywords: The Grand Canal; Canal Transportation; Huitong River; Jizhou River

B.21 Study on the International Communication of Canal Ecological Culture under the Strategic Background of the New Era *Zheng Yapeng / 273*

Abstract: Under the background that socialism with Chinese characteristics has entered a new era, the protection and development of the ecological cultural resources of the canal is an important content for the construction of the Grand Canal cultural belt, an organic part of cultural powerful nation strategy, and an important way of international cultural communication, which is of great value to the prosperity of China's social economy and culture. At present, there are problems in the communication of canal ecological culture: the subject of communication is single, the form and content are not profound and fresh, the means of communication are conservative, and the social attention is insufficient. In this regard, we can improve the communication of the canal ecological culture and explore the global strategic significance of the Grand Canal by improving the top-level design and policy framework, promoting the innovation of form and content, taking advantage of new media and paying attention to the pertinence of communication.

Keywords: New Era; Canal; Ecological Culture; International Communication

329

权威报告·一手数据·特色资源

皮书数据库
ANNUAL REPORT(YEARBOOK)
DATABASE

分析解读当下中国发展变迁的高端智库平台

所获荣誉

- 2019年，入围国家新闻出版署数字出版精品遴选推荐计划项目
- 2016年，入选"'十三五'国家重点电子出版物出版规划骨干工程"
- 2015年，荣获"搜索中国正能量 点赞2015""创新中国科技创新奖"
- 2013年，荣获"中国出版政府奖·网络出版物奖"提名奖
- 连续多年荣获中国数字出版博览会"数字出版·优秀品牌"奖

成为会员

通过网址www.pishu.com.cn访问皮书数据库网站或下载皮书数据库APP，进行手机号码验证或邮箱验证即可成为皮书数据库会员。

会员福利

- 已注册用户购书后可免费获赠100元皮书数据库充值卡。刮开充值卡涂层获取充值密码，登录并进入"会员中心"—"在线充值"—"充值卡充值"，充值成功即可购买和查看数据库内容。
- 会员福利最终解释权归社会科学文献出版社所有。

社会科学文献出版社 皮书系列
SOCIAL SCIENCES ACADEMIC PRESS (CHINA)
卡号：9789673341849
密码：

数据库服务热线：400-008-6695
数据库服务QQ：2475522410
数据库服务邮箱：database@ssap.cn
图书销售热线：010-59367070/7028
图书服务QQ：1265056568
图书服务邮箱：duzhe@ssap.cn

S 基本子库
SUB DATABASE

中国社会发展数据库（下设 12 个子库）

  整合国内外中国社会发展研究成果，汇聚独家统计数据、深度分析报告，涉及社会、人口、政治、教育、法律等 12 个领域，为了解中国社会发展动态、跟踪社会核心热点、分析社会发展趋势提供一站式资源搜索和数据服务。

中国经济发展数据库（下设 12 个子库）

  围绕国内外中国经济发展主题研究报告、学术资讯、基础数据等资料构建，内容涵盖宏观经济、农业经济、工业经济、产业经济等 12 个重点经济领域，为实时掌控经济运行态势、把握经济发展规律、洞察经济形势、进行经济决策提供参考和依据。

中国行业发展数据库（下设 17 个子库）

  以中国国民经济行业分类为依据，覆盖金融业、旅游、医疗卫生、交通运输、能源矿产等 100 多个行业，跟踪分析国民经济相关行业市场运行状况和政策导向，汇集行业发展前沿资讯，为投资、从业及各种经济决策提供理论基础和实践指导。

中国区域发展数据库（下设 6 个子库）

  对中国特定区域内的经济、社会、文化等领域现状与发展情况进行深度分析和预测，研究层级至县及县以下行政区，涉及省份、区域经济体、城市、农村等不同维度，为地方经济社会宏观态势研究、发展经验研究、案例分析提供数据服务。

中国文化传媒数据库（下设 18 个子库）

  汇聚文化传媒领域专家观点、热点资讯，梳理国内外中国文化发展相关学术研究成果、一手统计数据，涵盖文化产业、新闻传播、电影娱乐、文学艺术、群众文化等 18 个重点研究领域。为文化传媒研究提供相关数据、研究报告和综合分析服务。

世界经济与国际关系数据库（下设 6 个子库）

  立足"皮书系列"世界经济、国际关系相关学术资源，整合世界经济、国际政治、世界文化与科技、全球性问题、国际组织与国际法、区域研究 6 大领域研究成果，为世界经济与国际关系研究提供全方位数据分析，为决策和形势研判提供参考。

法律声明

"皮书系列"(含蓝皮书、绿皮书、黄皮书)之品牌由社会科学文献出版社最早使用并持续至今,现已被中国图书市场所熟知。"皮书系列"的相关商标已在中华人民共和国国家工商行政管理总局商标局注册,如LOGO(▮)、皮书、Pishu、经济蓝皮书、社会蓝皮书等。"皮书系列"图书的注册商标专用权及封面设计、版式设计的著作权均为社会科学文献出版社所有。未经社会科学文献出版社书面授权许可,任何使用与"皮书系列"图书注册商标、封面设计、版式设计相同或者近似的文字、图形或其组合的行为均系侵权行为。

经作者授权,本书的专有出版权及信息网络传播权等为社会科学文献出版社享有。未经社会科学文献出版社书面授权许可,任何就本书内容的复制、发行或以数字形式进行网络传播的行为均系侵权行为。

社会科学文献出版社将通过法律途径追究上述侵权行为的法律责任,维护自身合法权益。

欢迎社会各界人士对侵犯社会科学文献出版社上述权利的侵权行为进行举报。电话:010-59367121,电子邮箱:fawubu@ssap.cn。

社会科学文献出版社